# BRÖTZMANN

## Gespräche

Christoph J. Bauer / Peter Brötzmann

# BRÖTZMANN

Gespräche

*Mit einem Essay von Christoph J. Bauer*

## POSTH VERLAG

Bibliografische Information der Deutschen Bibliothek

Die Deutsche Bibliothek verzeichnet diese Publikation in der Deutschen Nationalbibliografie; detaillierte bibliografische Daten sind im Internet über http://dnb.ddb.de abrufbar.

http://www.posth-verlag.de
Satz: Margarethe Giesler – www.typearea.de
ISBN-13   978-3-944298-00-9

# Inhalt

# Vorwort

## Zur Person

Peter Brötzmann, Jahrgang 1941, Jazz-Musiker, bildender Künstler. Beeinflusst einerseits von der Fluxus-Bewegung – insbesondere von Nam June Paik – und andererseits von amerikanischen Jazz-Musikern wie Charles Mingus und Ornette Coleman entwickelt Brötzmann in den frühen sechziger Jahren des vorigen Jahrhunderts einen eigenständigen, unorthodoxen Stil auf dem Saxofon, der sofort heftige Diskussionen hervorruft. Ab Mitte der sechziger Jahre folgt die Zusammenarbeit mit einer großen Zahl der wichtigsten amerikanischen und europäischen Vertreter des Jazz und der improvisierten Musik wie Don Cherry, Steve Lacy, Alexander von Schlippenbach oder Manfred Schoof. Brötzmann arbeitet mit Peter Kowald und Schlippenbach im *Globe Unity Orchestra*, das in wechselnder Besetzung die internationale Avantgarde der Improvisatoren vereinigt. Ende der sechziger Jahre gründet Brötzmann mit Jost Gebers und Peter Kowald die *Free Music Production* (FMP), die über Jahre die Musik der internationalen Improvisations- und Free-Jazz-Szene auf Tonträger veröffentlicht und deren Produkte, was die Gestaltung betrifft, vielfach die künstlerische Handschrift von Brötzmann tragen. Über lange Jahre bildet er ein Trio mit Fred van Hove und Han Bennink; ein weiteres Trio – mit den Südafrikanern Harry Miller und Louis Moholo – besteht nur für eine relativ kurze Zeit, weil Harry Miller 1983 bei einem Autounfall stirbt.[1] Während der achtziger Jahre spielt Brötzmann in der Gruppe *Last Exit* mit den Amerikanern Bill Laswell, Sonny Sharrock und Ronald Shannon Jackson und anschließend im Quartet *Die like a Dog* mit Hamid Drake, William Parker und Toshinori Kondo. Im Jahre 1997 bildet sich in Chicago das nach dieser Stadt benannte *Tentet* aus amerikanischen und europäischen Musikern, mit dem Brötzmann bis zum heutigen Tag

---

1   Zu diesem Trio schreibt Bert Noglik, es könne »in mancherlei Hinsicht als herausragend bezeichnet werden. Brötzmanns Intensität, seine musikalische Unbedingtheit, sein unbändiger und unkorrumpierbarer Ausdruckswille trafen sich mit der Mentalität von Miller und Moholo: Power *und* Emotionalität. Es war von Anfang an ein Gipfeltreffen. Louis Moholo, seine Hochachtung ausdrückend, über Brötzmann: ›Er spielt wie ein Zulu.‹« In: *Bert Noglik: Klangspuren. Wege improvisierter Musik*. Frankfurt a.M. 1992, S. 121.

zusammenarbeitet. Im *Chicago-Tentet* spielen – neben B. – Ken Vandermark, Mats Gustafsson, Joe McPhee, Jeb Bishop, Johannes Bauer, Kent Kessler indexKessler@Kent Kessler (*1957), Bassist, Fred Lonberg-Holm, Per-Åke Holmlander, Michael Zerang und Paal Nilssen-Love. Neben der Arbeit in den genannten Gruppen spielte Brötzmann in den vergangenen beinahe fünf Jahrzehnten mit fast allen Vertreterinnen und Vertretern der zeitgenössischen Improvisationsmusik – Resultat ist eine Diskografie von über 200 Titeln, die auf seiner Internet-Seite einsehbar ist. (www.peterbroetzmann.com)[2] Im Jahr 2005 wurde Brötzmann der *Von-der-Heydt-Kulturpreis* der Stadt Wuppertal verliehen. Im Jahr 2011 erhielt er auf dem New Yorker Vision Festival den *Lifetime Achievement Award* und im September des gleichen Jahres den *Albert Mangelsdorff-Preis* (Deutscher Jazz-Preis).

Christoph J. Bauer, Jahrgang 1956, Promotion in Philosophie; über zehn Jahre Dozent an der Ruhr-Universität Bochum; Mitarbeiter am Hegel-Archiv der Ruhr-Universität Bochum, Fotograf und ›Fan‹ improvisierter Musik.

### Persönliche Vorbemerkung des Herausgebers

Warum überhaupt mit Peter Brötzmann sprechen, ist er doch Musiker und hat eine andere Sprache gewählt, um sich auszdrücken, als diejenige, die sich aus Buchstaben, Wörtern, Sätzen zusammensetzt? Die Antwort auf diese Frage bewegt sich zunächst kaum im Allgemeinen. Denn für mich, der ich die Idee zu diesem Buch hatte, liegt dieser Idee ein ganz persönliches Bedürfnis, ein ganz persönliches Interesse an der Biografie und den Gedanken des Musikers Peter Brötzmann zugrunde. Immerhin wurde ich im Alter von fünfzehn Jahren – 1971 – auf eine sehr unmittelbare Weise durch die Musik des *Brötzmann-Trios* einer Initiation unterzogen, deren Wirkung bis heute nachhallt. Brötzmanns Musik bildete in den sich wandelnden Erscheinungsformen – selbstverständlich neben anderen Musiken und mit Unterbrechungen, aber doch ganz wesentlich – sozusagen den Soundtrack für mein Leben. Da die eigenen Versuche, sich mit den Mitteln der Musik auszudrücken, scheiterten und die Wahl getroffen wurde, dies künftig auf der Basis jenes Mediums zu versuchen, das Brötzmann offensichtlich nicht als das seine angesehen hatte – jener Sprache, die sich aus

---

2  Die hier wiedergegebenen Daten habe ich zum Teil der von Peter Stubley erstellten Kurzbiografie entnommen; siehe http://www.efi.group.shef.ac.uk/mbrotzm.html

Buchstaben, Wörtern und Sätzen zusammensetzt – lag die Überlegung nahe, den Gedanken auf die Spur zu kommen, die dem musikalischen Ausdruck wenn schon nicht zugrunde liegen, so ihn jedoch notwendig begleitet haben müssen: Denn auch ein Musiker denkt – und denken kann er nur in den Formen der Sprache. Dass Brötzmann dem Versuch, den Ausdruck seiner Musik durch den Ausdruck des Wortes zu begleiten, nicht abgeneigt ist, ist aber offenkundig – zahlreiche Interviews legen davon Zeugnis ab. Und so zögerte er auch nicht lange, meinem Bedürfnis entgegenzukommen. Offensichtlich korrespondierten hier also die Bedürfnisse und konnten dann doch im Medium der Sprache befriedigt werden. Und so verabredete man sich im Dezember 2011 zu einem ersten Treffen – am Ende also jenes Jahres, in dem Brötzmann seinen siebzigsten Geburtstag gefeiert hatte – und in dem er auch von anderen aufgrund seines Lebenswerks gebührend gefeiert wurde. Vielleicht ist es schade, dass das vorliegende Buch nicht auch in diesem Jubiläumsjahr erscheinen konnte. Aber erstens kann man sich selten aussuchen, wann einem ein verdammter Gedanke durch den Kopf geht, und zweitens soll es hier nicht um Feierlichkeiten gehen, sondern um Fragen, die sicherlich aus der Welt des Fragenden stammen – der Welt der Theorie und der Universität –, die aber an bestimmten, auch gegenwärtig relevanten Problemkomplexen orientiert sind, die also auf eine Sache gehen, Fragen also, die nicht nur gestellt wurden, damit es etwas zu reden gibt. Die ›Sache‹, um die es hier gehen soll, betrifft das Verhältnis von Kunst und Gesellschaft, und diese Sache – so sollte sich zeigen – treibt den Künstler Brötzmann ebenso um, wie den manchmal am ›Elfenbeinturm‹ der Universität verzweifelnden Fragensteller ...

## Ausgangspunkte.

Auf der Rückseite der Hülle der CD *crossing the river* des Evan-Parker-Octets findet sich folgendes Statement Parkers: »The music here was freely improvised. The approach is characterised by close listening and point to point interaction. Ideally the demands of the group on the individual and the expectations of the individual of the group are in reciprocal relationship... and I suppose that is also a socio-political ideal.«[3] Und in seinem Artikel in der *Süddeutschen Zeitung* über den Auftritt von Brötzmanns *Chicago-Tentet* auf dem Moers-Festival 2010 zitiert Karl Lippegaus Brötzmann, der

---

3  Evan Parker Octet: *crossing the river*. psi records 2006 (psi 06.02).

darauf hingewiesen habe, dass – über die musikalischen Belange hinaus – »das *Tentet* [...] auch ein Beispiel gesellschaftlichen Zusammenlebens« sei, und zwar »in der Nachfolge von Sun Ra's *Arkestra*«[4]. Diese Bedeutung der gesellschaftlichen Dimension der improvisierten Musik im Allgemeinen und des *Chicago-Tentets* im Besonderen betonte Brötzmann dann auch in verschiedenen Interviews, die im Jahre 2011 aus Anlass seines siebzigsten Geburtstags erschienen sind.[5]

Dass zwei Vertreter der europäischen improvisierten Musik – oder des sogenannten ›Free Jazz‹ – offensichtlich das Bedürfnis haben, über die musikalischen Fragen hinausgehende, die gesellschaftlichen Belange betreffenden Aussagen zu formulieren, und zwar Aussagen, die diese gesellschaftlichen Belange in Beziehung setzen zu der spezifischen Art und Weise des Musizierens, ist jedoch nicht zufällig, denn es existiert wohl keine vergleichbare Praxis eines gleichberechtigten Umgangs der Musiker miteinander, wie diejenige musikalische Richtung, der die beiden hier Zitierten angehören. Dagegen herrschen in den Klangkörpern fast aller anderer Musiktraditionen der Welt, zumindest sofern sie in den letzten zweitausend Jahren entstanden sind, gesellschaftliche Strukturen, die an strengen Hierarchien ausgerichtet sind, und deren Vertreter gar nicht auf den Gedanken kommen, die gesellschaftliche Struktur und Bedeutung desjenigen Klangkörpers zu reflektieren, dem sie angehören. Der Gedanke liegt nahe, hierin eine Entsprechung zu den herrschenden Gesellschaftsstrukturen im Allgemeinen und zu den Herrschaftsverhältnissen im Besonderen zu sehen.

In der heutigen Zeit des propagierten und verbreiteten Desillusionismus haben es theoretische gesellschaftspolitische Entwürfe bekanntlich schwer, und umso schwerer haben es diejenigen, denen der Geruch der Utopie anhaftet.[6] Und auch der Autor dieser Zeilen muss sich als ein Skeptiker gegenüber denjenigen bezeichnen, die allzu schnell und allzu abstrakt das Bestehende zu negieren sich anschicken. Jedoch handelt es sich nach den

---

4 Karl Lippegaus: *Vom Feintuning der Gefühle.* – In: *Süddeutsche Zeitung* vom 27. 05. 2010.

5 So in *Jazzpodium*, 10/2011, S. 3-10 und in *sguk*, Journal für Musik. #88, 10-12/2011, S. 8-13.

6 In diesem Zusammenhang ist allerdings zu bemerken, dass es auch in der jüngeren Generation der Improvisatoren offensichtlich immer noch den Bezug zur politisch-gesellschaftlichen Dimension gibt. Als Beispiel mag hier der Titel einer CD der Gruppe *Shift* (Frank Gratkowski, Thomas Lehn, Philip Zoubek, Dieter Manderscheid, Martin Blume) »Songs from Aipotu« dienen. Denn dreht man die Buchstabenreihenfolge des Wortes Aipotu um, so entsteht das Wort Utopia, wobei es sich jedoch hier eben auch nicht lediglich um einen ›Nicht-Ort‹ handelt, sondern um einen Zustand, der im konkreten Zusammenspiel der fünf Musiker gleichwohl existiert.

Aussagen Parkers und Brötzmanns bei dem, was sie beschreiben, ja nicht um eine Utopie im schlechten Sinne, sondern um eine Form gesellschaftlicher Praxis, und zwar um eine Form gesellschaftlicher Praxis, die sie selbst bereits seit über vierzig Jahren betreiben, eine Form also, die nicht nur Form ist, sondern in einer ihr überhaupt nicht entsprechenden gesellschaftlichen Umgebung auch zu funktionieren scheint. Es könnte sich hier also um ein Beispiel für eine Art des Umgangs zwischen Menschen handeln, das die Hoffnung befördert, es gäbe doch die Möglichkeit, ein »richtiges Leben« im »falschen« der entfremdeten Verhältnisse zu führen, was Theodor W. Adorno ja bekanntlich bestritten hat.[7]

Nun ist allerdings die Frage naheliegend und der Einwand eventuell berechtigt: Warum sollte ausgerechnet eine gesellschaftliche Praxis, die von Musikern betrieben wird, in irgendeiner Weise zum ›Vorbild‹ oder auch nur zur Orientierung taugen für andere Bereiche der Gesellschaft? Es ließe sich einwenden, dass die Struktur dieser Bands, von denen hier die Rede ist, viel zu eigentümlich ist, die Zahl der Teilnehmer viel zu klein (selbst wenn es Großformationen wie das *London Improvisers Orchestra* gibt, dem es gelang, bis zu vierzig Teilnehmer in den Prozess gemeinschaftlichen und gleichberechtigten Musizierens zu integrieren) und das Aufeinandertreffen temporär begrenzt, so dass bestimmte Probleme, die notwendig aufgrund der Alltäglichkeit der Situation an anderen Arbeitsplätzen auftreten, in diesen Ausnahmesituationen (wenn man das Konzert, die Probe etc. als Ausnahmesituation bezeichnen will) nicht auftreten können. Jedoch wäre in diesem Zusammenhang nochmals an die Aussage Evan Parkers zu erinnern, wonach in der Spielsituation der Improvisatoren »ideally the demands of the group on the individual and the expectations of the individual of the group are in reciprocal relationship«. Diese Struktur der wechselseitigen Befriedigung der Erwartungen (und Bedürfnisse) des Individuums und des Kollektivs ist jedoch so allgemein, dass ich zunächst kein Argument sehe, das grundsätzlich der Übertragbarkeit auf andere Bereiche der Gesellschaft widerspräche. Vielmehr wäre danach zu fragen, warum diese wechselseitige Erwartung, welche die Individuen im Prozess gemeinsamen Musizierens verbindet, in anderen Bereichen der Gesellschaft offensichtlich nicht erfüllt wird oder werden kann, warum in anderen Arbeitszusammenhängen offensichtlich die vorherrschende Konkurrenz die Solidarität der Menschen

---

7 *Theodor W. Adorno: Minima Moralia.* Reflexionen aus dem beschädigten Leben. Erster Teil. 18. Asyl für Obdachlose. – In: Ders.: *Gesammelte Schriften.* Hrsg. von Rolf Tiedemann. Bd 4. Frankfurt am Main 2003, S. 43.

untereinander wenn nicht verhindert, so doch zumindest stark einschränkt. Dazu wäre zu bemerken, dass schließlich alle unter der kapitalistischen Gesellschaftsordnung arbeitenden Menschen gezwungen sind, wie Marx es beschreibt, ihre »Ware Arbeitskraft« auf dem Markt zu verkaufen, und sich den Gesetzen der Mehrwertproduktion, die für die kapitalistische Gesellschaftsordnung maßgeblich ist, zu unterwerfen. In diesem Zusammenhang ist der Hinweis trivial, dass die Situation, in der die hier in den Blick genommenen Musiker sich befinden, natürlich ebenfalls geprägt ist durch die genannten kapitalistischen Verwertungsstrukturen – auch sie können sich dem Zwang zur Produktion von Waren nicht entziehen. Jedoch haben sich viele dieser Musiker von Anfang an in dem – auch politisch motivierten – Bestreben zusammengefunden, sich gleichwohl eine gewisse Unabhängigkeit ihrer Kunstproduktion von diesen Zwängen zu erarbeiten.

Dieses Bestreben hat jedoch wiederum mit dem Zeitpunkt des Entstehens dieser – man muss heute sagen: weltweiten – musikalischen Bewegung zu tun: den fünfziger/sechziger Jahren des 20. Jahrhunderts. Diese Zeit war geprägt – in den USA – durch die Rassenunruhen und das sich in diesem Zusammenhang herausbildende Selbstbewusstsein der schwarzen Bevölkerung und die gleichzeitige Kritik an den durch die USA in anderen Teilen der Welt geführten Kriegen; sie war geprägt – in Westeuropa – durch Aufstände des Proletariats (z. B. in Frankreich und Italien), die Kritik der Studenten an den »entfremdeten« Verhältnissen in der bürgerlich-kapitalistischen Gesellschaft und an der Dominanz der amerikanischen Kultur; sie war geprägt – in der Bundesrepublik Deutschland – durch die Kritik an den restaurativen Bestrebungen nationalistisch und antidemokratisch orientierter Kräfte und die offensichtliche Weigerung der durch die Herrschaft des Nationalsozialismus geprägten Generation, sich kritisch der eigenen faschistischen Vergangenheit zu stellen; sie war geprägt – in Osteuropa – durch Bestrebungen, sich mehr Raum für individuelle Freiheiten innerhalb des sogenannten ›real-existierenden Sozialismus‹ zu verschaffen. Alle diese aus heutiger Sicht doch sehr unterschiedlichen Strömungen konnten in der hier im Mittelpunkt des Interesses stehenden Musikrichtung ihren Ausdruck finden, die deshalb auch von Anfang an stark verbunden war mit anderen Bestrebungen, die kritisierten gesellschaftlichen Verhältnisse zumindest tendenziell zu überwinden.

Zwei Aspekte waren und sind in diesem Zusammenhang aber besonders wichtig: Zum einen war diese Musikrichtung – anders als die sich entwickelnden Formen der Beat- und Rockmusik – überhaupt nicht geeignet, als Massenware erfolgreich zu sein. Von daher waren die Musiker, wollten sie von ihrer Kunst leben, gezwungen, sich ihre eigenen ökonomischen Strukturen aufzubauen. Und diese Strukturen konnten dann eben – wenn auch in Grenzen – auf der Basis ihrer eigenen politisch-gesellschaftlichen Überzeugungen gestaltet werden. Der zweite Aspekt bezieht sich auf den Umstand, dass viele Musiker – zumindest soweit es den europäischen Teil betrifft – einen bestimmten – zum Teil auch akademischen – Bildungshintergrund mitbrachten, der auch den Kontakt zu Künstlern einschloss, die in anderer Weise an der Ausgestaltung neuer Formen und Strukturen des Ausdrucks arbeiteten. Diese Nähe zur bildenden Kunst war bekanntlich auch für Peter Brötzmann prägend – die Frage, inwieweit die anderen hier genannten allgemein gesellschaftlich-politischen und historischen Einflüsse für ihn von Bedeutung waren, sollte in den hier wiedergegebenen Gesprächen im Mittelpunkt des Interesses stehen.

Nun sind Musiker in der Regel nicht zugleich Gesellschaftstheoretiker und zumal nicht solche, die hergehen, einen theoretischen Ansatz zu entwerfen und diesen dann ihren Mitmusikern als Codex vorzuschreiben. Gleichwohl wird sich zeigen, dass jemand wie Brötzmann sehr deutliche Vorstellungen davon hat, wie das gemeinschaftliche Musizieren, das ja – wie er immer wieder betont – auch ein gemeinsames *Arbeiten* ist, unter den Aspekten von gesellschaftlichem Miteinander zu organisieren sei. Diese allgemeinen gesellschaftlichen Aspekte sollten in unseren Gesprächen zwar im Mittelpunkt stehen, jedoch haben sich – wie die Lektüre zeigen wird – die Wege des Gesprächs immer wieder auf unvorhersehbare Weise verschlungen, so dass auch persönliche Aspekte und Erfahrungen zur Sprache kamen.

Im folgenden werden also die Gespräche mit Peter Brötzmann wiedergegeben, die am 05.12.2011, 12.03., 28.04. und 04.07.2012 in Brötzmanns Wohnung in Wuppertal geführt wurden. An- und abschließend werde ich versuchen, die aus meiner Sicht für die hier formulierte Fragestellung entscheidenden Aspekte nochmals zusammenzufassen und in ihrer Bedeutung zu untersuchen. Bei dem Titel des Essays im dritten Teil des vorliegenden Buches handelt es sich um eine Textzeile aus dem Gedicht *The Character Of Love Seen As A Search For The Lost* von Kenneth Patchen (zitiert nach: *The Collected Poems of Kenneth Patchen*. New York 1968, S. 72 f), das unter anderem auf der nach einem weiteren, während der Aufnahme rezitierten Gedicht von Patchen genannten CD (*Be Music, Night.* – In: *The Collected*

*Poems* ... A.a.O., S. 286) vom *Chicago-Tentet* vertont wurde. (OKKADISK 12059/2005)[8]

Zu danken habe ich Sebastian Posth, der bereit war, das vorliegende Buch zu verlegen, und vor allem Britta C. für den Kampf um die entscheidenden Dinge - nicht nur, was dieses Buch hier betrifft ... Das Buch widme ich Eberhard Lausen (Mothers little Helper), mit dem ich immer solche Gespräche führen wollte, wofür es aber jetzt und für immer zu spät ist.

Im Juli 2012                                                    Christoph J. Bauer

---

8  Interessant ist in diesem Zusammenhang, dass der Philosoph Hegel in seiner *Phänomenologie des Geistes* von 1807 eine ähnliche Formulierung gebraucht, wenn er ausführt, dass das »allgemeine Werk« - die Sphäre des Staates und der Ökonomie - nur als »das beständig *werdende Resultat* der *Arbeit* und des *Thuns Aller*« verstanden werden kann. Siehe: *G.W.F. Hegel: Phänomenologie des Geistes. (Gesammelte Werke.* Bd 9). Hamburg 1980. 270. Damit widerspricht Hegel aber der weit verbreiteten Auffassung, dass die entscheidenden gesellschaftlichen Entwicklungen von Einzelnen vollbracht werden.

# Gespräche

Christoph J. Bauer: Anlass für meine Überlegung, das Gespräch mit Ihnen zu suchen, war ein Artikel von Karl Lippegaus in der *Süddeutschen Zeitung* nach dem Moers-Festival 2010. Lippegaus zitiert dort Brötzmann, dem es neben den musikalischen Belangen auch darauf ankam zu betonen, dass das *Chicago-Tentet*, das in den letzten Jahren im Mittelpunkt seiner musikalischen Tätigkeit stand, »auch ein Beispiel gesellschaftlichen Zusammenlebens« sei. Wie ist das zu verstehen?

Peter Brötzmann: Ja, das hat aber schon viel mit Musik zu tun … und speziell der Ursprung der Jazzmusik war ja eine in die Gesellschaft eingebundene Angelegenheit. Ohne die damaligen gesellschaftlichen Verhältnisse wäre ja auch die Musik sehr wahrscheinlich gar nicht entstanden. Und insofern liegt mir doch viel daran, wenigstens das in Erinnerung zu halten, und wenn möglich - wenn auch in anderer Weise natürlich - diese Verbindung zur gesellschaftlichen Wirklichkeit am Leben zu halten. Denn wenn sich Musik und Kunst nur beschränkt auf ästhetische und formalistische Gedanken, dann ist mir das zu wenig, das reicht mir nicht. Deswegen wahrscheinlich auch meine ganz frühe Begeisterung für die Jazz-Musik, weil es was ganz anderes war als das, was ich in Schule und Elternhaus mitkriegte, weil hier eben Geschichten erzählt wurden - ja, weil es eine abenteuerliche Angelegenheit war und das ist es ja zum Glück immer noch geblieben.

CJB: Ob es das immer noch und überall geblieben ist, weiß ich nicht.

PB: Überall sicher nicht, aber für die Menschen, mit denen ich arbeite, mit denen ich enger verbandelt bin, ist es das. Es ist immer noch ein Abenteuer … und es geht immer noch ums Überleben. Das klingt vielleicht etwas pathetisch, aber es ist einfach so, weil wir - und das ist der eine Punkt - ja in diesem ganzen Kulturbetrieb nie einen Platz gefunden haben - oder nicht den Stellenwert bekommen, der dieser Musik eigentlich zukommt. Wir sind ja immer auf der untersten Stufe dieser ganzen Treppenleiter geblieben, und wenn man in den siebziger und achtziger Jahren auch mal das Gefühl hatte - zumindest in Europa und in den Staaten - man ist mal eine Stufe hochgeklettert, so kann man ja heute wieder genau die umgekehrte Bewegung beobachten.

CJB: Nun ist es ja so, dass das auch daran liegt, dass der Staat, die sogenannte ›öffentliche Hand‹ - Stichwort Finanzkrise - nicht mehr soviel Geld zur Verfügung hat. Und wenn man dann Geld ausgibt - Stichwort ›Ruhr 2010‹, weil ich das aus der Nähe beobachten konnte - investiert man es in die sogenannten ›Leuchtturmprojekte‹, d.h., Kunst soll dann weithin ›leuchten‹ und was gezeigt wird, soll ›hoch‹ und ›groß‹ sein, und dabei haben dann viele Leute erfahren müssen, dass sie bei einer solchen Politik nicht bedacht werden.

PB: Also, wir müssen solch ein Spektakel nun wirklich nicht ernst nehmen - da war doch der Pleitgen beteiligt?

CJB: Ja, der spielte da eine entscheidende Rolle.[1]

PB: Oh Mann ... ich hab da nur ein bisschen was im Fernsehen mit-bekommen ... aber da kommen wir natürlich schon zum Problem der Geschichte: Die Leute, die heute die Gelder im Kunstbetrieb verwalten, die haben natürlich nur das Spektakel im Kopf ...

CJB: Event!

PB: Event! ... ich hasse das ... pfui Teufel ... aber darum geht's denen - für solche Dinge wird immer wieder Geld aufgetrieben. Und das Traurige ist, dass die Leute, die die Basisarbeit machen, einfach vergessen werden. - Nun frage ich mich natürlich, wo ist die Ursache zu suchen? Unsere ganze Gesellschaft ist ja darauf ausgerichtet - auf Brot und Spiele, Fußball am Wochenende, 'n bisschen Kunst hie und da - und das so groß wie möglich aufgeblasen: Dann sind die Leute schon zufrieden.

CJB: Dann sind die Leute schon zufrieden - und es darf natürlich auch nicht wehtun. Und dann kommt noch dazu, und das ist für jemanden wie mich, der es mal mit dem guten Herrn Marx zu tun bekommen hat, auch kein Wunder: Es muss sich ja auch verkaufen lassen - Kunst muss ja auch in gewisser Weise Ware sein ... und die Versuche, mit denen ich aufgewachsen bin - die Versuche, es beispielsweise in der Rockmusik mit sogenannten Independent-Labels zu versuchen und so der Warengesellschaft

---

1   Fritz Pleitgen, vorher Intendant des WDR, wurde 2007 Vorsitzender der Geschäftsführung der Ruhr 2010 GmbH, die für die Planung des Veranstaltungen zum Europäischen-Kulturhauptstadt-Jahr 2010 in Essen und dem Ruhrgebiet verantwortlich zeichnete.

zumindest teilweise zu entkommen, laufen ja in der Regel darauf hinaus, dass man entweder Pleite geht oder im Falle des Erfolgs von den Major-Labels übernommen wird ...

PB: ... und dann wird man sowieso vereinnahmt ...

CJB: ... und dann wird man sowieso vereinnahmt.

### Liebe und Leidenschaft

PB: Das ist ja klar ... ich habe einen guten Freund in den Staaten, der sich mit den Ursprüngen der Rap-Musik ganz intensiv befasst hat, und ein Buch drüber geschrieben hat über die Anfänge - und auch Texte gesammelt hat.[2] Und was da in den Texten los war - da ging es richtig zur Sache - und was dann nachher übriggeblieben ist: nur noch Titten und Arsch und Spaß haben ... so geht das ... Gut: Man kann nur versuchen, sich dagegen zu wehren, indem man so klar wie möglich sieht, was man selbst will, und das einfach zu tun - und da geht es mir heute nicht anders als vor fünfundvierzig Jahren, als ich mich entschieden habe, das weiter zu machen, was ich mir vorgenommen hatte. Und ich wusste da auch: Ein reicher Mann wirst du damit nicht - der Ärger ist vorprogrammiert! Und heute ist es nicht viel anders - obwohl sich viele Dinge grundlegend geändert haben. Die Leute aus meiner Generation - wer ist da zu nennen? Schoof, Schlippenbach, Buschi Niebergall - all die großen Spieler - gut, Alex hatte studiert, Schoof hatte auch ein bisschen in Köln studiert ... aber eigentlich kamen alle zu der Musik aus Liebe und Leidenschaft und nicht aus der akademischen Bildung. Und was heute von den Hochschulen kommt, die es ja inzwischen an jeder Ecke gibt, die alle dasselbe lehren - ob das Berkeley ist oder Köln, es ist überall das selbe Programm ... die Jungs, die dort fertig werden - und die Mädels auch hoffentlich in zunehmendem Maße - die können das alles, die können alles rauf und runter spielen, die haben Ahnung von Kompositionslehre und Harmonielehre und Kontrapunkt - alles schön, man kann ja nie genug lernen, alles prima ... nur wenn man dann hinterher nicht weiß, was man damit anfangen soll, dann fängt das Desaster an. Das ist dann auch vorprogrammiert und insofern gibt es auch nicht viel Neues zu berichten. Nun habe ich allerdings meine sehr puristische Einstellung[3] -

---

2  *Lawrence A. Stanley: Rap: The Lyrics: The Words to Rap's Greatest Hits.* New Jersey 1992.
3  Dass Brötzmann in anderer Hinsicht vehement bestreitet, Purist zu sein, wird später deutlich werden. Siehe unten S. 39 und 109.

ich mag bestimmte Dinge nun mal überhaupt nicht ... was ich mag, ist
gute Musik, und da ist es mir auch egal, ob der Typ Wynton Marsalis heißt
oder ob der Brötzmann heißt ... die Leute sind immer erstaunt, wenn ich
Marsalis erwähne, weil er nunmal so'n Beispiel ist für hundertprozentig
gut gespielte Musik, das ist ja ganz klar ... Die einzige Frage ist: Beweg
ich mich oder will ich mich nur bewegen im Bereich der Reproduktion.
Die Frage ist also: Will ich mir etwas selbst erfinden – das sind dann zwei
unterschiedliche Wege, sich durchs Leben zu schlagen.[4]

CJB: Um beim Punkt Marsalis zu bleiben: Er steht ja auch – wenn ich da
wirklich richtig informiert bin – für ein Programm, das insofern politisch ist,
als dass er der Ansicht ist, Jazz-Musik komme aus der schwarzen Tradition
und da hätten Leute, die aus Europa kommen und die ihre eigenen Einflüsse
und Traditionen mitbringen, nicht unbedingt was verloren.

PB: Ja, und da würde ich ihm in gewissem Grade auch Recht geben ... Ich
meine, ich kann mir als Mitteleuropäer, als weißer Mitteleuropäer – groß
geworden in einer nicht so einfachen Zeit – nach dem zweiten Weltkrieg –
aber doch groß geworden in einer Bildungsbürgergesellschaft, wo ich alles
Mögliche hätte machen können, nicht einbilden, dasselbe erfahren zu haben,
was die Schwarzen in den USA erfahren mussten. Bloß mit dem Argument
kann ich trotzdem wenig anfangen, denn ich denke, meine Begeisterung,
die kam in Kinder- oder Jugend-Jahren durch den Blues, kam durch den
Rock 'n' Roll, kam durch Duke Ellington, kam durch Louis Armstrong –
und das kann mir auch kein Marsalis verwehren. Dass er allerdings die –
sagen wir – letzten vierzig Jahre verschlafen hat, dass der Austausch, das
Entstehen von neuer Jazz-Musik, von improvisierter Musik, freier – was auch
immer – Musik, sich seither entwickelt hat, dass es keine Einbahnstraße
ausgehend von Amerika mehr ist, sondern dass Europa zu dem in ganz
großem Maße beigetragen hat, was sich heute an – ich nenn's immer noch
Jazz-Musik – entwickelt, das kann er einfach nicht außer acht lassen, oder
er sollte es nicht außer acht lassen. Ich meine – mit aller Bescheidenheit

---

4   Ähnliches sagte kürzlich Archie Shepp in einem Interview mit der französischen Zeitschrift
    *philosophie* (No 51, Juli/August 2011, S. 88-91): »Es gibt zwei Möglichkeiten Jazz zu spielen:
    Entweder man imitiert die akademische Weise des Melodie-Spielens, dann muss man die
    Akkorde kennen, oder man hat Vertrauen in seine eigene Seele, ohne das es unmöglich
    ist, eine wirkliche Botschaft zu haben, eine Geschichte zu erzählen.« (Übersetzung aus
    dem Französischen: CJB) Auf das ›Geschichten erzählen‹ kommt auch Brötzmann in den
    folgenden Gesprächen immer wieder zurück. Dass Brötzmann Shepp für andere Aussagen
    im genannten Interview kritisieren sollte, wird sich weiter unten zeigen.

und mit allem Respekt vor meinen schwarzen Kollegen – und ich arbeite ja seit vierzig/fünfundvierzig Jahren mit ganz vielen zusammen – ich hab' mir nie eingebildet, dass ich, wenn ich z. B. mit Shannon Jackson gespielt habe, das, was er jeweils getan hat, richtig verstehe: Aber zuhören kann ich schon – und vor allem: Wenn er was sagt – ich hab meine Stimme genauso! Und ich meine, das geht so auch … und ich hab mich ja auch nie bemüht, einen Amerikaner nachzuspielen. Und deswegen gibt es auch eine ganze Menge Respekt, weil ich einer der wenigen gewesen bin – und immer noch bin –, der das nie versucht hat. Aber ich hab' trotzdem immer meinen Kram zu sagen gehabt und deswegen ist mein Verhältnis zu meinen schwarzen Kollegen ein ziemlich unbelastetes. Das war ein Kampf eine gewisse Zeitlang, aber den kann man ja ab und zu auch gewinnen.

CJB: Spielt denn die Auseinandersetzung zwischen Schwarz und Weiß heute in den Staaten noch diese Rolle, die sie vor vierzig/fünfzig Jahren gespielt hat?

PB: Ja, das spielt eine große Rolle immer noch – die Segregation hat in den letzten Jahren eher wieder zugenommen – und zwar von beiden Seiten aus. Beide Seiten wollen wirklich nichts mehr miteinander zu tun haben. Es fehlt nur für die schwarzen Kollegen eine politische Stimme, eine Organisation oder wenigstens ein Mann … aber da ist keiner. Vor allem sind die jungen Schwarzen – es ist alles etwas oberflächlich, was ich sage, weil ich so tief gar nicht in die Geschichte eindringen kann – aber, was ich so mitkriege, ist, dass die jungen Schwarzen zum allergrößten Teil auch gar nicht mehr interessiert sind an Historie. Die sind, wenn sie irgend etwas mitgekriegt haben, daran interessiert: Wie mach ich die Kohle? Denn wenn man in Amerika aufwächst, dann ist das sowieso der Gradmesser von allem – auch in der Kunst, in der bildenden Kunst. Erfolg ist gleichzusetzen mit Geldverdienen.

CJB: Klar, das ist die amerikanische Tradition und da ist die amerikanische Tradition vielleicht noch ehrlicher als die europäische, die das immer so ein bisschen verschämt hintenanstellt. Aber wir leben ja nun mal im Kapitalismus, da müssen wir uns ja nichts vormachen und da müssen wir uns und unsere Produkte verkaufen, sonst wird das nichts …

PB: … richtig …

CJB: … das haben Sie ja eben gesagt: Es geht um's Überleben – und das ist für die jungen schwarzen Leute natürlich auch ganz klar … Aber der Aspekt ›Bildung‹ in diesem europäisch weiten Sinn, der bricht in diesem

Zusammenhang sicher zunehmend weg in den Staaten - hier auch - ja - hier auch übrigens ...

PB: ... hier auch: Ich hab da ein paar Freundinnen, die sind Lehrerinnen und die erzählen mir dann ab und zu mal, wie's so zugeht. Ich meine, wir hatten es ja schon nicht leicht - aber wenn ich das vergleiche mit dem, was da heute auf die Jungs und Mädchen zukommt, dann war ich ein richtig glückliches Kind, mit richtig guten Lehrern.

CJB: Klar, das kann ich aus meiner Erfahrung heraus auch bestätigen.

PB: Das ist heute ziemlich furchtbar - und in Amerika ...

CJB: ... wenn man beispielsweise die Universitätslandschaft dort betrachtet, wo ich mich ein bisschen auskenne, dann ist man eben entweder Elite oder man ist der letzte Dreck ... wenn man dort etwa als Universitätslehrer an eine unterklassige Uni kommt, dann kann man den Leuten Lesen und Schreiben beibringen, das ist einfach katastrophal.

PB: Ich weiß von Schulen in New York, wo die Lehrer Mühe hatten, die Schüler erstmal dazu zu bringen, wieder miteinander zu reden - da kann man gar nichts mehr erwarten. Und wenn man sich das politische Desaster in den Staaten anguckt, und man weiß: in ein paar Jahren hat man denselben Mist hier - und die Entwicklungen in den Schulen gehen ja in die gleiche Richtung -, dann sind die Aussichten nicht besonders toll. Ein Beispiel: William Parker hat einen Sohn, der ist jetzt so 24/25, den wollte er vor zehn/fünfzehn Jahren auf eine der besseren Schulen in New York, in Manhattan schicken. Er hat das dann auch mal ein Jahr geschafft und hatte dann ein paar tausend Dollar Schulden - und dann musste er seinen Sohn wieder runter nehmen.

CJB: Ja klar - auch Bildung ist schließlich als Ware erkannt worden: Und wer die gute Ware hat, der kann die teuer verkaufen - das ist die Tendenz auch hier ... aber, bevor wir uns jetzt in der Klage über die Zeitläufte verlieren - wir sind ja jetzt doch schon beim Pessimismus angekommen, bei einer pessimistischen Grundhaltung, und die entspricht mir eigentlich überhaupt nicht.

PB: Mir auch nicht ... ich hätte es ja auch nicht die ganzen Zeiten so weitergemacht, wenn ich das *nur* pessimistisch sehen würde. Ein Auftrag ist ja auch: Du musst das so machen, wie Du Dir das denkst, um überhaupt noch etwas zu retten.

CJB: Klar ... aber auch deshalb nochmals zurück zu der Sache mit dem gesellschaftlichen Modell. In einem Interview mit Brötzmann im *Jazzpodium* sagt dieser auf die positive Bezugnahme hinsichtlich der sogenannten 68er durch Gudrun Endress (»Nicht zu vergessen, dass man in seinem eigenen kleinen Bereich gezeigt hat, dass es ohne weiteres menschliches, demokratisches Miteinander gibt.«): »Das ist immer da und auch immer geblieben. Und gerade bei einer Arbeit mit 10 Leuten, die aus verschiedenen Teilen der Welt kommen, hat das, was man da lernt, schon eine soziale Funktion. Bloß es ist eben, wie du sagst nur ein kleines, persönliches Beispiel, das man geben kann, was man machen kann. Mir geht es bei dem *Chicago-Tentet* nicht nur darum, feine Musik zu machen, sondern es geht auch darum, zusammen eigenverantwortlich etwas aufzubauen und miteinander solidarisch Dinge auf die Beine zu stellen, Respekt voreinander zu haben.« Das sind ja schon mal positive ›Werte‹, die da genannt werden. Und dann kommt jedoch die Einschränkung: »Aber das sind wirklich Dinge, die du nur in Kleinstkommunen praktizieren und forcieren kannst.«[5] Das mit der Band als gesellschaftlichem Modell weitet sich in diesem Statement ja zunächst mal aus - und dann wird es aber wieder zurück genommen.

PB: Ja, ich habe da zunächst mal über die Jahre hinweg Erfahrungen mit solchen Modellen - und wenn solche Modelle zu groß werden, dann funktioniert das mit der Verantwortung, der Eigenverantwortung und der Solidarität nicht mehr - und das ist das Problem. Als wir das mit der FMP angefangen haben - '69 -, was ja hier so an meinem Küchentisch auch angefangen hat, mit Jost Gebers und Kowald hauptsächlich - da

5 Siehe: *Gudrun Endress: Glauben an das, was man tut.* Interview mit Peter Brötzmann. - In: *Jazzpodium.* 10/2011, S. 3-10. Eine optimistischere Darstellung von Brötzmanns Vorstellungen bezüglich der Zusammenarbeit in einer Gruppe von Improvisatoren und der Übertragung dieses Modells auf andere Bereiche der Gesellschaft ist im Film *Soldier of the Road* (A portrait of Peter Brötzmann. Produced and directed by Bernard Josse (2011)) zu hören: »Ich habe diese Art von Musik niemals nur als eine formalistische oder ästhetische Angelegenheit betrachtet, sondern sehe sie - gerade mit zunehmendem Alter - als eine Art von sozialer Bewegung (movement). Wenn man Leute einbezieht, wenn man ihnen Verantwortung gibt, wenn man ihnen die Freiheit gibt, selbst zu entscheiden, was und wie sie die Dinge tun, macht das die Musik wirklich lebendig - und das findet man in keiner anderen Kunstgattung mehr. [...] Jeder spielt seine Rolle in der Band als einer Familie, einer Art von Gemeinschaft - aber ich bin nicht so naiv zu glauben, wir könnten dieses Modell auf die ganze Gesellschaft übertragen. Aber wenn Leute lernen, auf diese Art und Weise zu arbeiten, können sie das an ihre Kinder, ihre Kollegen und Freunde - die Leute um sie herum - weitergeben. Und zu sehen, dass Dinge möglich sind, ist schon ein kleiner Schritt in die richtige Richtung, würde ich sagen.« (Übersetzung aus dem Englischen: CJB)

funktionierte das die ersten Jahre, wo wir das richtig gemeinschaftlich geplant und gemacht haben; und da wir auch einen gewissen Erfolg hatten, kamen immer mehr Musiker dazu - und das war ja auch der Sinn der Sache ... Bloß, als es dann gewisse Ausmaße annahm und es auch ums Geld-Verteilen ging oder ums Job-Verteilen - oder um die Frage, wer macht denn was, wo und wie - dann ging es soweit, dass die Leute, die bis dahin die Dinge ans Laufen gebracht und die Dinge entschieden hatten, von allen möglichen Seiteneinsteigern, die eigentlich nichts anders im Kopf hatten, als mal 'ne Platte zu produzieren oder mal 'nen Job in der Akademie zu kriegen oder sowas, auf ziemlich üble Art und Weise - ja - diskriminiert wurden ...

CJB: ... diskriminiert hört sich hart an ...

PB: Ach, vielleicht sollte man es auch nicht so an die große Glocke hängen. Es war aber so, dass wir nun mal ganz erfolgreich miteinander arbeiteten - vor allem Jost Gebers in Berlin zusammen mit der Akademie. Und wir hatten auch versucht, zusammen mit dem größeren Kreis eine demokratische Mitbestimmung zu ermöglichen. Nur war dann auch bald abzusehen, dass manche Leute wirklich nur aus Eigeninteresse an unserer Sache teilnahmen - was ja ein menschlicher Faktor ist - das ist insofern auch keine Wertung - aber es ist nun mal so. Und Jost Gebers, Kowald und ich - und vielleicht auch noch Alex (Schlippenbach) - wir hatten uns dann schon ein bisschen eingeigelt, um unsere Vorstellungen weiter zu verwirklichen. Und dann gab's natürlich gewisse Anfeindungen: wir würden nur für uns selbst sorgen - dieser übliche Kram. Allerdings ging's dann auch manchmal ein wenig unfair zu - und dann hatten wir auch die Schnauze voll - Kowald und ich vor allen Dingen ... und da man sich nicht sein Leben lang mit solchen Sachen herumschlagen will, und um allen Seiten das auch einfacher zu machen, haben wir gesagt: Jost, Du machst das auf einer ganz normalen geschäftsmäßigen Basis - wir werden dich beraten, wenn du uns brauchst, denn wir waren es ja, die immer wieder neue Musiker kennenlernten ... aber man konnte ja seinen Kollegen, mit denen man ja auch weiter arbeiten wollte, nicht mit diesen blöden Gefühlen gegenüber treten. Da haben wir dann auch mal aufgegeben. Natürlich haben wir nicht - oder ich hab jedenfalls nicht - ganz aufgegeben. Wir haben ja beispielsweise hier in Wuppertal auch Dinge organisiert, und wir haben ja auch Jost weitergeholfen ... Nee, die Lehre aus dem Ganzen war: Wenn das zu groß wird, wenn die persönlichen Interessen anfangen, die gemeinsamen Interessen zu überlagern, dann funktioniert die Sache nicht mehr - und ich denke, das ist das, was der Kommunismus nie mit einbezogen hat: diesen Human Factor.

CJB: Das ist ja immer die Frage: Wie organisiert man so etwas – das hat ja auch was mit Verwaltung zu tun, mit Bürokratie am Ende, mit Strukturen, mit Leuten, die irgendwelche Aufgaben übernehmen – und das ist dann natürlich kompliziert.

PB: Eben, aber diese Arbeit blieb im Fall der FMP immer an denselben drei hängen – und sich dann auf der anderen Seite die Vorwürfe anhören zu müssen, das war dann nicht mehr so lustig. Und, ich meine: eigennützig bin ich natürlich auch. Ich habe meine festen Vorstellungen davon, was mir passt und was nicht – und das hab ich auch immer vertreten – während Jost glücklicherweise einen weiteren Blick auf die Geschichte hatte, wohingegen ich, der ich selbst Macher der Sache war, einen etwas eingeengten Blick hatte ... das ist ganz klar.

## Kommunismus

CJB: Das war jetzt eben interessant, denn nach dem Begriff des ›Kommunismus‹ wollte ich auch fragen. Das ist ja das böse K.-Wort – wie man heute so schön sagt ...

PB: Ach Gott, ja ...

CJB: Und da hat der Herr Brötzmann in einem Interview gesagt: »ich bin ja ein alter Kommunist ...«.[6] Aber was heißt das denn?

---

6  »*Es gibt keine Freundlichkeiten. Es gibt nur Musik.*« Interview mit Brötzmann. – In: *skug. Journal für Musik.* #88, 10-12/2011, S. 8-13, hier S. 8. (Das Interview wurde von David Krispel (*skug*) und Andreas Fellinger (*freiStil*) geführt; Teile des Gesprächs wurden auch in *freiStil* #39, 2011, 4-10 veröffentlicht). Auf die Frage: Warum haben Sie ihre ersten Platten selber rausgebracht? antwortete Brötzmann: »Ja, weil uns kein Label wollte und wir aber trotzdem merkten, dass wir ein Publikum hatten und ich damals – alter Kommunist – sowieso auch die Werkzeuge selber in der Hand behalten wollte.« Es wird deutlich, dass Brötzmann den Begriff ›Kommunismus‹ hier in Hinsicht auf die Frage nach dem Eigentum an den Produktionsmitteln verwendet. Diese Frage ist in der Diskussion um eine alternative Gesellschaftsordnung allerdings von alles entscheidender Bedeutung. Es war eben deshalb ein wichtiges Ziel für die Musiker der FMP, diese Produktionsmittel in der eigenen Hand zu halten, um nicht – wie es der Regelfall unter der Herrschaft des Kapitals ist – das Arbeitsprodukt dem Eigentümer dieser Mittel abtreten zu müssen und lediglich ein Entgelt zu erhalten, das im besten Falle ausreicht, die eigene Arbeitskraft zu erhalten. Die kapitalismuskritische Haltung der FMP-Leute kommt auch in einem Aufsatz von Achim Forst zum Ausdruck, der sich auf der FMP-Seite von Jost Gebers findet, und der diesem Aufsatz ein Motto von Wilhelm E. Liefland voranstellt: »Mitten im Kapitalismus auf dem Felde des Kapitalismus gegen den Kapitalismus anspielen, antreten ...« (Siehe: http://www.fmp-label.de/freemusicproduction/index.html)

PB: Gut, ich hab ja auch mal den Marx gelesen oder es doch zumindest versucht und auch das eine oder andere daraus gelernt.

CJB: Und wir befinden uns ja schließlich hier auch in der Stadt von Friedrich Engels ... Aber nochmal nachgefragt: Was heißt das denn? Wir haben ja gerade von diesem ›human factor‹ gesprochen, an dem bestimmte Versuche, das menschliche Miteinander auf eine andere Weise zu organisieren, immer wieder zu scheitern scheinen.

PB: Das heißt, dass ich immer noch die Vision vom menschlichen Zusammenleben habe, dass es eine gewisse Gleichheit unter den Menschen gibt - was ja nicht heißt, dass etwa jeder dasselbe verdient, denn der eine ist ein bisschen dümmer und der andere ist ein bisschen schlauer - der eine kann forschen, der andere kann Stühle bauen. Aber die Bedeutung für die Gesellschaft ist entscheidend: Ob das mein Freund Ali ist, der hier die Straße fegt, oder ob ich das bin, der ich in der Welt herumsause und Musik mache, das gehört im Endeffekt alles zusammen. Denn wenn ich nach Hause komme, freue ich mich, wenn vor meiner Tür die Straße sauber ist. Das ist es ja, was uns meiner Ansicht nach heute fehlt: Ein gewisses Verständnis für den anderen Menschen, das wird immer weniger. Ich seh' das ja auf meinen Reisen: Irgendwer hält sich immer für was besseres als derjenige, der neben ihm sitzt - das geht durch alle Schichten, durch alle Berufe.

CJB: Ja das kenn' ich natürlich auch von der Universität: Sich - wie es so schön heißt - distinguieren, darauf kommt es an.

PB: Und insofern habe ich eine sehr naive, sehr idealistische Vorstellung von Kommunismus. Aber da gibt es ja schon gewisse Parallelen zu dem, was wir mit der Musik machen. In der Musik - ob das im Trio ist oder ob das im Tentet ist oder in noch größeren Formationen - man muss in größeren Formationen zwar andere Arbeitsweisen finden - sind wir ja die einzigen, die in der Lage sind, eine kleine Gesellschaft zu bilden, in der Respekt die Grundlage ist ... aber das ist eben das Problem: je größer ein solcher Apparat ist, desto schwieriger oder fast unmöglich ist es, so etwas auch herzustellen.

CJB: Das ist ja vielleicht auch das größte Problem des sogenannten ›Realsozialismus‹ gewesen: dass die Sache verwaltet werden musste, dass sich Strukturen bildeten, die sich verselbstständigt haben - die berühmte Bürokratie. Und dann wird's kompliziert, wenn sich das abkoppelt von den unmittelbaren Verhältnissen, in denen die Menschen ihren Alltag leben … das führt wieder zu der Frage, die mich besonders interessiert: Wie verhält sich die Musik zum gesellschaftlichen Bereich? Wie standen denn die Leute um die FMP, wie standen aber auch die Musiker beispielsweise in der DDR zu diesem System des ›real existierenden Sozialismus‹ – gab's da eigentlich Diskussionen um diese Sache?

PB: Wir West-Leute haben eigentlich immer versucht, die Diskussion in Gang zu kriegen. Ich weiß noch, die erste große Begegnung war ja in Warschau bei *Jazz-Jamboree*, 1974 – da war ich da mit Alex, Kowald und Paul Lovens – da gibt's die berühmten paar Minuten auf *YouTube*[7] – und da waren auch fast alle aus dem Osten, aus der DDR – also Petrowsky, Fischer – das war mal so ein berühmter Trompetenspieler, der sich da durch alle möglichen Stile durchmogelte, der auch ganz schnell in den Westen abgehauen ist …

CJB: … Joachim Kühn war ja auch schnell weg …

PB: … Joachim hatte ja meine Adresse in der Siegesstraße, wo ich damals mit meiner Familie gelebt habe; das war die erste Anlaufadresse von Joachim. Der lebte dann bei uns 'ne Woche oder zehn Tage, bis sein Bruder Rolf ihn mal abholen kam, ja, ja … und auch Jan Hammer zum Beispiel, der hatte auch von irgend jemandem meine Adresse, tauchte eines Tages auf und sagte: Ich habe keine Lust mehr … der war aber schon auf dem Weg, hatte seine Connections nach Kalifornien – und nach ein paar Tagen haute er wieder ab … Ja – Witze wurden viele gemacht über West/Ost-Politik in allen Lebenslagen – und die DDR-Fritzen hatten sich natürlich im Laufe der Jahre einen ziemlich sarkastischen Humor angewöhnt – verständlich … aber so richtig Kritik oder Gegenentwürfe zum bestehenden Status quo hat man nicht gehört. Nee, es ging um ganz praktische, alltägliche Dinge: Wie kommen wir an das …, wie kriege ich die und die Blätter fürs Saxofon – oder: wie kriege ich 'nen Auspuff für meinen Trabi, weiß der Teufel – so was. Ich meine, ich bin da immer mit einer sehr wohlwollenden – und vielleicht auch naiven – Sicht auf die Dinge hingegangen. Erstens wollte ich wissen, wie es geht in diesem anderen System, zweitens ist ja der DDR-Teil ein ganz bedeutendes Gebiet, was die deutsche Geschichte und die deutsche Kunst angeht. Es gab die Sprache, die seltsamen Verdrehungen in den Dialekten – manches verstand man nun wirklich nicht mehr, wenn man so in den Thüringer-Wald oder sonst wohin kam, da war dann der Ofen aus … Aber

---

7 Siehe http://www.youtube.com/watch?v=3Xa75w-vEXk

das war schon alles interessant – und wir hatten ja unsere Schwierigkeiten mit unserem Westsystem und waren auch immer durchaus bereit zu gucken: Was geht da besser? Leider gab's nicht viel zu berichten, was besser ging – das einzige, was mir auffiel, war, dass die Leute damals nicht die Existenzangst haben mussten, die wir hatten – wir wussten ja manchmal nicht, wie wir die Miete bezahlen konnten. Die hatten von solchen Dingen überhaupt keine Ahnung, was manchen ja auch zum Verhängnis geworden ist, als es dann soweit war, dass man Ahnung haben musste.

CJB: Ich hab mal irgendwo ein Zitat von Bennink gelesen, der in einer Diskussion mit Kollegen aus dem Osten im Zusammenhang mit den Demonstrationen zur Wendezeit gefragt hat: »Was macht ihr da im Osten eigentlich? Wissen die Leute, die da auf die Straße gehen, was sie im Kapitalismus erwartet?«[8] Man bekam ja beispielsweise als Musiker, wenn man ein abgeschlossenes Studium hatte, einen ›Berufsausweis‹[9] und dann musste der Staat dafür sorgen, dass die Leute etwa Spielmöglichkeiten bekamen.

PB: Also, wer nicht ganz blöde war, oder wer sich nicht ganz bewusst verweigerte, der brauchte vor der Zukunft oder vor dem Alter nun wirklich keine Ängste zu haben. Und Han hatte damals drei Kinder schon und ich hatte meine zwei – und da reichte das mit der Musik alleine nicht. Bennink hatte natürlich in Holland als Künstler lebend gewisse Privilegien, von denen wir nur träumen konnten ... also, das war schon interessant. Ich meine, ich war ja öfter mit verschiedenen Bands drüben als Bennink – und wenn man dann auch länger da war und merkte, wie mühsam manches ist, wie manches auch in einer Kungelei endete, die man eigentlich nicht wollte, die man aber, um irgendwas zu erreichen, eingehen musste – und all diese Dinge. Und natürlich: das Eingesperrtsein – mal nach Ungarn war ja schon ein Highlight ... Und nach vierzehn Tagen oder nach drei Wochen war ich dann auch froh, wenn ich wieder 'raus war. Also, dieses Eingesperrtsein und das Schlange stehen – ich hasse das, ich hab' das als Kind schon gehasst – und dann noch für drei Bananen Schlange stehen, nee ...

CJB: Ja, das war es dann ja letztlich auch, was die Leute rebellisch gemacht hat.

8 Diese von Bennink gestellten kritischen Fragen wurden von Joe Sachse wiedergegeben, siehe: *Gottfried Schalow: Über Joe und Jimi, Sachse und Sachsen.* – In: *Rainer Bratfisch* (Hg.): *Freie Töne. Die Jazzszene in der DDR.* Berlin 2005, S. 241.
9 Siehe *Von Holland lernen* ... Interview mit Konrad ›Conny‹ Bauer. – In: *Rainer Bratfisch* (Hg.): *Freie Töne.* A.a.O., S. 217.

PB: Die haben sich ja, wie das Menschen so machen, arrangiert mit dem, was da war – ganz klar … die haben sich auch – ich meine das jetzt nicht böse – erstmal bequem eingerichtet in dieser Pseudo-Sicherheit – bis es dann irgendwann gar nicht mehr ging, bis dann durch alle möglichen Medien auch dem letzten Trottel im Wald aufging: Die Welt hat noch viele andere Facetten zu bieten, als nur unseren relativ grauen Alltag … Wer da 'ne Datscha hatte – ich weiß noch, wir haben dann immer Petrowsky besucht, der hatte da in der Einflugschneise vom Flughafen 'ne wunderschöne Datsche mit 'nem großen Garten – und das war dann schon ganz prima. Aber das hatte natürlich nicht jeder … Nee, die Musiker waren eigentlich schon privilegierte Leute da – ich weiß es nicht von den Schriftstellern …

CJB: Da kann man die Biografie von Stefan Heym[10] lesen, da sieht man das auch: Wer anerkannt war, der bekam auch sein Häuschen …

PB: … und vor allen Dingen die Privilegien, wenigstens in ein neutrales Land, wenigstens nach Skandinavien oder in den ganzen Ostblock zu kommen. Da gab's ja auch viel zu entdecken – das gab's dann schon.

CJB: Heym hat ja etwa seine Bücher auch im Westen veröffentlichen können.

PB: Ja, das weiß ich.

CJB: Und wenn dann hoch kochte, dass es Probleme gibt, dann kam die Staatsspitze schon mal bis zu einem nach Hause und fragte: Leute, was läuft da ab?

PB: Das war natürlich so – auch Leute wie Petrowsky, die hatten schon ihre Treffen mit dem Kultusminister, die kümmerten sich schon drum …

CJB: … die waren dann ziemlich nahe dran …

PB: … da war ich dann auch – ja – erschrocken eigentlich.

CJB: Es gibt diese Geschichte, als Manfred Krug in den Westen ist mit noch ein paar anderen – nach der Biermann-Ausweisung: da kamen die Leute vom Ministerium, saßen bei Krugs im Wohnzimmer, aßen Schmalzstullen und haben versucht, die Schriftsteller zum Einlenken zu bewegen – aber einige von denen sind dann trotzdem weg[11] … aber in der Tat, der Draht zur Staatsspitze war für die Kulturschaffenden ziemlich kurz.

---

10 *Stefan Heym: Nachruf.* Frankfurt a. M. 1990.
11 Ebd., S. 802-805.

PB: Diese Aufrechnungen nach der Wende, die fand ich ja - aus meiner Sicht jedenfalls - sehr peinlich ... sehr peinlich, weil irgendwie haben die Leute auch nichts begriffen ... ich meine - ok, jeder hat sich zu verantworten - aber wie ich nun mein Leben irgendwie hinkriege, um das zu erreichen, was ich will, gerade wenn ich schreibe oder Musik mache, dann ist das ja überall schon schwer genug - und wenn ich dann tatsächlich auch mal die Augen zumache - also ich konnte da keinem auch nur irgendeinen Vorwurf machen dafür, dass er sich ein bisschen arrangiert hatte.

CJB: Da ist eben im Westen - wie so oft - viel interessengeleitete Heuchelei dabei gewesen - und ist es immer noch ... und dann kommt ja auch hinzu, dass es für die meisten Leute zunehmend immer schwieriger wird, über die Entwicklungen in der Welt ausreichend informiert zu sein, den Überblick zu behalten über die Entwicklungen in der Gesellschaft und die verschiedenen Strömungen.

PB: Und dann kommt wieder dieser Human Factor dazu ... ich meine, das ist nunmal in uns drin, dass jeder - vielleicht gar nicht mal nur für sich selbst - aber doch mehr will, dass er es anders will. Auch wenn das nicht direkt hierher gehört: Ich habe ja eine Freundin in Ljubljana - Slowenien, ein kleines Land mit vielleicht drei Millionen Menschen; und seit Tito nun nicht mehr da ist und sie ihre Eigenstaatlichkeit zurück haben - und die Slovenen sind sicher eines der friedlichsten Völker, die in diesem Verband (Jugoslawien) waren - aber nach der Selbstständigkeit haben sich gleich aus den alten Kadern neue Banden gebildet, die den ganzen Scheiß wieder verwalten. Das heißt, Korruption gab's von Anfang an, massive Bestechung in allen Bereichen, in den Medien - überall. Sie hatten ja auch gar keine Zeit, Neues zu bilden, sie mussten auf dem Alten aufbauen. Und die Leute, die an der Macht sind, die haben das gelernt - die haben das schon bei Tito gelernt und die sind natürlich viel versierter darin, ihre eigene Macht, ihren eigenen Einfluss zu festigen. Und jetzt cirka zwanzig Jahre nach dem Bürgerkrieg ist dieses kleine Land, das wunderschön ist und das Ressourcen hat, ein korrupter Haufen geworden ... und so langsam merken die Leute dort das auch, obwohl sie gerade wieder einen rechts-konservativen Idioten gewählt haben.

CJB: Wenn wir schon davon sprechen. Wir waren im letzten Jahr auf einer Tagung in Kroatien und was ich da noch viel schlimmer fand - wir sind da eher zufällig durch die Bürgerkriegsregionen gefahren, und ich war ziemlich schockiert, dass die Resultate der ethnischen Säuberungen immer noch deutlich zu sehen waren - leere zerstörte Dörfer und so weiter -, dass wir dort bei den angeblich so ›hoch-aufgeklärten‹ Philosophen zu Gast waren, und was die dann scheinbar hauptsächlich zu tun hatten, war, sich über die Muslime in Bosnien lustig zu machen. Also, wie das dort laufen soll angesichts dessen, was sich dort so alles reproduziert hat, nachdem die Ordnung unter Tito aufgebrochen war, das ist direkt unheimlich.

PB: Wenn man dann noch weiter nach Süden geht, nach Serbien, dann muss man schon aufpassen, was man sagt.

CJB: Und da liegt die Frage nahe: Wie ist das unter den Musikern? Würden sich Vertreter der verschiedenen ethnischen Bereiche zusammen finden, um Musik zu machen?

PB: Das denke ich schon ... ich kann zwar jetzt kein Beispiel anführen - ich bin zwar ab und zu in Zagreb, in Belgrad - Slowenien kenn' ich inzwischen sehr gut, aber es gibt da nur zwei drei Musiker, die genannt werden können ... Aber wenn ich an andere Situationen denke in den Jahren vorher - eigentlich sind Musiker immer die, die sich zuerst zusammenfinden - doch! Weil, man braucht auch im Endeffekt keine Sprache, man arbeitet einfach. Und wenn man unseren Job ernsthaft betreibt, dann ist das Erste, was man lernt, wenn man unterwegs ist, dass man Respekt hat. Man lernt wirklich, dass die Leute zwar alle ein bisschen anders leben, aber im Grunde ist es doch alles dasselbe.

CJB: Und dann ist da sicher auch die Neugier, sich mit den Vertretern anderer Kulturen zu konfrontieren, mit anderen Spielweisen, anderen Instrumenten.

PB: Gerade die Jazzmusik ist ja in den Vereinigten Staaten aus einem Zusammenkommen von vielen Kulturen entstanden. Ich weiß ein konkretes Beispiel aus dem Libanon, da waren die Musiker die ersten, die sich aus dem muslimischen und dem christlichen Bereich zusammengefunden haben, die zusammen auf der Bühne gestanden haben. Da wurden noch Bomben geworfen, da haben die sich schon zusammen auf die Bühne gestellt, da hatten wir Musiker sicher nie die Schwierigkeit.

CJB: Ich denke da allerdings noch mal an diese Busfahrt durch Kroatien, da lief die ganze Zeit - ich sag das jetzt mal - schreckliche kroatische Volksmusik ...

PB: ... die ›schlimme‹ Volksmusik?

CJB: Es muss die schlimme Volksmusik gewesen sein (lacht), denn ich habe sie so empfunden ... also die ganze Zeit diese Musik - volle Lautstärke, und ich dachte: Mein Gott, was ist das denn. Und auf der Rückfahrt ging das schon wieder los: Amerikanische Filme und kroatische Volksmusik.

PB: Dass die Leute so verrückt sind, und sogar die Philosophen - aber ich hab' halt immer noch Illusionen im Kopf, schön wär's ... ich denke, es könnte ja mit ein bisschen Vernunft alles viel besser funktionieren - aber die Vernunft ist uns doch etwas sehr abhanden gekommen - die ist verschwunden.... Aber da kann man dann tatsächlich zurückkommen zum *Tentet* und seiner Arbeitsweise, zu dem, was und wie wir da praktizieren ... und ich habe mich ja auch nie in der Rolle eines Bandleaders gesehen ...

CJB: ... genau danach wollte ich noch fragen ...

## Verantwortung

PB: ... also dass ich denen sage: Kinder, heute machen wir das so und morgen machen wir das so ... Nee, wir machen das alle zusammen; jeder hat die Verantwortung dafür, dass die zwei Stunden auf der Bühne funktionieren und dass da der Teufel los ist ... ja, es geht eigentlich auch um's Lernen und eigentlich lernen wir auch bei jedem Auftritt. Wir hatten beispielsweise sechs verschiedene Kleinkonzerte in Wels[12] - und das war auch für uns eine völlig neue Situation - und wir haben was daraus gelernt, auf jeden Fall. Und ich denke ja auch, sobald man Verantwortung teilt, sind die Leute auch bereit, selbst Verantwortung zu übernehmen - wenn sie nicht ganz weg vom Fenster sind. Wir hatten ja so angefangen im *Tentet*: da hatten wir ein paar Papiere, wie das so üblich ist - ein paar Stücke, ganz unterschiedlich aussehend ... und irgendwann hatte ich das Gefühl, wir brauchen diese Scheißpapiere überhaupt nicht.

CJB: Das ist die Geschichte, die immer wieder gerne erzählt wird.

---

12 Vom 3.-6. November 2011 fand in Wels (Österreich) ein Festival statt, das von den Mitgliedern des *Chicago-Tentets* und Gästen gestaltet wurde. Die Gäste waren: Keiji Haino, John Tchicai, Michiyo Yagi, Okkyung Lee, Xu Fengxia, Masahiko Satoh, Takeo Moriyama, Mokhtar Gania, Tamaya Honda, Jason Adasiewicz, Dieb 13, Martin Siewert, Bill Laswell, Mars Williams, Massimo Pupillo, Otomo Yoshihide, Akira Sakata, Toshinori Kondo, Eric Revis, Nasheet Waits, Marino Pliakas, Michael Wertmüller und Caspar Brötzmann.

PB: Ich hatte das Gefühl, wir können das auch beiseite lassen, und das war dann auch der Zeitpunkt, wo ich dachte: Wir sind doch alt genug, um zu wissen, wie die Dinge funktionieren!

CJB: Also ich kann mir das nur schwer vorstellen, weil ich zu wenig von Musik weiß. – Ich habe zwar auch mal versucht, Musik zu machen, aber das war Rock-Musik – klar, da gab es auch gewisse Freiheiten, aber im Grunde war alles organisiert.

PB: Klar, ich meine, das ist ja heute auch selbst in der Avantgarde-Jazzmusik genauso – und gerade in der amerikanischen. Da kann man in dem Zusammenhang auch gleich wieder zurückkommen auf Herrn Marsalis. Aber wir Europäer – unser Beitrag – von Derek Bailey, Tony Oxley bis Schlippenbach und Brötzmann meinetwegen, der ist ja der, dass wir – zumindest zeitweise – wirklich alles aufgehoben haben. Wir haben aufgehoben die Notwendigkeit, Stücke zu haben, wir haben Harmonielehren außer acht gelassen, wir haben all das, was man gewöhnlicherweise beachtet, wenn man sich zusammen-setzt, um Musik zu machen, umgekehrt oder einfach negiert – und das haben die Amerikaner nie gemacht.[13] Ornette Coleman beispielsweise – so sehr ich ihn schätze und insbesondere seine wunderschönen Melodien und Stücke – aber er schreibt Stücke und er macht ein bisschen Improvisation. Er spielt ein Stück – und da kann man heutzutage nehmen, wen man will, die machen das alle genauso; ohne dieses Gerüst sind die meisten auch ganz verloren. Und ich hab ja auch nichts dagegen. Aber ich weiß von meinem kleinen privaten Leben: Abzustürzen ist ja immer ein Grund, sich wieder aufzurappeln, um da 'rauszukommen und was Neues zu wissen und ein

---

13 Diese Einschätzung des Beitrages der Europäer zur Entwicklung von Jazz bzw. impro-visierter Musik ist deshalb bedeutungsvoll, weil etwa Bert Noglik diesbezüglich zu ganz anderen Ergebnissen kommt. Für ihn bedeutet die »Improvisation als Selbstausdruck« eine »radikale Abkehr von den Konventionen europäischer Kunstmusik [...]. Improvisierte Musik widerspricht dem Werkbegriff der europäischen Tradition, und die komponierte ›ernste‹ Musik bleibt hinter dem Intensitätsanspruch und der realen Unmittelbarkeit im-provisierter Musik im allgemeinen wesentlich zurück.« Auf die von ihm selbst gestellte Frage, »was denn nun in der europäischen improvisierten Musik bzw. im europäischen Jazz an europäischen Einflüssen wirksam wird«, antwortet er: »Es ist dies in erster Linie und zunächst allgemein formuliert der soziale, der kulturelle und auch der im engeren Sinne musikalische Erfahrungsbackground europäischer Musiker.« Wie sich das zu der von Brötzmann genannten Radikalisierung der Improvisationspraxis auf allen musikalischen Gebieten als dem genuin europäischen Beitrag zur Entwicklung der hier im Mittelpunkt stehenden Musikrichtung verhält, wäre allerdings zu erörtern. Siehe: *Noglik: Klangspuren.* A.a.O. 213.

Risiko einzugehen – und das tun wir mit dem *Tentet* eigentlich jedes Mal –
und dann funktioniert's oder nicht. Aber das ist ja auch – wenn's dann
funktioniert – die Erfolgsgeschichte dabei.

CJB: Wenn man so will, ist das also auch eine Erfolgsgeschichte der Eigenverantwortung. Das Lustige ist dann aber, dass die Leute das gerade nicht
sehen wollen. Wenn ich beispielsweise noch mal an den Artikel von Karl
Lippegaus aus dem letzten Jahr denke – da stand nämlich: Gespielt wurde
die ›Suite‹ *American Landscapes*[14] – als sei das eine Komposition und die sei
dort reproduziert worden. So steht's dann da … aber so war's natürlich
nicht.

PB: Nein, nein … die Namen der Stücke macht man immer erst später …
nein, darum geht's überhaupt nicht – das ist nur ein Titel für die GEMA.

CJB: Aber es ist auch ein schöner Titel – und passt auch …

PB: … und zu Amerika und seinen wunderbaren Landschaften habe ich
durchaus auch eine enge Beziehung – aber nein, es ist natürlich nicht so:
Der Titel ist das, was am allerletzten Ende kommt.

CJB: Aber jetzt noch mal die Frage: Wenn alle Musiker – oder doch die
allermeisten – nicht in der Lage sind, das sichere Netz, mit dem sie gelernt
haben zu leben, mit dem sie tagtäglich umgehen, zu verlassen – ist das dann
jetzt ein riesiger Zufall, dass zehn Leute oder auch mal mehr oder weniger
oder auch noch ein paar andere auf dieser Welt – etwa in Japan – doch
anders ticken als eben diese Leute, die irgendwas Sicheres gelernt haben, und
nicht damit umgehen können, plötzlich ohne da zu stehen? Ich versuche
mir das vorzustellen: Wird denn im *Tentet* darüber gesprochen? Wird dort
über bewusstseinsmäßige oder politische Einstellungen gesprochen? Oder ist
das einfach so und man kann es sich gar nicht weiter erklären?

PB: Nein, das mit der Musik – Zufall ist das nicht, aber Zufälle spielen
immer 'ne Rolle. Wir haben uns ja noch nicht mal gesucht, wir haben uns
irgendwie gefunden. Also gut, da gab es diesen Haufen von Chicago-Leuten,
als ich da mal länger war und wir uns sagten: Setzen wir uns doch einfach
mal zusammen und machen was. Das waren erst acht – und dann fiel
uns ein: Einen Trompeter brauchen wir irgendwie. Und dann war da der
Joe McPhee, der ja in meinem Alter ist; und wir kennen uns seit hundert

---

14 Karl Lippegaus schrieb: »Sein phänomenaler Drummer Paal Nilssen-Love hatte das Tentett
   in Moers mit gewaltigem Schub durch die lange Suite ›American Landscapes‹ getrieben.« –
   In: *Süddeutsche Zeitung*. A.a.O.

Jahren – und Joe ist immer bereit zu allem ... und dann ging's einfach so los. Und dann gab's auch den einen oder anderen kleinen Wechsel mal – aber im Prinzip spielen wir in dieser Besetzung seither zusammen. Jetzt ist es eine halb und halb amerikanisch/europäische Angelegenheit ... man kann's aber auch nicht mit jedem machen.

CJB: Ja, das genau ist die Frage – und damit verbunden ist – wie gesagt – die Frage nach dem Bewusstsein der Beteiligten, die dafür verantwortlich sind, dass es funktioniert – und dann auch nach den damit verbundenen politischen, den weltanschaulichen Einstellungen ... Brauchen die Leute, die mitmachen, ein bestimmtes politisches Bewusstsein, wie man früher mal gesagt hat? Oder ist das in dem Augenblick auch völlig egal, ob jemand in den USA etwa die Konservativen wählt oder die Demokraten, oder hier SPD, CDU oder die Linken?

PB: Na ja, mit der Wählerei ist das natürlich so eine Sache ... Aber nehmen wir mal die elf Leute aus dem *Tentet*. Da sind die zwei Deutschen, die paar Skandinavier – wobei die Schweden wieder anders ticken als die Norweger – die Amis: die Weißen und den einen Schwarzen ... und fangen wir mal mit Joe an: Joe ist der Älteste in der Band, 'n halbes Jahr älter als ich – aber wir haben natürlich dieselben Jahrzehnte durchlebt, und Joe war viel in Europa und ich in den Staaten. Ich würde sagen, wir beiden sind ziemlich politische Menschen – immer gewesen. Joe hat die Rassenunruhen in Washington DC und in Detroit – und wo auch immer – aus allernächster Nähe mitgekriegt – und ich hab' seit Mitte der sechziger Jahre bis Anfang der Siebziger das mitgekriegt, was hier mitzukriegen war. Und ich denke – bei aller Abneigung, was die gegenwärtige politische Situation anbelangt und insbesondere, was die Herrschaften, die die gegenwärtige Politik machen, anbelangt – sobald du auf die Bühne gehst, sobald du etwas öffentlich machst, so ist das schon der erste politische Akt, den du tust ... Ich meine, man ist ja nicht nur von der Muse geküsst, sondern man arbeitet ja für das, was man tut, ziemlich hart – und dazu gehört natürlich auch, und das weiß ich von Joe sehr genau, ein politisches Bewusstsein – wir sind ja immer die Opas, die in der Ecke stehen und sich fragen, was ist mit den Jungens los? Nein, da ist schon ein Bewusstsein da – wobei es für mich persönlich noch ein bisschen anders ist, wenn ich nach Polen gehe, wenn ich nach Russland oder wenn ich nach Israel gehe, in die Länder, denen die Generation meines Vaters das Leben unmöglich gemacht hat. Für mich ist das wirklich eine Art von Wiedergutmachung, wenn ich dahin gehe – nicht, dass ich da mit irgendeiner

großartigen Absicht dahin gehe – aber, wenn ich dann die Reaktionen in
Polen sehe oder jetzt in Russland – da war der Laden wieder voll, auch voll
mit jungen Leuten – das ist schon eine wichtige Funktion, die die Musik
da wahrnimmt. Aber vielleicht hört das nach meiner Generation auch auf,
vielleicht wird da was ganz anderes wichtig, vielleicht müssen wir dann
nicht mehr darüber reden oder darüber nachdenken – obwohl ich durchaus
empfehlen würde, ab und zu mal an das zu denken, was da passiert ist. Aber
das ist auch eine Antriebskraft dafür, dass ich das alles auf mich nehme.
Insofern ist das für mich auf jeden Fall eine politische Sache, denn ohne
eine Basis, ohne dass man mit beiden Beinen auf dem Grund steht – ohne
zu wissen, was da draußen vor sich geht, geht es für mich nicht. Das ist
sicherlich bei den andern anders – der Hauptteil des *Tentet*s nähert sich jetzt
den Fünfzigern und ich kenne die Jungs ja, seit sie Ende dreißig waren …
etwa ein Mann wie Michael Zerang: sein Vater kam noch aus dem Irak über
allerlei Umwege in die Staaten, der hat natürlich ein Interesse, gerade was
den mittleren Osten – seine Gegend – betrifft … Aber soweit ich das weiß
und soweit ich das sehe, nehmen alle Amis in jedem Fall ganz viel Anteil
daran, was in den Staaten los ist. Ich weiß noch, bei der letzten Wahl, der
Obama-Wahl, war ich in Chicago und das war schon ein Ereignis … dass
natürlich Erwartungen enttäuscht werden, das ist der nächste Schritt wieder
mal … Die Amerikaner sind ja enthusiastische Leute und viel direkter als
wir das sind mit unserer Distanz zu den Dingen – und umso größer ist
dann auch die Enttäuschung.

CJB: Bei Fred Lonberg-Holm habe ich auf seiner Website jedenfalls ein sehr
deutliches Statement zum Thema Georg W. Bush gefunden.

PB: Es ist natürlich für jeden sehr unterschiedlich – jeder von uns hat
natürlich zunächst einmal zu kämpfen, um zu überleben und das nimmt
viel Energie in Anspruch. Die wenigsten leben ja nur von der Musik.
Die meisten haben irgendeinen Job oder eine Frau, die einen Job hat –
das Überleben nimmt viel, viel Zeit und Energie in Anspruch. Aber eine
grundsätzliche politische Einstellung ist sicherlich da, und die ist sicherlich
auch insofern da, als man die Politik in dem Lande, in dem man lebt,
mit großer Distanz von außen anschaut. Und dazu trägt auch die Reiserei
bei, weil man dadurch einfach sieht, dass viele Dinge, die einem hier so
vorgegeben – oder besser: vorgegaukelt – werden, nun wirklich nicht die
Maßstäbe sind, die für's Leben nützlich sind – oder die zumindest keine

allgemein gültigen sind. Und wenn man das schon mal begriffen hat, dann kann man auch sein eigenes Leben anders einschätzen.

CJB: Nehmen wir mal einen solchen aktuellen Fall, wie den Konflikt um den Iran – wenn da die Frage aufkommt, sollen die USA dort jetzt auch noch einmarschieren. Wie geht man damit um? Dann könnte es bei einer größeren Formation, wie dem *Tentet*, ja durchaus auch unterschiedliche Auffassungen geben, die nach dem Konzert oder wenn man mal ein Bier getrunken hat, auch zum Ausdruck kommen … und je nach dem, von welchem Temperament die Leute sind, kann es ja vielleicht auch tatsächlich mal knallen – oder ist das nicht der Fall?

PB: Nein, dazu sind wir uns dann doch zu nahe, was viele Fragen betrifft. Natürlich sitzen wir in der Kneipe oder im Zug und reden … und wir reden eigentlich wenig über Musik, mehr über das, was man liest und was in der Zeitung steht – Politik ganz allgemein. Und da weiß ich nun mal, dass von uns keiner die Uniform anziehen würde und wo auch immer hinmarschieren würde – oder seinen Sohn irgendwohin schicken würde oder seinen Bruder, nee!

CJB: Das haben die Amerikaner dann nach Vietnam auch ›elegant‹ kapitalistisch gelöst, indem man nun einfache 'ne Berufsarmee hat, wo dann diejenigen Leute sich verdingen, die sonst keine Möglichkeit haben, ihren Lebensunterhalt zu verdienen.

PB: Ja …

CJB: Wo die Werber dann über Land ziehen und wie früher die Landsknechte …

PB: … einkaufen.

CJB: Ich hab' das damals in den Siebzigern noch mit der Fremdenlegion in Straßburg am Bahnhof erlebt.

PB: Das kenn' ich auch noch …

CJB: Und das ist dann die neue Art der Kriegsführung, dass man der Sache aus dem Weg geht, irgendwelche Leute einzuziehen, die eigentlich nicht wollen, und dann hat man das Problem eben geschäftsmäßig gelöst.

PB: Ja – denkt man …

CJB: Zumindest ist das jetzt die Strategie ... wie das ausgehen kann, hat man neulich erst gesehen - ich meine die Sache mit dem Amerikaner, der in Afghanistan losgezogen ist, und die sechzehn Leute umgebracht hat ...

PB: Aber das wundert einen ja überhaupt nicht. Du musst dir auch mal vorstellen, die sind zum Teil gerade 18 Jahre alt, die wissen von nichts, kommen irgendwo aus einem Mid-West-Dorf, haben von der Welt keine Ahnung, werden im Schnellkurs auf alle möglichen Dinge vorbereitet und stehen da irgendwo in der Welt, haben irgendeinen Vorgesetzten - wenn sie Glück haben, haben sie einen guten - der letztlich auch nur zehn Jahre älter ist und der auch nichts begriffen hat ... und da kann das Verteidigungsministerium - wo ja nicht nur Dummköpfe sitzen - auch nichts machen. Jedenfalls geht alles, was die anordnen diesen langen Weg, bis es unten ankommt - und da sind da die Muslims, und da kann man mal drauf pinkeln ... Da wundern sich die Leute, aber Krieg ist Krieg, da hat sich gar nichts verändert - das ist einfach so.

CJB: Nur dass das mit den Medien jetzt anders funktioniert.

PB: Ja, jetzt weiß man's eben ...

CJB: Deswegen haben die Amerikaner ja im Irak auch versucht, die ganze Sache zu kontrollieren, damit das nicht so richtig hochkocht, was da eigentlich passiert - aber es lässt sich letztendlich nicht kontrollieren.

## Japan

CJB: Wir haben gerade über die Sichtweise der amerikanischen Musiker gesprochen - und auch über die Europäer und ihre Einstellungen. Sie arbeiten aber bekanntlich seit langem auch mit Musikern aus Japan - wo sind da die Unterschiede?

PB: Ja, ich hab' in den letzten fünf oder sechs Jahren wieder angefangen, intensiv mit den Japanern zu arbeiten. Die Japaner haben eine ähnliche Jazz-Tradition wie die Deutschen, die wurde auch unterbrochen durch den zweiten Weltkrieg - aber danach ging's gleich weiter mit Bigbands, mit amerikanischen Einflüssen, genau wie hier eigentlich ... und es gab große Bebop-Musiker dort. Aber die guckten vor Jahren immer noch nach Amerika.

CJB: Na ja, die Leute, die jetzt zuletzt in Köln waren[15], haben ja vermutlich nicht nur nach Amerika geguckt, oder?

PB: Nee – obwohl sie beide doch in Amerika studiert haben.

CJB: Das wusste ich nicht ...

PB: Obwohl: der Trommler Moriyama, der war ja ganz früh in den sechziger/siebziger Jahren der Trommler bei Yamashita, und Satoh kannte ich schon – ich war zum ersten Mal 1980 in Japan – aus den frühen achtziger Jahren. Aber beide haben studiert – und wenigstens mal ein/zwei Jahre in den Staaten. Satoh war auch richtig Meisterschüler irgendwo – der hat auch eine Wahnsinnstechnik. Und Moriyama, der sich in den letzten Jahren sehr zurückgezogen und eigentlich nur mit einem Bebop-Quintet über Wasser gehalten hatte, hat dann mir zuliebe mal gesagt, ok, ich komme und spiel' – und dann hat er – Gott sei Dank – wieder Lust gekriegt. Aber auch mit den jüngeren Japanern, die zum Teil mit in Wels waren, funktioniert das, trotz dieser kurzen Phase, die ich eigentlich mit denen erst arbeite – wobei ich mich da gar nicht überschätzen will ... aber die Art und Weise, wie man arbeitet, dass man da nicht mit einem Stück Papier ankommt und sagt: jetzt machen wir das mal so, und du hast hier dein Solo und so weiter, sondern dass man wirklich mal die Dinge offen lässt, die Dinge sich entwickeln lässt.

CJB: Also die mussten erstmal einen Lernprozess durchlaufen in den verschiedenen Ländern, um diese Art von Musik spielen zu können?

PB: In Japan eigentlich nicht. In Japan lief es mit dem Jazz wie gesagt ähnlich wie bei uns vor dem zweiten Weltkrieg. Ich spiele jetzt beispielsweise mit Tamaya Honda zusammen – und Honda kommt aus einer langen Familien-Jazz-Tradition. Sein Onkel ist Sadao Watanabe und sein Vater war Klavierspieler, seine Mutter war Sängerin, und davor gab es auch Leute ... es gab also eine Entwicklung ähnlich wie bei uns. Und hier gab's dann die längere Unterbrechung durch den Nazi-Terror und bei den Japanern kam der lange Krieg – erst der China-Krieg und dann der Weltkrieg.

CJB: Also die Jazz-Tradition begann in Japan schon vor dem zweiten Weltkrieg?

15 In Köln spielte Brötzmann Anfang November 2012 zum Abschluss einer kleinen internationalen Tournee mit Masahiko Satoh und Takeo Moriyama (The Heavyweights, zu hören auf der CD »Yatagarasu«, nottwo MW894-2).

PB: Ja, ja – der Jazz kam aus Amerika und wurde erstmal nur nachgespielt. Und dann ging's genau wie bei uns: Da gab es kleine, zaghafte Versuche, die Dinge anders zu machen.

CJB: Aber zunächst unabhängig von einander?

PB: Ja, aber Mitte der sechziger Jahre, als wir so langsam wussten, wohin wir wollten, da gab's dieselben Tendenzen in Japan – und da ist Moriyama einer von diesen Typen, die damals schon versucht haben, was anderes zu tun – und das wurde ja auch allen ganz klar, als die zum ersten Mal – ich glaube 1970 – nach Europa kamen ...

CJB: ... das berühmte Yamashita-Trio[16] ...

PB: ... das Yamashita-Trio ... wir waren zum ersten Mal 1980 in Japan – mit Bennink – 'ne lange Tour ... da haben wir wirklich von Hokkaido bis Kyushu, also von Nord nach Süd alles durchgespielt – und da haben wir natürlich einige Kollegen getroffen, die aber sehr abhängig waren von dem, was sich in Amerika tat. Das hat sich durch den europäischen Einfluss ein bisschen gewandelt seit den siebziger Jahren. Die japanischen Saxofonisten spielten nicht nur so wie – sagen wir Coltrane – was die ganze Welt tat mehr oder weniger –, sondern die spielten dann schon ein bisschen wie Evan Parker oder wie Brötzmann – und dann gab es immer sehr gute Bebop-Spieler. Aber es gibt unter den jungen Leuten auch durchaus Eigenständiges, Leute, die sich inzwischen auch wieder besonnen haben auf ihre eigene Kultur, ihre eigene Musik-Kultur, die zum großen Teil auch sehr stark rhythmisch bestimmt ist – durch die Taiko-Trommeln bei den Festen zum Beispiel. Und wenn man die los lässt, die Japaner – seien es Jungens oder Mädchen – dann sind das ganz wilde Herrschaften ... also da passiert schon was. Und solche Leute wie Akira Sakata, der – glaube ich – nur zwei Jahre jünger ist als ich, die haben über die ganzen Jahrzehnte immer weitergemacht, weiter entwickelt, und die sind auch für die junge Generation ziemlich wichtig. Also, bis auf die Tatsache, dass sie doch sehr lange auf Amerika fixiert waren, zum Teil immer noch sind, haben wir dieselbe Entwicklung durchgemacht. Was natürlich ganz anders aussieht bei den Chinesen, die erst seit ein paar Jahren überhaupt Zugang haben zu den Informationen – und da muss man denen einfach auch ein wenig Zeit lassen und die Möglichkeit geben, sich weiter zu informieren. Ich würde auch jederzeit gerne wieder hinfahren und

---

16  Zu den Projekten und musikalisch-kulturellen Grundlagen Yosuke Yamashitas vgl. *Bert Noglik: Kultur der Intensität: Yosuke Yamashita.* – In: Ders.: *Klangspuren.* A.a.O. 133-173.

mit den jungen Leuten was machen, und über die Missverständnisse reden –
das muss man einfach – und man muss ihnen auch klar machen: In diesem
Riesenreich gibt es so viele Ressourcen für Musik, für Kultur, dass man
nicht immer nur mit den Ohren und den Augen nach Europa oder nach
Amerika schielen muss. Ich denke, man kann aus den eigenen Ressourcen,
den eigenen Wurzeln auch ganz viel raushören, weil es da auch – sagen
wir mal – 'ne Art von Volksmusik gibt in den verschiedenen Stämmen von
Mongolien bis sonst wohin, wo Improvisation sicherlich in einem anderen
Maße 'ne Rolle spielt als in der Jazz-Musik, die ja vom Ursprung her auch
nichts anderes ist als Volksmusik.

## Hören

Das Hören ist eigentlich die wichtigste Angelegenheit, die man lernen muss –
hören, was macht der andere ... und dann ist auch das Pausen-machen eine
ganz wichtige Angelegenheit – und da tut sich beispielsweise auch was bei
den jüngeren Japanern, die das ja mit ansehen, anhören: Da verändern sich
dann die Möglichkeiten. Es gibt zum Beispiel zwei junge Typen, die in der
Band von Teromasa Hino, diesem Trompeter und Miles Davis Nachspieler
(das macht er übrigens immer noch so) spielen – und das ist ja auch gut
für's Bankkonto. Die freuen sich aber immer, wenn ich da bin, und wir ein
paar Jobs in irgendwelchen Clubs machen ... das braucht aber alles Zeit,
da was zu bewegen.

CJB: Das ist jetzt insofern interessant, als man ja immer wieder lesen kann,
Peter Brötzmann bezeichne sich selbst als einen ›Puristen‹.

PB: Ich hab' das von mir auch eigentlich gar nicht gesagt, höchstens insofern,
als dass ich weiß, was ich mag und was ich nicht mag. Aber ich laufe
sicherlich nicht mit Scheuklappen durch die Gegend und denke, dass das,
was ich tue, das einzig Wahre ist.

CJB: Unter einem Puristen versteht man ja vielleicht auch eher jemanden,
der sagt: Ich bearbeite jetzt den und den Stil und alles andere interessiert
mich überhaupt nicht ... und wenn ich dann das höre, was Sie da gerade
über Japan, China und so weiter berichten, die Beziehungen zu den verschiedenen Traditionen bis hin zur Volksmusik und auch den elaborierteren
Musiktraditionen, dann zeigt sich doch, dass die Musik dann vielleicht
auch nicht mehr nur Jazz ist, die da gespielt wird. Jedenfalls wird es, wenn

da so viele Einflüsse zusammenkommen, schwierig, das Ganze dann noch
eindeutig einzuordnen in eine bestimmte Schublade.

PB: Ja, ich behaupte von mir ja immer noch, dass ich Jazz-Musiker bin.
Aber das hat bei mir auch mit dem Instrument zu tun; das hat bei mir
zu tun mit meiner Liebe zu Coleman Hawkins oder Sonny Rollins oder
Don Byas oder dem Blues ganz allgemein – von den ersten Anfängen an.
Das ist, so denke ich, meine Art von Lebensgefühl … Aber dass sich die
Musik in den asiatischen Ländern und auch in den europäischen Ländern
anders entwickelt, ist doch klar. Es gab ja beispielsweise immer die große
Diskussion zwischen den englischen intellektuellen Spielern und uns und
den Amerikanern – wenn Sie beispielsweise Anthony Braxton fragen, der
bezeichnet das, was er macht, auch nicht mehr als Jazz-Musik – weil Jazz in
Amerika ist so vereinnahmt und auch auf ein so niedriges Niveau gebracht
worden: Jazz wurde für die Werbung benutzt, Jazz wurde für Pornos benutzt,
Jazz wurde für allen möglichen schmierigen Scheiß benutzt – und da kann
ich jeden meiner amerikanischen Kollegen verstehen, die in den fünfziger,
sechziger, siebziger Jahren sagten: Nee, damit will ich nichts zu tun haben.
Bloß, es ist eben eine Frage der Definition – ich sehe eben mehr die
Ursprünge, mehr die musikalische Sprache – und insofern habe ich nichts
dagegen, Jazz-Musiker genannt zu werden – es ist eben auch die Semantik –
was soll der ganze Quatsch auch: Wenn man's macht, macht man's – und
dann ist einem das auch ziemlich egal.

CJB: Gut, aber es ist ja schon ein Unterschied, ob man wie Braxton arbeitet,
der da eine Komposition nach der anderen liefert und die dann auch noch
begleitet mit ausführlichen theoretischen Überlegungen von tausenden von
Seiten.[17] Er arbeitet ja offensichtlich auf eine ganz abstrakte Weise und ich
erinnere mich zum Beispiel an sein Konzert 2009 in Moers, wo er mit einer
Band junger Musiker auftrat – ich meine, das war ja hochkomplex, was man
da zu hören bekam.

PB: Es ist einfach kompliziert … aber das ist natürlich auch 'ne Geschichte, dass gerade die schwarzen, sehr gut erzogenen, sehr gut ausgebildeten
Musiker immer so ein Faible dafür entwickeln, doch die Stufe zu den zeitgenössischen europäischen, amerikanischen Musikern – die zeitgenössischen
amerikanischen Musiker sind ja zumeist jüdisch-europäischer Herkunft – zu

---

17  Siehe: *Anthony Braxton: Tri-Axium Writings.* Volumes 1-3. 1985 und seine *Composition Notes.*
    Volumes A-E. 1988.

erklimmen, auf dieses Niveau - wie sie meinen - zu kommen: Und Braxton schreibt Partituren - groß, riesig, riesigst - und kennt sich auch aus in den Arbeitsweisen zeitgenössischer Musik und so weiter - bloß: Wenn wir Zeit haben und wir reden ein bisschen, dann sag' ich: Anton, wenn du ein Solo spielst, deinen ganz ureigenen Kram, dann bin ich glücklich, dann brauch ich nicht mehr ... Und wir Europäer - oder ich zumindest - sehe das ein bisschen anders, weil ich doch eine ganze Menge mitbekommen habe von der zeitgenössischen Musik - und gerade Nam June Paik war mir da eine große Lehre, eine große Stütze: Was soll ich mit dem Quatsch - für das, was ich mache, brauch' ich das nicht. Und ich denke auch, dass wenn ich mein Gegenüber erreichen will, das fünf Meter entfernt vor der Bühne sitzt, dann muss ich das mit meiner Sprache tun. Und wenn es mir gelingt, das Gemeinsame über das wir schon gesprochen haben, 'rüberzubringen, dann können mir Partituren gestohlen bleiben - das brauch ich nicht!

CJB: Na, für mich als Zuhörer ist das natürlich wunderbar: Es gibt verschiedene Segmente der Musik - es gibt einen Braxton, es gibt einen Brötzmann, es gibt andere - ich kann mir die alle gut anhören - d.h., alle kann ich mir natürlich nicht gut anhören - aber zumindest die beiden Genannten kann ich mir gut anhören, und das hat ja auch was miteinander zu tun - und es hat ja auch Zusammenarbeit gegeben in früheren Zeiten - beispielsweise im Zusammenhang mit *Globe Unity*.

PB: Ich habe noch vor etwa zehn, zwölf Jahren mit ihm gespielt, mit ihm und einem Pianisten, Borah Bergman, davon ist in den Staaten auch eine Platte erschienen - aber nur in einer sehr kleinen Auflage ... Also wir sehen uns ab und zu; und wir hatten hier in Wuppertal auch mal eine Duo-Geschichte gemacht, die uns beiden gut gefallen hat - wir denken auch manchmal dran, aber dann kommt das Problem, das zu organisieren ... Aber vielleicht ist es auch ganz gut so, dass man bei den Geschichten in der Vergangenheit bleibt - denn ich denke, die Anschauungen bezüglich der Musik, die haben sich in den letzten dreißig, vierzig Jahren doch sehr auseinander entwickelt.

CJB: Er erinnerte mich ein wenig an einen typischen akademischen Lehrer, als ich ihn das letzte Mal sah; er hatte so eine Strickjacke an und dann diese jungen Leute aus seiner Band ...

PB: Das ist so sein Image - er hat ja auch nichts anderes gemacht in den letzten Jahren.

CJB: Ich dachte, das ist jetzt wie im Seminar: Da hat er wieder was Schönes komponiert und dann bekommen die Studenten so ihre Freiräume und dann wird zusammen musiziert – wunderbar ... aber das ist doch alles sehr akademisch.

## Da bin ich auch ziemlich alleine

PB: Er sitzt da in seinem College, und da kann er froh sein, dass er den Job hat; und dann wird er zwei, drei Mal im Jahr von irgendwelchen Festivals gefragt, ob er spielen will – und er fragt dann seine jungen oder seine schon etwas älteren Studenten und schreibt eine schöne Partitur oder denkt sich was aus, und dann wird das geprobt und dann wird das gespielt – und was der Meister sagt, wird gemacht ... und das ist natürlich genau der Unterschied zu mir: Ich möchte keinem sagen, was er zu tun hat. Ich möchte 'ne andere Situation schaffen – ich möchte soviel Freiheit und Verantwortung wie möglich; ich möchte die Situation dafür schaffen, dass jeder entscheidet, was er tut – das ist der Unterschied. Aber da bin ich auch ziemlich allein, glaub ich.

CJB: Zumindest die Leute um's *Tentet* herum müssen da ja einigermaßen mitziehen, sonst funktioniert das ja nicht.

PB: Das haben wir schon zusammen gelernt ... und das hat auch allen sehr viel genutzt, glaub' ich. Obwohl, wenn Ken Vandermark alleine unterwegs ist – er hat ja auch eine größere Band, mit der er – ich glaube im Moment in Osteuropa – unterwegs ist – eine Zusammenfassung von Polen, Ukrainern und ein paar Amis, auch ein Tentet, glaub' ich[18] – und da werden dann allerdings seine Kompositionen gespielt. Ich denke, er hat beim *Tentet* einiges gelernt, was er vorher nicht wusste, – aber wenn er seine Musik präsentieren will, dann werden Stücke gespielt, dann wird geprobt – auch mit kleinen Gruppen macht er das so .... aber das ist ja das Gute an der ganzen Geschichte, dass jeder seine Möglichkeiten findet. Und wenn Fred (Lonberg-Holm) zum Beispiel alleine oder mit seinen Chicago-Leuten spielt, dann überlegt er sich auch gewisse Dinge, weil er inzwischen auch gelernt hat, mit der Elektronik ganz gut umzugehen ... und das soll auch um Gottes Willen so bleiben. Ich war bloß in der glücklichen Lage, die Bereitschaft von

---

18  Gemeint ist Ken Vandermarks *Resonance Ensemble* mit Ken Vandermark, Dave Rempis, Mikolaj Trzaska, Waclaw Zimpel, Magnus Broo, Steve Swell, Per-Åke Holmlander, Mark Tokar, Michael Zerang, Tim Daisy.

denen zu finden, sich auf mich einzulassen, und nach zehn, zwölf Jahren sagt auch jeder von denen, dass sie davon ganz gut profitiert haben.

CJB: Wir haben ja eben über Japan gesprochen. Wär's denn auch möglich, mit den Leuten in Japan und mit dem *Tentet* etwas zusammen zu machen, oder wäre das eher nicht möglich?

PB: Nee, wenn man genug Möglichkeiten hat, zusammen zu spielen, dann sehe ich da überhaupt keine Schwierigkeiten. Wir hatten auch einen Fukushima-Nachmittag veranstaltet in Wels, wo dann vier verschiedene Japaner eine Art von Solisten-Arbeit gemacht haben - obwohl - wir haben im Grunde zusammen gespielt, das war's eigentlich - etwa Michiyo Yagi, die würde ich gerne jederzeit als Gast zum *Tentet* nehmen. Ich könnte mir auch vorstellen, ich mach' mal - wenn sich die Möglichkeit ergeben würde - eine andere Mischung von Japanern, Europäern und Amerikanern ... Man muss das System einfach mal begreifen und dann geht das auch. Der wichtigste Punkt ist, den Leuten beizubringen: Ob das ein Trommler oder ein Horn-Spieler ist, es hat jeder seine Entscheidung zu treffen und jeder spielt genauso eine Rolle wie der andere. Und jeder hat auch das Recht, mal zu sagen: Ich tu' mal nichts - und das Gute ist ja, dass man immer jemanden hat, der was tut ...

CJB: (lacht) ... und es kommt ja auch zu Augenblicken, wo keiner mehr was tut.

PB: Und das ist auch gut - nein, wir sind mit dem *Tentet* ja auch erst am Anfang.[19] Ich habe ja die Vorstellung von einer viel größeren Weite und davon, den Einzelnen viel mehr Platz zu lassen. Aber auf der anderen Seite sind wir alle Spieler - wir wollen auch gerne, das ist es ja - und deshalb muss man die Leute manchmal auch ein bisschen bremsen, denn manchmal - je nach Lust und Laune - haben etwa manche Posaunenspieler keine Lust aufzuhören ... und wenn's dann zu lange wird, dann muss ich ab und zu doch mal überlegen, was ich da tue.

CJB: Also muss dann doch wieder jemand da sein, der die Sache in solchen Momenten organisiert oder lenkt?

PB: Ab und zu - ab und zu muss das schon sein. Innerhalb der Band gibt es dann aber auch Gruppen, die ohne mein Zutun entscheiden, wir machen jetzt mal dies oder das ... das ist eigentlich meine Funktion - aber eigentlich kann ich auch im Hintergrund stehen und sagen: Jungs macht mal ...

---

19 Nebenbemerkung: Das sagt PB nach knapp 15 Jahren Arbeit mit dem *Chicago-Tentet*!

## Gleichheit

CJB: Aber noch mal nachgefragt – weil ich das, was wir hier besprechen immer auch abgleichen will mit der Tradition, mit Begriffen, mit denen ich persönlich ja beruflich zu tun habe. Wenn ich mir das so anhöre, was Sie sagen, dann ist ja innerhalb der Band – und nicht nur innerhalb der Band – sondern überhaupt zwischen den Leuten, die diese Art von Musik machen, so etwas wie eine Gleichberechtigung verwirklicht?

PB: Das auf jeden Fall ...

CJB: ... also der Begriff der Gleichheit, des Egalitären spielt da auf jeden Fall eine Rolle?

PB: Auf jeden Fall!

CJB: Und dieser Begriff der Gleichheit wird ja auch gerne wiederum in Verbindung gebracht mit dem schon genannten Begriff des Kommunismus – und wird deshalb in der heutigen Zeit stark angegriffen. Der Begriff der Gleichheit ist ja heute zu einem ganz stark negativ besetzten Begriff geworden[20] – ich sehe die Folgen dieser ideologischen Umorientierung beispielsweise an den Universitäten. Es geht ja nicht – oder nicht mehr – darum, dass die Leute gleichberechtigt sein sollen, gleichberechtigt Dinge erarbeiten, sondern darum, dass sie sich gegenseitig dominieren: Der eine soll stark sein und weiterkommen und der andere soll schwach sein und dienen – oder gehen.

PB: Nein, das gibt's bei mir nicht. Ich verlange ja auch von jedem, der in der Band ist: Mensch, du bist du, und nun mach! Aber es ist eine Wechselwirkung, ein dialektischer Prozess – und der gehört ja auch zum Kommunismus! Nee, das ist einfach so: Ohne die Höchstleistung von jedem Einzelnen wäre auch das Eingebundensein ins Kollektiv nicht möglich – oder nicht fruchtbar. Nein, wir brauchen beides: Wir brauchen für jeden die Freiheit, das in dem Augenblick zu tun, was er tun will ... Bloß von dem, der es tut, verlange ich auch einen gewissen Überblick. Er muss sich die Frage stellen: Wo bin ich innerhalb der ganzen Familie? Und da bin ich doch – nein, nicht ›stolz‹ – aber ich freu mich doch, dass das auch gelingt ...

20 Als Beispiele aus der Fülle der gegenüber einer Orientierung an Gleichheit kritischen Literatur mögen dienen: *Norbert Bolz: Diskurs über die Ungleichheit*. Ein Anti-Rousseau. München 2009. *Wolfgang Kersting: Kritik der Gleichheit*. Über die Grenzen der Gerechtigkeit und der Moral. Weilerswist 2002.

zwar noch lange nicht zur allgemeinen Zufriedenheit, aber der Weg ist da
schon das Wichtige. Und ich sehe ja auch: Aus dem *Tentet* kommen dann
auch eine ganze Menge kleinerer Formationen – und die Leute sind alle
unheimlich fleißig und busy … Und ich sehe, dass das, was ich eben gesagt
habe, auch in den neuen Formationen funktioniert. Wenn zum Beispiel
einer aus dem *Tentet* seine eigene Gruppe macht, so ist zu beobachten, dass es
dabei nie einen Rückschritt in alte Arbeitsweisen gibt, sondern, dass das, was
man im *Tentet* mitbekommen hat, auch auf die kleinen Gruppen übertragen
wird – wie auch immer das dann im einzelnen aussieht. Ich meine, es gibt ja
überhaupt tausende von Möglichkeiten Musik zu machen, aber dass dieser
kleine Prozess sich mal im Kopf festsetzt, das ist schon ganz prima zu sehen.

## Weltmusik?

CJB: Um dann noch mal zurückzukommen auf die Sache des Zusammen-
treffens von Japanern, Europäern, Amerikanern – es gibt ja den Goetheschen
Begriff der Weltliteratur und man spricht ja heute auch gerne von Welt-
musik – meint damit aber eigentlich was anderes, nämlich etwa, dass diese
Musik dann folkloristische Einflüsse hat … aber es ist doch erstaunlich,
dass auf der Basis jener Art von Musik, über die wir hier sprechen – es gibt ja
ganz wenige Sprachen, in denen das so funktioniert – die Leute von überall
herkommen können und tatsächlich eine gemeinsame Sprache finden. Also,
das ist eigentlich ein kleines Wunder – gerade in der heutigen Zeit, wo die
Leute entweder großen Wert darauf legen, ihre eigene ethnische Tradition
zu erlernen oder aber die klassische Tradition im Sinne der sogenannten
›ernsten‹ Musik oder auch der klassischen Musik im Sinne des Jazz –, dass es
dann noch möglich ist, dass sich die Leute auch jenseits dieser festgefügten
Strukturen treffen und bereit sind, sich da auf etwas ganz anderes, etwas
nicht Festgelegtes, einzulassen. Da lässt sich ja vielleicht doch davon sprechen, dass es mit dieser Musik so etwas gibt wie eine Weltkultur, zumindest
eine kleine, dass es so etwas einfach geben muss, damit so etwas möglich ist.
Aber wo kommt das her?

## Eine Frage der Zeit und der Information

PB: Weiß ich nicht … darüber hab ich mir – ehrlich gesagt – auch noch
nicht so viele Gedanken gemacht. Aber ich schau mal, wie das so aussieht:
Ich war ja in China in diesem Sommer, mit der Fengxia – und da haben

wir Duos, Soli gespielt - und da gab es kein Problem. Aber dort haben
wir auch mit einigen jüngeren Musikern gespielt und viel Gutes - ›Gutes‹
in Anführungszeichen - war noch nicht zu sehen … auf der anderen
Seite war da ein junger Saxofonist aus Peking, der sich allerdings auch
schon in der westlichen Welt umgesehen hatte für ein paar Jahre, und das
ging ganz gut. Also den könnte man sicherlich von heute auf morgen in
eine Gruppe einbinden. Es ist also eine Frage der Zeit, eine Frage von
Informationen … es gab aber auch furchtbar viele Missverständnisse. Das
war aber vor dreißig/vierzig Jahren in Japan genau dasselbe. Ich bin da -
wie gesagt - zum ersten Mal mit Bennink hin für vier/fünf Wochen - und
da gab's damals auch ganz viele Missverständnisse aufzuklären. Es braucht
alles Zeit; und auch das, was wir uns im *Tentet* ganz erfolgreich erarbeitet
haben, das hat die fünfzehn Jahre gedauert. Und das ist ja auch heute ein
Punkt - und jetzt schweif ich schon wieder ab - aber vielleicht passt das
ja doch zum Thema: Das Musikmachen hat eigentlich nicht soviel mit
Stilrichtungen zu tun - wenn man sich mit Jazz-Musik beschäftigt, dann
kommt man auch irgendwann zu dem Schluss, dass das eine Musik ist, die
gar nicht soviel mit Stilrichtungen zu tun hat, sondern mit *Menschen*. Es
waren ja immer Typen - von Louis Armstrong, Sidney Bechet und Duke
Ellington angefangen bis heute zu Ornette oder Sonny Rollins - nicht zu
vergessen - und jede Menge anderer Leute dazwischen … eine der schönsten
Aufnahmen von Cecil Taylor ist ein Duo mit Mary-Lou Williams: das sind
Generationenunterschiede - aber das passt. Und ich hab auch selbst mit
jemandem gespielt, der war in ganz frühen Zeiten Trommler bei Sun Ra -
und Sun Ra hat in dieser Zeit auch nur Stücke gespielt. Und das geht
trotzdem. Und das ist es auch, was man in Amerika lernen kann: Dass
man dieses Schubladendenken - der spielt Bebop, der spielt das und der
das - vergessen muss. Damit gehen die Amerikaner sehr viel großzügiger
um. Es geht da wirklich um die *Typen*. Und das hab' ich vielleicht auch
ganz früh gelernt, dass es dieses blöde Denken in Schubladen nicht gibt,
sondern dass es darauf ankommt, wie man miteinander umgeht, und dass
man etwas miteinander machen kann … und das ist eigentlich auch das,
was die Jazz-Musik so großartig macht - immer noch: Dass diese Begegnung
möglich ist. Also ich erinnere mich noch, als ich zum ersten Mal mit Hamid
Drake gespielt habe: ich kannte ihn nicht - ich wusste auch gar nicht, was
er tat … ein New Yorker Freund hatte gesagt - weil ich 'nen Trommler
brauchte in Chicago -, ruf' den mal an. Und er kam und wir haben fast drei
Stunden zusammen gespielt - und seitdem gibt's eine Freundschaft über

die Musik hinaus. Und solche Dinge, das sind die Geschichten, die geben einem auch wieder die Kraft und die gute Laune für die nächsten Zeiten.

CJB: Aber noch mal zurück: Was sind das für Missverständnisse, von denen eben die Rede war? Sie haben eben in Bezug auf die jungen Chinesen, die Sie im Sommer getroffen haben, von Missverständnissen gesprochen, davon, dass die vielleicht doch erst noch was erfahren müssen über das, was da eigentlich abgeht in der Musik. Was sind das also für Missverständnisse?

## Free Jazz

PB: Da hat auch viel der Begriff ›Free-Jazz‹ damit zu tun. Die Jungs meinen, wir können das ein bisschen rauf und runter dudeln und das machen wir dann zwei Stunden lang und das wär's dann. Nee, dass es ums *Hören* geht, und auch um *Strukturen* – zwar keine vorgefertigten – aber um Strukturen, die man während der Arbeit schafft – und dass tatsächlich auch die Pausen dazu gehören, und dass man auch nicht nur nach den amerikanischen und in letzter Zeit auch viel nach den europäischen Schallplatten hört – es gibt ja inzwischen tatsächlich ganze Evan-Parker-Gemeinden oder Brötzmann-Gemeinden – sondern dass man durchaus nicht die eigene Musik vergisst, die Musik, durch die man in einem bestimmten Land geprägt wurde – die lange Tradition etwa bei den Japanern oder den Chinesen, die dann wieder ganz unterschiedliche Mentalitäten haben ... wobei man da wieder nicht ›die Chinesen‹ sagen sollte – man müsste wieder die verschiedenen Landesteile berücksichtigen, denn von Ost nach West gibt es wieder tausend musikalische Welten.

CJB: Also der Begriff ›Free-Jazz‹ ist bei Ihnen nicht so beliebt?

PB: Nein, der hatte eigentlich nur für kurze Zeit, und eigentlich keinen musikalischen, sondern eher einen politischen Stellenwert. Weil's da wirklich um Befreiung ging ... und zwar gab's bei den Amerikanern Mitte der sechziger Jahre ja die riesigen Rassenunruhen in Detroit, Washington und so weiter. Und da gab's auch Max Roach oder Coleman Hawkins oder Abbey Lincoln[21] und auch Eric Dolphy, die sich zusammensetzten und

---

21 PB: Eine wunderbare, starke Stimme in der schwarzen Bewegung – 'ne ganz bedeutende Figur. Das war während der Zeit der Kämpfe in den sechziger Jahren; da gab's dann die *Freedom Now Suite* von Max Roach, und sie hat da wirklich Kampflieder gesungen ... sehr gute, sehr starke Stimme.

die was tun wollten ... es ging also um Befreiung – auf der einen Seite um politische Aktivität, auf der anderen Seite aber auch darum, dass man merkte – es war ja die Zeit des Hard-Bop: Art Blakey, Horace Silver – das ist wunderschöne Musik, aber in der formalen Ausführung sehr limitiert. Und das war das, was auch mir hier auf die Nerven ging. Ich hatte ja die Chance, die ganzen Leute hier live zu hören – den frühen Coltrane ... und Blakey tausendmal – aber das war nicht genug. Und in derselben Zeit war man natürlich mit den Vorbereitungen zu Vietnam beschäftigt, das Desaster in der *Pigs-Bay* auf Cuba war gerade vorbei, der Koreakrieg war zu Ende – auch mit einem furchtbaren Resultat. Und wir waren ja die Generation, die sagte: ›Nie wieder!‹ Damit bin ich ja nun mal groß geworden. Und da sah man natürlich die ganzen restaurativen Bemühungen von Adenauer und Genossen – und dann ging's da nicht mehr nur um Formelles, da war da durchaus eine gewisse Wut und ein Ärger ... man musste da auch mal was los werden. Ich meine, wir waren da ja gerade mal Ende zwanzig oder Mitte zwanzig.[22]

CJB: Aber da war der Peter Brötzmann dann auch nicht bei der Bundeswehr?

PB: Nee, ich war ja Verweigerer ...

CJB: Ja, ich auch ...

PB: Damals gab es ja noch keinen Ersatzdienst und nichts. Ich hatte dann einen Anwalt, der war damals relativ bekannt – der Dr. Hermann Rebensburg,

---

22 Im Interview mit Andrew Wright Hurley äußerte Brötzmann sich folgendermaßen zum Verhältnis von Free Jazz und der weltpolitischen Situation der fünfziger/sechziger Jahre des 20. Jahrhunderts: »That made us so full of, not hate, but we were fucking desperate. And we wanted to change the world. And we had the feeling, we are young enough. We are able. ... and so that is why, especially [for] the German part of the improvised or free jazz – for that years [sic] I would say the name *free jazz* was the right name, because for me, I thought free ... ›eine Art von Befreiung‹ [a way of freeing] from old stuff, from rules in the arts, from rules in politics.« Wright Hurley schreibt diesbezüglich unter Einbeziehung der Zitate aus seinem Interview mit Brötzmann aus dem Jahre 2004 und einem Zitat aus *John Corbett: Extended Play: Sounding Off from John Cage to Dr Funkenstein* (Durham, N.C. / London 1994, S. 249 f): »The very ›aggressive way and means of expressing ourselves back then‹ was, as Brötzmann has observed, partly a way of conveying this combination of anger and desire for freedom he felt, which was further exacerbated by the fact that some non-Germans also tended to hold his generation responsible for what had happened in the recent past. Looking back, Brötzmann has noted that the ›feeling that we could take a little part in changing the world, the society‹ was ›very naïve‹. Nevertheless, he regrets that in the interim, free music has become depoliticized.« Siehe *Andrew Wright Hurley: The Return of Jazz*. Joachim-Ernst Berendt and West German cultural change. New York / Oxford 2009, S. 120 f.

der hatte alle Kommunisten hier verteidigt und so weiter, und mit dem bin ich dann vor's – wie heißt das? – Verwaltungsgericht in Düsseldorf. Ich hatte aber schon meine Fahrkarte nach Holland in der Tasche. Ich hab dann gewonnen, aber wenn ich nicht gewonnen hätte, dann wär' ich im Zug nach Holland gesessen.

CJB: Ja, bei mir war das anders: Ich hab drei Verhandlungen verloren – ich bin also staatlich geprüft gewissenlos – und dann bin ich nach Berlin gegangen, 1979.

PB: Ja, ein paar Jahre später war das dann die Alternative … na ja, ich hatte da ja schon zwei Kinder damals, und meine Frau und ich wir hatten Freunde in Amsterdam und da hatten wir auch ein Kleinstzimmer unterm Dach – also, ich wär' abgehauen … aber das nur nebenbei. Aber es war auch die Zeit, wo man dachte, man könnte mit dem, was man tut, wirklich die Welt verändern.

CJB: Ja, aber man hat die Welt sicherlich auch ein stückweit verändert, sonst wäre ja das Resultat, über das wir hier gerade reden, auch gar nicht möglich geworden – auch wenn man nicht die ganz große Politik gemacht hat.[23]

PB: Nein klar, ein bisschen schon – aber wir hatten ja größere Visionen … aber man hat – oder ich jedenfalls hab' – schnell gemerkt: das geht so nicht, es geht nur in kleinsten Schritten – es geht nur von dir zu dem, der dir gerade gegenüber sitzt. Und das funktioniert auch heute immer noch wunderbar.

CJB: Das ist aber genau das Interessante, dass sich das, was sich so fortsetzt, über die ganze Welt ausbreitet – so stellt sich das jedenfalls in meinem Kopf dar – und als Struktur auch bleibt, über diese großen politischen Systeme hinaus bleibt – zumindest noch …

---

23 In dem bereits zitierten Interview, das Gudrun Endress mit Brötzmann geführt hat, sagte Brötzmann, angesprochen auf die von Deutschen verübten Verbrechen während des zweiten Weltkrieges: »Wir hatten ja die Illusion verhindern zu können, dass es jemals wieder so weit kommt. Aber kaum war man ein paar Jahre älter, da gab es den Koreakrieg, dann wurde der Krieg in Vietnam vorbereitet und durchgeführt. Wir hatten einfach die Schnauze voll von all diesem Mist, wir wollten etwas anderes. Bloß die Illusion mit künstlerischer Arbeit das zu ändern, ist dann auch schnell verschwunden.« – Darauf Gudrun Endress: »Nicht zu vergessen, dass man in seinem eigenen kleinen Bereich gezeigt hat, dass es ohne weiteres menschliches, demokratisches Miteinander gibt.« Brötzmann: »Das ist immer da und auch immer geblieben.« Hier folgt dann die bereits oben (S. oben S. 21) zitierte Passage. Siehe: *Gudrum Endress: Glauben an das, was man tut.* Interview mit Peter Brötzmann. A.a.O.

PB: Ja ...

CJB: Aber nochmals zum ›Free-Jazz‹: Es gab da damals also den politischen Aspekt - in Amerika bezogen auf die Befreiung der Schwarzen, in Deutschland bezogen auf die politische Restauration - und es gab den formalen Aspekt bezogen auf die musikalische Struktur. Und die Schwarzen zumindest haben dann ja auch den direkten politischen Ausdruck gesucht.

PB: Da gab's aber auch die *Black Panther* und es gab die Bürgerbewegung - und es gab ja auch viele von den Musikern, die sich direkt bei den *Black Panthern* engagiert haben - oder eben in der Bürgerbewegung ... und das wäre ja eigentlich eine Zeit der Hoffnung gewesen ... bloß, das wäre ja eine Geschichte für sich, da mal ernsthaft drüber nachzudenken, warum das alles zum Teufel gegangen ist ... aber, das waren natürlich ganz, ganz wichtige Jahre - ich weiß noch, ich war zufällig in Berlin, als Angela Davis da war - das war so '69 oder so ...

CJB: ... übrigens ist sie auch jetzt noch manchmal in Deutschland, weil sie von Leuten hier mal für Vorträge geholt wird ...

PB: ... und Eldridge Cleaver gab's, der ein ziemlich guter Agitator war[24], aber - wie gesagt - es gab auch viele Musiker, wie Mingus, Max Roach und Eric Dolphy, die involviert waren, und die dann auch dasselbe machten wie wir hier: nämlich sich absetzten von dem kommerziellen, eingefahrenen Konzertbetrieb - die auch ihre eigenen Festivals organisierten im Gegensatz zu George Wein in Newport ... aber leider ist das alles irgendwie verschwunden - irgendwie sind die *Black Panther* verschwunden - und das hat ja schon viel mit der Gesellschaft zu tun, die einfach dafür keinen Platz gemacht hat bzw. nicht machen wollte ... und die Bürgerbewegung? Es gibt eigentlich keinen Grund, warum die Bürgerbewegung heutzutage nicht genauso stark sein sollte wie in den sechziger Jahren - denn die Probleme sind da - die sind vielleicht jetzt noch größer ... mir fällt jetzt ein, dass ich da keine Antwort darauf habe ...

CJB: Auch wenn das jetzt vielleicht zu weit wegführt: Es gibt ja beispielsweise momentan diese neue Bewegung der Internet-Leute, der ›Piraten‹. Da entstehen neue Bewegungen, für die fehlen vielleicht noch die Kategorien - die wissen ja wohl selbst in vielerlei Hinsicht nicht, was sie eigentlich wollen.

---

24  Cleaver löste sich dann allerdings gegen Ende seines Lebens von den Black Panthern und entwickelte sich zu einem militanten Anti-Kommunisten.

PB: Ich verfolge das so ein bisschen wegen der Vorschläge zum Autoren-recht – und da wird ja nun klar, dass sie da noch nicht konsequent drüber nachgedacht haben, sich nicht im Klaren sind über die Bedeutung, darüber, was das für einen Rattenschwanz nach sich zieht für unsereinen – obwohl ich natürlich mit dem bestehenden System nicht zufrieden sein kann – auch mit der GEMA nicht. Das war vor vierzig Jahren vielleicht noch 'ne überschaubare Angelegenheit – bloß heutzutage ist das ein gottverdammter Gangster-Verein ... dass sich da Dinge ändern müssen, ist eigentlich uns allen klar, bloß ist nicht damit gedient, mal irgendwelche kleinen Ideen auf den Markt zu schmeißen – und im Augenblick haben sie einen Markt für alles, was sie sagen.

CJB: Aber ich seh' das eben auch an meinen eigenen Kindern: Viele junge Leute leben teilweise bereits richtiggehend im ›Netz‹, da kann man froh sein, wenn die mal vor die Tür gehen – und alle Informationen, der eigene Input läuft nur noch über die Vermittlung des Netzes. Das ist schon was anderes, was da passiert, 'ne andere Lebensweise ... ich würde soweit gehen, zu behaupten, dass sich da so langsam die Gehirnstruktur ändert – die hängen tatsächlich im ›Netz‹ ... ich will ja auch noch über die Rolle von Drogen und so weiter sprechen, das waren ja vielleicht Phänomene, die für unsere Entwicklung bedeutungsvoll waren, beim einen mehr, beim anderen weniger – jetzt ist aber das ›Netz‹ das zentrale Thema; es gibt Leute, die sitzen da den ganzen Tag und noch die ganze Nacht – das ist deren Welt ... aber gut, das führt jetzt auch zu weit ...

PB: Für mich ist das schon eine beängstigende Vorstellung – aber vielleicht bin ich auch einfach zu alt ...

CJB: Also das denke ich von mir manchmal auch – aber, wenn ich das richtig sehe, dann sind das in der Führungsschicht der ›Piraten‹ jedenfalls keine Leute, die direkt aus den Reihen dieser Internet-Freaks kommen, sondern Leute, die schon vorher in den politischen Kreisen ihr Standing hatten – und da kann es dann natürlich sein, dass solch eine Partei in dieses System integriert wird und funktioniert wie jede andere auch, die da in den letzten Jahren aufgekommen ist.

PB: Das ist sowieso so – wenn ich mich zurückerinnere, was für ein Theater das war, als die *Grünen* kamen – aber die mussten ja auch erstmal ihren Kram zusammenbasteln – und dann wurden sie so schnell integriert ... das geht ja offensichtlich mit jedem funktionierenden Betriebssystem so – das

ging mit der Punk-Musik so – da wurde dann zwar wieder alles langweiliger –
aber so geht das.

CJB: In der Tat, die Assimilationskraft dieser Gesellschaft ist tatsächlich unheimlich groß – ›noch!‹ würde ich sagen: Diese Gesellschaft ist immer dabei,
das einzuatmen, was gerade wieder an grobem Zeug irgendwo aufwächst –
das hat man ruckzuck drin … die Sache mit dem Urheberrecht ist aber
auch deshalb interessant, weil es immer darauf ankommt, mit wem man
spricht: Künstler sehen das naturgemäß ganz anders als die Leute aus der
Piratenpartei. Andere sehen die Diskussion dann von einer ganz anderen
Warte – beispielsweise, wenn es darum geht, auf bestimmte Logarithmen ein
Urheberrecht zu verlangen, was wohl in der Computerbranche geschieht,
wo sie kommen und sich irgendeine mathematische Reihe schützen lassen
und dann Lizenzen verlangen für die Verwendung solcher Dinge – oder sich
beispielsweise ein Genom schützen zu lassen von irgendeinem Bakterium …
und deswegen werden meiner Ansicht nach da ganz offensichtlich Leute
gegeneinander ausgespielt, die eigentlich gar nichts miteinander zu tun
haben … und bei uns – im universitären Bereich – ist das ja oft so, dass
man mit einer Veröffentlichung die Rechte an den Verlag abgibt – und dann
hat man gar nichts mehr damit zu tun.

PB: Das ist das amerikanische System – bei uns auch. Die Zeit der großen
Labels ist ja, wie gesagt, für uns sowieso vorbei, wo man etwa Vier-Jahres-
Verträge mit soundsoviel Produktionen pro Jahr hatte – das gibt's ja alles
nicht mehr – seit Jahren ist das ja schon gang und gäbe: man bekommt 'ne
Pauschale als Gage und damit ist dann erstmal alles abgegolten – und – wenn
man nicht aufpasst – auch die Rechte. Mit *Last Exit* sind wir da zum Beispiel
einem richtig miesen Gangster aufgesessen, der ein angeblicher Freund von
Bill Laswell war; der kam dann mit solch einem Stapel Vertragspapier an, auf
Englisch und in dieser Advokaten-Sprache – und dann hab' ich rumgefragt:
Kollegen, sollen wir das machen? Ja, ja, ist alles ok … ok war, dass der
Typ sich sämtliche Rechte eingesackt hatte und die Musik verschnitten,
verscherbelt, in Bruchstücken verkauft und weiß der Teufel sonst noch
alles … und wir hatten nichts – wir hatten anfangs mal 'ne Gage, die sah
dann auch ganz nett aus, bloß im Verhältnis zu dem, was wir hätten draus
machen können, ein Witz … Irgendwie hat er sich dann auch mit Laswell
gestritten – ich konnte den Typen nie leiden. Laswell hatte ihm ein Büro
finanziert in New York für die ersten Monate und so weiter – damals hatte
Bill noch riesig viel Geld gemacht mit seinen Produktionen … und eines

Tages war der Typ weg ... Aber das ist das, was heute passiert, wenn wir Produktionen machen. Jetzt wird beispielsweise 'ne DVD in China gemacht, und da gibt's noch nicht mal Diskussionen – da bin ich sicher, ich krieg' irgendwann mal 'nen Scheck, und der sieht dann auch nett aus ... aber das wär's auch – und ich geh schon gar nicht mehr mit anderen Vorstellungen da 'ran – ich weiß, dass es so läuft ... Was soll ich mich da weiter aufregen, und ob ich da noch meinen Anteil in der GEMA weiter geschützt habe, für den ich dann irgendwann mal drei Mark fünfzig kriege, das ist dann ja auch scheißegal.

CJB: Und ein Peter Brötzmann ist ja auch auf *YouTube* gut vertreten ...

PB: Gut, ich tu' nichts dazu ...

CJB: Nö, die Leute sitzen da mit ihren Kameras und machen das schon – wobei leider die Qualität manchmal beschissen ist ... manchmal ist das Bild besser als der Ton.

PB: Das ist das Traurige ... obwohl, das berührt mich eigentlich auch nicht so sehr ...

### Nochmals: ›Free Jazz‹

CJB: Wir sind ja jetzt von der Situation der sechziger Jahre, der Situation, in der sich die Schwarzen damals befanden, abgekommen hin zur aktuellen Debatte und Sie hatten ja darauf hingewiesen, welche Missverständnisse in Sachen Free-Jazz vorherrschen – aber der Aspekt Freiheit spielte ja doch heute noch 'ne Rolle – zumindest insofern, als man ja in dieser Musik nicht zurückgekehrt ist zu irgendwelchen engen Strukturen, nicht zurückgekehrt ist zu einer Geisteshaltung, die den Aspekt Freiheit eher vernachlässigt. Ich hab' doch nach wie vor den Eindruck, dass – wenn man das mal so ausdrücken will – ein ›Hauch von Freiheit‹ in diesen Konzerten weht.

PB: Ja, aber die Freiheit, die ich meine, die ist natürlich nicht begrenzt auf die Jahre, in denen man die Musik ›Free-Jazz‹ nannte. Denn für mich – als Kind schon –, als ich anfing, die ersten Platten zu hören, mich auch ein bisschen sehr amateurmäßig beschäftigt habe mit der Geschichte der Musik, die ja in den ersten Jahren nur Musik der Schwarzen war, da hat ja Freiheit immer eine riesige Rolle gespielt: Von den ersten Chain Gangs über den Blues, Gospel – es ging immer um Freiheit. Und ich hab' mich für diese Musik dann auch mehr oder weniger unbewusst entschieden,

weil diese Musik für mich auch immer ein Ausdruck für Freiheit war, für
selbstbestimmtes Leben, für selbstbestimmtes Arbeiten, dafür, die Dinge so
machen zu können, wie man sie machen will - und damit nicht nur für
sich, sondern auch mit denen, mit denen man arbeitet, und für die, für die
man das Ganze macht ... doch, diese Musik war immer Ausdruck einer
Idee von - ja, von Freiheit - was auch immer das ist. Das ist eine sehr vage
Angelegenheit und jeder wird auch was anderes drunter verstehen ... für
mich war das auch immer eine Art von Lebensgefühl, wie der Blues auch
eine Art Lebensgefühl ist: Sich nichts gefallen zu lassen, sich die Räume
zu schaffen, die man braucht ... ich meine, dass das natürlich immer eine
begrenzte Angelegenheit ist, dass Freiheit nicht verstanden werden kann,
als das zu machen, was man will, ohne Rücksicht auf Verluste, das muss
ja klar sein - es gibt Freiheit ja nur im Zusammenhang, in Response mit
Verantwortung ... aber ja: Sich nicht so einengen zu lassen ... ich bin ja
wirklich noch groß geworden in dieser Adenauer-muffigen, immer noch
Nazi-verhafteten Gesellschaft; die war ja sowas von spießbürgerlich ... und
wenn ich dann, als ziemlich junger Mann noch, die ersten Reisen nach
Holland machte, das war für mich ein ganz anderes Atmen - da begegnete
man Menschen, die offen waren - ob das nun in Amsterdam oder nur
eben über den Rhein in Nijmegen war ... Aber es ist doch mehr ein
Lebensgefühl - und das hab ich eigentlich in der Musik immer gefunden,
selbst wenn wir noch so eng gefasste Stücke gespielt haben - denn ich hätte
ja dann immer noch ›Nein‹ sagen können ... aber, wenn mir ein Mann wie
Misha Mengelberg ein Stück vorsetzt und sagt: ich will das so - aus dem
und dem Grund ... er muss mir den Grund gar nicht sagen, ich hab's dann
begriffen - dann mach' ich das auch, dann mach' ich das auch gerne: Das
Ganze hat ja auch viel mit Zurücknehmen zu tun ... Aber die Möglichkeit
zu haben, frei die Lungen voll zu atmen, sich zu strecken und zu sagen:
Kinder, ich mach' meinen Scheiß hier! darum geht es eigentlich ... ich
hab' da in der Musik, in der Jazz-Musik, immer eine Parallele, ein Synonym
gefunden - viel mehr als in den anderen Künsten. Und ich hab' mich ja
immer viel mit den anderen Künsten befasst: Ich bin als Kind in Remscheid
immer ins Theater gerannt - da gab's noch das Stadttheater - da gab's zwar
nur Gastbühnen, denn die konnten sich kein eigenes Ensemble leisten -
und ich hab' mich schon ganz früh mit der Malerei beschäftigt. In Sachen
Musik war ich aber ein bisschen geschädigt, weil mein Vater, immer wenn
er nach Hause kam, deutsche, europäische Klassik auf den Teller schmiss -
und es gab nur *einen* Plattenspieler, *ein* Radio im Haushalt, also musste

man das hören – oder man musste fliehen ... und ich bin dann immer nachts zum Radio geschlichen und hab' die *Stimme Amerikas* gehört. Und ich bin mit dem Expressionismus groß geworden: Das war die Parallele oder die Connection zu der Jazz-Musik, der Unterdrückung – und damit Hand in Hand gehend – der Befreiung der Schwarzen. Das war natürlich eine adäquate Angelegenheit ... Ich hab dann gelesen, was ich an kleinen Texten kriegen konnte, hab' mir die Blues-Texte übersetzt ... und insofern ist die Musik – ob das nun damals Louis Armstrong war, ob das nun heute Ornette Coleman indexColeman@ORNETTE COLEMAN (*1930), Saxofonist, Komponist ist – für mich immer eine Musik der Freiheit, der Befreiung geblieben ...

CJB: ... die dann aber auch ziemlich alleine da steht als eine solche ...

PB: ... und dass die Freiheit, die ich so meine, natürlich auch immer Gefahren ausgesetzt ist, Mechanismen, die in der Musik-Welt funktionieren, die in der Musik-Erziehung funktionieren, das ist meine große Befürchtung – und da ist es egal, ob ich mich hier in Europa umschaue oder ob ich mir die Situation in den Staaten angucke ... Auf der anderen Seite gibt es auch gerade im verrückten Amerika immer irgendwo irgendwelche Nischen, wo Dinge explodieren und passieren – vielleicht mehr als hier in Europa, wo alles immer so furchtbar fantastisch geregelt ist, auch wenn's zur Zeit mal überall beschissen aussieht ... aber im Vergleich mit anderen Ecken der Welt sind wir ja noch ganz wunderbar abgesichert hier.

CJB: Auf jeden Fall ... Gut, wir waren ja schon an dem Punkt, wo wir festgestellt haben, dass sich diese Art von improvisierter Musik als Struktur – wie auch immer man das genauer bezeichnen will – doch in vielen Teilen der Welt behauptet hat. Aber ich bin unsicher – auch angesichts der ja schon vorhin beklagten gesellschaftlichen Verhältnisse, wie lange das noch so bleiben wird oder wo das hingeht. Den Interviews ist die Frage zu entnehmen: Wo bleibt der Nachwuchs? Wir haben gerade gehört, in China gibt es Leute, woanders auch – aber das ist auch eine andere Generation. Es gab ja vor kurzer Zeit eine Wiederaufnahme des »Workshops freie Musik« an der Berliner Akademie, d.h. in den Räumen der früheren Westberliner Akademie am Hansaweg im Bezirk Tiergarten.[25]

---

25  Die unter dem alten Titel »Workshop freie Musik« laufende Veranstaltung fand vom 18.-23. September 2011 wie der frühere »Workshop freie Musik« (1969 bis 1998) in den Räumen der Berliner Akademie der Künste im Berliner Bezirk Tiergarten statt.

PB: Es handelt sich dabei nicht wirklich um eine Wiederaufnahme. Der »Workshop freie Musik« war ja eine richtig professionelle Veranstaltung mit schon fundierten Gruppen aus aller Welt. Nein, diesmal ging's um Berliner und im Umkreis lebende Leute – und das war insofern ganz schön. Wir hatten so eine Gruppe von etwa dreißig Studenten zwischen dreizehn und vierzig. Es waren auch viele Leute aus dem Ausland da, 'ne ganze Reihe von guten Polen, ein paar Amerikaner – meistens Elektroniker – ganz interessant ... und eben, was in Berlin so kreucht und fleucht; es war eine bunte Mischung ... Na ja, das Gute war, mal wieder in der alten Akademie zu sein und mal wieder ein paar Gespräche zu haben mit den verantwortlichen Leuten ... und vielleicht – wieder eine Frage des Geldes – gibt's mal ein bisschen Geld um – nicht das Alte wiederzubeleben –, sondern um was Neues anzufangen.

CJB: Die Frage war jetzt die: Da waren also diese Studenten – Leute, die ihr Instrument lernen – wie wurde das denn organisiert? In verschiedenen Gruppen oder immer alle auf einmal?

PB: Wir waren ja zu dritt da – Marino Pliakas, Wertmüller und ich – und es gab natürlich viele Saxofonisten und Saxofonistinnen; die hab ich mir dann mal beiseite genommen ... Erstmal mussten wir dann ja einen Überblick bekommen, wer was wie kann – und daraus konnten wir dann gewisse Formationen bilden. Wir haben auch ab und zu selbst mitgespielt, aber es kamen auch durchaus Leute mit einer festen Vorstellung – z. B. zwei polnische Brüder, einer Elektroniker, einer Posaune, die ein ganz hervorragendes, ein professionelles Bild abgaben – oder die drei Elektroniker aus den Staaten, die wirklich sehr gute Dinge machten. Wir hatten auch 'ne Schulklasse aus 'nem Gymnasium da mit ihrem Lehrer, die sicherlich sehr kleine Kenntnisse auf ihren Instrumenten hatten – aber wir haben auch versucht, die einzubauen in Ensembles, und haben sie dann – das ging ja über 'ne ganze Woche –, als sich die Leute ein bisschen untereinander kennenlernten, auch eigene Gruppen bilden lassen ... Ja, und ich hab' eigentlich ein ganz positives Feedback gekriegt.

CJB: Weil wir ja eben schon mal bei den jungen Leuten waren – beispielsweise in China: Aber dann ist es doch tatsächlich so, dass diese Leute, die sich da angemeldet haben oder die da ausgewählt wurden ...

PB: ... nee, es konnte sich jeder anmelden, der wollte ...

CJB: ... dass diese Leute aber schon wussten, was da auf sie zukommt; die kannten den Herrn Brötzmann und die kannten die beiden anderen auch, die ja ein bisschen woanders herkommen; und die gingen dahin, um diese Art von Musik weiterzumachen. Ich meine, das ist dann ja absolut positiv, wenn sogar ganz junge Leute dahin kommen, um diese Art von Musik zu machen.

## Kontinuität

PB: Ja, ja ... und dann sah ich auch auf einmal zwei von diesen Berliner Leuten in Wels; die haben sich das ganze Wels-Programm angehört – und so weiter ... ich denke schon, dass es ein bisschen was bewirken kann; bloß – solche Dinge machen natürlich nur Sinn, wenn man es über längere Zeiträume macht; und einmal im Jahr was Nettes machen ... das war zwar 'ne schöne Woche mit ziemlich viel Arbeit für uns, weil wir den ganzen Tag eigentlich nur damit beschäftigt waren, und abends auch noch selbst gespielt haben: Aber wirklich Sinn macht das Ganze nur, wenn es kontinuierlich weitergeht, wenn der Schullehrer, der mit seiner Klasse da war, auch in der Schule die Möglichkeit hat, weiterzumachen – was ja auch nicht immer gegeben ist – und so weiter. Also, in der Beziehung ist die Kontinuität die wichtigste Geschichte.

CJB: Und dann fanden Konzerte statt – auch mit den Leuten?

PB: Zum Teil auch mit den Leuten, zum Teil auch mit uns und Berliner Freunden, die wir eingeladen hatten.

CJB: Und dann kam auch das Publikum?

PB: Und dann kam das Publikum.

CJB: Ich meine, in Berlin ist ja auch nicht mehr soviel los, was das anbetrifft.

PB: Es gibt viele, viele kleine Clubs und viele Konzerte finden auch in Proberäumen statt ... aber es gibt keinen zentralen Club, wo regelmäßig Musik stattfindet. Das ist alles so im halben Untergrund.

CJB: Es gibt da ja diese Platte von Schlippenbach *Monks Casino*, da sagt der Bassclarinettist Rudi Mahall zu Beginn der ersten Platte: »Liebe Leute, wir nehmen das jetzt hier auf, und wer mit auf die Platte möchte, der quatsche jetzt mal weiter wie bisher ...« Und ich nehme an, das Statement hat man auf der Platte gelassen, um deutlich zu machen, unter welch schwierigen Umständen man die Aufnahme solcher Musik heute bewerkstelligen muss.

PB: Die waren in einem Café auf der Kantstraße, wo gewöhnlich mehr Rockmusik läuft – und ich war dabei ... das war im Zusammenhang mit den Jazz-Tagen. Die Jazz-Tage hatten das gemietet, aber die Leute da hatten keine Ahnung, was auf sie zukam.

CJB: Und ich hab' mir gedacht, mein Gott, die spielen da und spielen 'ne Platte ein und müssen erstmal mit einem Publikum klarkommen, das aus ganz anderen Gründen da ist.

PB: Ja, das war schon ein komische Situation.

CJB: Und ich dachte mir als Hörer, das kann doch nicht sein, dass es in Berlin keinen Ort gibt, wo die Leute hingehen, um diese Art von Musik zu hören ... denn in den siebziger/achtziger Jahren war das ja noch ganz anders; da gab es das *Quartier Latin*, da gab es das *Quasimodo*, wo die Leute dann auch wirklich hingingen.

PB: Da gab's ja auch noch ein bisschen Geld vom Senat – und es gab eben ein paar Leute, die sich drum gekümmert haben, und heute ...

CJB: ... und da gab es noch die FMP in der Behaimstraße, und da ging man vorbei und kaufte sich 'ne Platte; das war eben positiv, dass es diese Strukturen gab.

PB: Gibt's leider nicht mehr ... in einer Stadt, die doch jetzt zweieinhalb Millionen Einwohner hat, gibt's keinen Club, der mal 'ne vernünftige Gage bezahlt – wo ich mal sagen kann: Okay, ich bin mit 'nem Trio unterwegs und das kostet soundsoviel – und wir sind nun wirklich nicht die, die die riesigen Gagen fordern ... nee, gibt's nicht.

CJB: Und die Sache mit dem »Total-Music-Meeting«[26]? Das ist nun auch ganz weg?

PB: Ja, das hatte dann auch verschiedene Gründe. Jost Gebers ging damals in Pension, musste auch, weil seine Gesundheit zu sehr angegriffen war. Er ist dann auch aus Berlin 'raus. Mit der Wiedervereinigung hatten sich ja die ganzen Voraussetzungen geändert – und es gab auch keinen Ansprechpartner mehr.

CJB: Und dann ist da doch eine gewisse Frau aufgetaucht ...

---

26  Das »Total Music-Meeting« fand zwischen 1968 und 1999 statt.

PB: Ja, das war ein Fehler, den Jost gemacht hat, ihr einen Teil des Geschäftes zu übertragen – sie sollte ja eigentlich nur für die Distribution zuständig sein – und die hat sich dann so breit gemacht und alles falsch gemacht, was man falsch machen konnte ... und – nun ja – die gibt's nun auch nicht mehr ... Nee, aber ich hab mit den Leuten von der Akademie ein bisschen geredet – und die würden gerne wieder was machen, gerade in der alten Akademie, die ich ja als viel schöner empfinde als diesen neuen Glitzerbau da ... und da bieten sich die Räume also wirklich an, das wieder zu tun ... Bloß wenn, dann muss das professionell gemacht werden und dann muss da eben auch professionelles Geld da sein – sonst ... einmal so einen kleinen Workshop im Sommer – das war ja ganz nett mal, aber das macht dann keinen Sinn.

CJB: Aber Berlin ist ja auch finanziell völlig am Ende ...

PB: Ich denke: Geld für die Jazz-Musik, das sind ja nie die Riesensummen – und wenn man dann die richtige Lobby hat ... Also etwa der zweite Chef der Akademie ist ja die Nele Hertling, die früher in der alten Akademie für uns und für die Musik zuständig war – und die ist willens und hat auch sicherlich Connections in der Stadt, um die eine oder andere Stelle zu finden, wo's noch Geld gibt – denn sonst machen sich andere Leute mit äußerst fragwürdigen Projekten breit ... Jetzt bilden sich allerdings – und das ist ja immerhin auch ein kleiner Erfolg – auch in den Musikerkreisen eigene Initiativen, die hoffentlich selbst was auf die Beine stellen ... mal gucken.

CJB: Aber die Voraussetzungen haben sich seit den sechziger/siebziger Jahren doch ziemlich geändert?

PB: Ja, es sind andere Voraussetzungen, unter denen die Jungens jetzt groß werden. Wir haben damals immer geflucht: Es gibt nicht genug Arbeit! Aber wir konnten doch immerhin zweimal im Jahr für drei Wochen von Lübeck bis München in Deutschland unterwegs sein; und die nächsten drei Wochen konnte ich in Holland unterwegs sein und danach in Belgien und ab und zu auch in Frankreich ... Man konnte sich in irgend so ein abgefucktes Auto setzen und das machen.

CJB: Ich habe noch so einen alten Citroën-Bus vor Augen ...

PB: Das war Benninks ... ich kriegte dann mal hier so einen Künstler-Preis und von dem Geld hatte ich mir dann so einen Mercedes-Krankenwagen gekauft und danach kam dann Benninks großes Ding ... und dabei lernte man dann die Dinge, die wichtig sind: Man lernt, jeden Abend auf 'ner anderen Bühne zu stehen, man lernt, mit dem Publikum umzugehen, man lernt auch, für sich 'nen Platz auf der Bühne zu finden, was auch ganz wichtig ist - und all diese kleinen sensiblen Geschichten. Und wenn man aber nicht spielt, sondern nur vor dem Computer sitzt und mit irgendwem sonst wo kommuniziert - das ist es ja nicht. Ohne wirklich zusammen zu sein, ist das mit der Musik nichts.

CJB: Klar, die Kommunikation ist heute immer mehr vermittelt durch die Maschinen. Da kann man dann auch einfach abschalten, ohne sich auf den anderen in der Situation einzulassen.

PB: Ja, so nützlich die Maschinen sind - das ist ja das Traurige, dass die Leute gar nicht mehr merken, dass es so ist - sie denken einfach, das sei nun der Mittelpunkt des Lebens.

CJB: Nun gibt es aber doch Leute, die arbeiten in der Musik mit solchen Geräten ...

PB: Ja, aber die haben doch von Anfang an anderes im Sinn. Gut, ich habe ja auch Kollegen, die sitzen den ganzen Tag und schreiben ihre Noten. Gut, wenn man sich dazu entscheidet, das so zu tun, dann hat man irgendwann eine riesengroße Score und kann zwanzig anderen Leuten sagen: hier brauch ich dich und hier brauch ich dich - gut, wer daran Interesse hat ... Ich jedenfalls bin nicht daran interessiert, irgendein Endprodukt abzuliefern, wo ich dann noch große Begründungen dazu schreiben muss, warum ich das so gemacht habe.

## Spielen können?

CJB: Ja, das ist eben auch aus der gesellschaftlichen Perspektive betrachtet ein ganz anderes Konzept, wenn man sich dazu entscheidet, sich an einem vorgegebenen Rahmen zu orientieren ... Aber in dem Zusammenhang die Frage nach den Voraussetzungen. Man muss ja gewisse Voraussetzungen mitbringen - und was das intrumentelle Können betrifft, muss man ja auch gewisse Voraussetzungen mitbringen, das kam ja auch eben zum Ausdruck. Aber wie weit geht das? Ich meine, wenn alle gleichberechtigt sind, wie weit müssen die dann doch etwas im traditionellen Sinne spielen ›können‹ - wie weit müssen sie ein Instrument beherrschen?

## Worum es geht

PB: Das ist natürlich eine Frage der Definition: Was ist das mit dem Können? Meine ersten Eindrücke, die ich live von der Musik gekriegt habe, waren – von Berendt organisiert – so American-folk-and-blues-Geschichten ... ich weiß noch, da spielte hier im Thalia-Theater der ganze Zirkus: Und da waren all die großen Blues-Leute da – und einer beeindruckte mich besonders – das war Howlin Wolf – ein Riese mit solchen Händen. Und schüchtern, wie ich damals war, bin ich dann doch nach Backstage, hab mich da irgendwie durchgefummelt und habe dem Typen die Hand geschüttelt – oder er hat meinen ganzen Arm geschüttelt ... Ja, was ist da? Da ist ein bisschen Gitarre-spielen – grob gesagt – aber in diesem Gitarre-Spielen liegt die ganze Welt – und darum geht es! Das heißt, das Können, so wie ich es verstehe, ist sicherlich nicht das Können, das die Typen haben, wenn sie von ihrer Musik-Hochschule kommen – darum geht es nicht. Gut, ich hab's sowieso anders gemacht. Ich hatte nie einen Lehrer, ich habe immer gute ältere Kollegen gehabt, die mir das eine oder andere gezeigt haben – aber im Endeffekt habe ich mir immer meinen Kram selbst zusammengesucht. Und wenn ich was wollte und nicht konnte, hab ich immer solange versucht, bis ich's konnte. Ich hätte mir vielleicht viel Zeit sparen können, wenn ich's mit Lehre und normalem Studium gemacht hätte; bloß, wo ich dann gelandet wäre, weiß ich nicht. Ich bin eigentlich ganz froh damit, dass ich hier gelandet bin.

CJB: Ich denke auch ...

## Geschichten erzählen

PB: ... und deshalb würde ich auch sagen: Das, was die Leute so Technik nennen und ›Spielen-können‹ – das ist es nicht. Wenn du in der Lage bist, mit drei Tönen das zu sagen, was du zu sagen hast, dann reicht mir das. Oder zum Beispiel: Wir hatten einen Gast in Wels, den Mokhtar Gania, den jüngeren Bruder von Mahmud, der Guembri spielt – so eine Art von Saiteninstrument, das in der nordafrikanischen Musik die Bassfunktion, die begleitende Funktion wahrnimmt. Da gibt es nicht viel zu tun technisch – es gibt nur zu entwickeln ein Gefühl für Rhythmus, ab und zu noch die Stimme dazu ... aber da brauche ich nicht viel, das ist genug – und es ist wunderschön – und darum geht es. Dass man natürlich, wenn man das so

lange macht, wie ich das jetzt mache, gewisse Techniken entwickelt und das
Ding sicherlich inzwischen auch ganz gut spielen kann ... aber ich kann's
auf meine Weise spielen. Und darum geht es auch ein bisschen. Es ist ja
in der Jazz-Musik immer auch so gewesen: wenn's da mal so einen König
gab – nennen wir mal Coltrane – dann gab's zwanzig Jahre danach nur noch
Coltrane-Spieler und das hat natürlich wenig gebracht – das nützt nichts ...
nein, die hätten besser mal genau zugehört: Was erzählt mir der Typ da
eigentlich? Der sagt natürlich nichts anderes als: Ich versuch hier, meine
Geschichte zu erzählen. Und darum geht es: Jeder Mensch hat eine andere
Stimme, jeder Mensch geht anders, jeder Mensch bewegt sich anders – und
darum geht es: herauszufinden, was ist mit mir los? Und das ist eigentlich
ein lebenslanger Weg. Ich komm' zwar dem Ziel immer ein bisschen näher,
weil ich mir ja überhaupt Gedanken machen muss, dass es sowieso mal zu
Ende ist ... aber ich bin doch immer noch dabei zu gucken, was kann ich
denn wie machen? – Und darum geht's eigentlich – und vor allen Dingen
geht's nicht darum, fertige Dinge abzuliefern und zu sagen: Guck mal, wie
schön!

CJB: An dieser Stelle zwei Dinge: Einmal, ich kann mich erinnern – ich
hab das damals so wahrgenommen, weiß aber nicht, ob das objektiv so
stimmt – dass nämlich irgendwann – bei uns in den frühen Achtzigern –
dieses *Real Book*[27] auftauchte ... Ich kannte Leute, die hatten auch ein
bisschen Interesse am Jazz und die fingen dann an, das *Real Book* zu spielen
von morgens bis abends. Und da war für mich der Ofen aus; da bin ich
nicht mehr hingegangen, das wollte ich nicht mehr hören ... da hab ich mir
dann lieber Rock- oder Pop-Musik angehört – da liefen andere, spannendere
Sachen ab ... Ich meine, das war ja ein quasi-religiöses Verhältnis zu diesem
Buch bei diesen Leuten.

PB: Ja ja, ich kenn' die Leute auch – aber das ist natürlich auch immer 'ne
Ausrede dafür, dass einem selbst nichts einfällt ...

CJB: ... und dass man sich selbst nichts zutraut ... ja, und das andere ist,
dass man sieht, wenn man öfters in Konzerte geht, dass die Leute – und
das greift wieder das auf, was wir eben schon mal besprochen haben –, sich
bestimmte Techniken aneignen – ich denke dabei etwa an die Zirkularatmung
bei den Saxofonisten.

---

27 Zur Entstehung des *Real Book* als einer Sammlung von Jazz-Standards siehe:
    http://en.wikipedia.org/wiki/Real_Book

PB: Also etwa bei Evan Parker ist das nicht nur ein technischer Trick, sondern es gehört zu seiner Konzeption und dann hat es natürlich Funktion und dann ist es für mich auch in Ordnung: Sobald ein Ding Funktion hat, ist das okay ... Aber es gibt natürlich in der Jazz-Musik diese Tricks und Licks - man macht das so und so - und all solchen Quatsch ... In meinem Verständnis widerspricht das aber genau der Geschichtenerzählerei; ich meine, man muss ja auch ab und zu mal 'ne Pause machen und Atem holen ... und vielleicht in der Pause auch mal das Gehirn frei schütteln und überlegen: wie kann's denn weitergehen? - Aber der einzige, bei dem ich's wirklich akzeptieren kann, das ist Parker, weil, wenn der eine Stunde Solo spielt, dann ist das wirklich ein Block von Musik, der schon Sinn macht ... aber nur die Tricks - meine Güte, das braucht kein Mensch.

CJB: Ja, aber man kennt den Spruch: Kunst kommt von Können ... und dann meinen viele Leute - also ich empfinde das als Zuhörer so - sie müssten irgendwie Zirkus machen; und ich kenne das auch aus Gesprächen mit anderen, dass die als Zuhörer darauf lauern, dieses circensische Moment tatsächlich dann auch wahrzunehmen.

PB: Ja ja ...

CJB: Ja, und wenn sie dann eine gewisse Technik erkennen, dann sind sie froh; sie können dann erkennen, der macht jetzt das und das, und das können sie dann einordnen ...

PB: ... da werden dann ihre Erwartungen bestätigt und erfüllt und dann ist jedermann glücklich - und darum geht's aber gerade nun mal nicht!

## Provokation?

CJB: Aber noch mal zum Thema Geschichten erzählen: Wenn wir an die Zeit zurückdenken, die Zeit nach dem zweiten Weltkrieg, dann die fünfziger/sechziger Jahre, die Zeit der Wiederbewaffnung - und heute sind wir schon wieder noch weiter: Wir haben eine Berufsarmee und die Leute gehen - wie selbstverständlich - irgendwohin und machen da ihren ›Job‹ und schießen - und so ist es in den USA ja auch ... also, worauf ich hinaus will - nochmals zurück zum Thema ›Free-Jazz‹: Sollte denn diese Musik in der damaligen geschichtlichen Situation auch so etwas sein wie eine Provokation? Sollte das denn auch tatsächlich die Leute - das neue satte

Bürgertum, das keine Probleme hatte mit der faschistischen Vergangenheit – vor den Kopf stoßen damals?

PB: Das war nicht so geplant – dass es natürlich Provokation war, das ist klar ... aber für uns war das ganz ernst gemeinte, ehrliche Arbeit.

CJB: Also ging es nicht darum, gewisse Leute zu nerven?

PB: Nein, dann hätte man sich ja viel Schlimmeres ausdenken können (lacht) ... aber es war wohl schon schlimm genug. Ich erinnere mich noch an die ersten Pressereaktionen, als wir zum ersten Mal auf einem größeren Festival – in Frankfurt – gespielt haben ... ich meine, da gaben sie uns dann ja nur fünfzehn Minuten ...

CJB: ... na immerhin ...

PB: ... und danach ging's dann natürlich los: Das ist keine Musik und furchtbar und das kann man nicht machen und so weiter – da fühlten sich natürlich viele provoziert[28] und in Comblain-la-Tour in Belgien haben sie uns die Stecker rausgezogen und Bierdosen flogen – das muss so '66 gewesen sein.

CJB: Was war denn das für eine Veranstaltung?

PB: Da hat zum Beispiel am Ende Coltrane gespielt, mit dem guten alten Quartet und das war so ein tolles Konzert, das ist übrigens auch in irgend so einer Billigproduktion auf den Markt gekommen. Das war so schön und so beeindruckend – und das war auch das erste und einzige Mal, wo ich mit Coltrane ein Wort gewechselt hab' ... weil, wir kamen von Wuppertal – und es war ein heißer Sommertag – und es gab nur eine Kneipe in dem Dorf und da stand alles rum ... und da stand auch so ein größerer schwarzer Mann mit einem kleinen Hakennasigen – und ich drängte mich da durch und wartete auf mein Bier, Gott verdammt noch mal ... und Coltrane merkte das – ich hatte gar nicht gemerkt, dass das Coltrane war – und sagte: »Give this young man a beer!« Er stand da mit Charles Aznavour übrigens ...

CJB: Was hat der denn da gemacht – hat der da auch gespielt?

---

28 Noch 1968 wurde Brötzmanns Musik im *Spiegel* (vom 23.09.1968) als »betäubendes Ton-Gehäcksel«, »100-Phon-Lärm eines Sägewerks«, »Art Bruit« und Brötzmann selbst als »Chaos-Bläser« bezeichnet; der CDU-Fraktionsvorsitzende in der Bremer Bürgerschaft Dr. Hans-Hermann Sieling beschwerte sich, dass durch die Musik Brötzmanns, die im »Jazz- und Beat-Keller ›Lila Eule‹« gespielt wurde, »die Jugend für die Revolution sensibilisiert« werde.

PB: Nee, der war da eigentlich nur Gast ... ja, und da konnte ich nur ›Danke‹ sagen ... und uns – wir spielten da als die Newcomer am Nachmittag – haben sie nach zehn Minuten den Stecker raus gezogen. Wir haben aber die abgemachten vierzig Minuten gespielt – das war mit Kowald und Pierre Courbois.

CJB: Da kann ich mich kaum hineineinversetzen ... wenn einem so was passiert, die Nerven zu haben, trotzdem weiter zu spielen ...

PB: Wir waren ja einiges gewohnt und ich weiß gar nicht mehr, ob wir das überhaupt gemerkt haben – das haben uns die Leute wahrscheinlich hinterher erzählt.

CJB: Bennink erzählt in einem Interview im Film *Soldier of the Road*, dass das Trio ja auch auf Fehmarn bei diesem Pop-Festival gespielt hat.

PB: Die Typen, die das Fehmarn-Festival gemacht haben, die hatten 'ne Kneipe – in Kiel war das, glaub' ich – und da spielten wir relativ regelmäßig. Und in den Zeiten war der Range ja viel offener – und die hatten sich dann in den Kopf gesetzt: Wir müssen irgendein Woodstock machen – und das war auch so ... das fing schon damit an, dass schlechtes Wetter war ...

CJB: ... ja, das war in Woodstock wohl auch so ...

PB: ... es regnete und stürmte – und die Leute saßen unter Plastikplanen und die wehten weg. Dazu Kämpfe – die hatten als Ordnungskräfte die persische Mafia aus Hamburg gemietet, richtig wilde Leute – und das passte den *Hells-Angels* nicht und die tauchten dann auch auf – und dann gab's tatsächlich 'ne Schießerei. Als ich meine Gage abholen wollte, musste ich über das ganze Feld in eine Baracke am anderen Ende und – nicht dass mir da die Kugeln um die Ohren flogen, aber es knallte hier und da ... da waren ziemliche Kämpfe im Gang – weiß der Teufel ... und ich musste mit Freddie und Bennink nach Berlin, wo wir am Abend spielten – und das war ja immer ein Wagnis wegen der Grenze, man wusste ja nie ... und als wir in Berlin ankamen, war das Konzert eigentlich schon vorbei – aber wir haben noch gespielt ... Und als wir abfuhren, flog gerade Jimi Hendrix ein und das war sein letztes Konzert – er ist dann ja 'ne Woche später in England gestorben.

### Die Achtundsechziger

CJB: Aber noch mal zurück zu den Reaktionen auf die Musik des Trios ...

PB: Na ja, selbst Ende der Sechziger, als wir dann öfter in der FU und der TU[29] gespielt haben, flogen bei den ach so progressiven Studenten auch die Bierdosen.

CJB: Ja, die ach so progressiven Studenten, die kenn' ich auch, die sind aber jetzt oft verdammt bürgerlich.

PB: Die wollten ihre gottverdammten *Rolling Stones* hören – oder was es damals so gab. Oder, ich weiß noch, ein Konzert, das wir mit 'ner größeren Band in Frankfurt im Goethe-Haus hatten – das muss dann so '68 gewesen sein – da stand dann auch Cohn-Bendit und weiß der Teufel was für Leute draußen und sagten: Das könnt ihr nicht machen, ihr könnt doch nicht in den Schuppen gehen – und dann haben wir erst mal diskutiert ... und dann hab' ich gesagt: Hört euch doch erstmal die Musik an und dann können wir weiterdiskutieren ... Aber hinterher war dann keiner mehr da ... (lacht)

CJB: Ja gab's denn da überhaupt Kontakt zu diesen polit-orientierten Leuten?

PB: Nur, dass wir immer in denselben Kneipen in Berlin saßen ... Nee, wir haben öfters in Unis gespielt. Die ganzen Asten waren doch – sagen wir mal – links orientiert, und da war die Musik schon irgendwie ein Mittel zum Zweck. Die haben uns dann gut benutzt – aber haben uns auch bezahlt und wir konnten spielen – also, da wusch eine Hand die andere ... und manche hatten auch durchaus begriffen, dass das, was wir machen, ein Teil sein könnte der – sagen wir mal – pseudo-revolutionären Bewegung.

CJB: In Deutschland waren und sind ja viele Studenten – im Unterschied zu anderen Ländern – über Adorno sozialisiert worden – wenn sie sich denn als links verstehen – und bekanntermaßen hat ein gewisser Herr Adorno ja nicht so viel von der Jazz-Musik gehalten[30], obwohl er sich ja selbst als Musiker und Komponist versucht hat – und er war ja auch Verehrer des Schönberg-Kreises ...

PB: ... ja ja, er kommt ja aus der Ecke ...

---

29  Gemeint sind die Freie und die Technische Universität zu Berlin.
30  1936 erschien in der Zeitschrift für Sozialforschung unter dem Pseudonym Hektor Rottweiler Adornos Arbeit »Über Jazz«. Vgl. *Theodor W. Adorno: Gesammelte Schriften*. Hrsg. von Rolf Tiedemann. Bd. 17. *Musikalische Schriften IV*. Frankfurt am Main 1984, S. 74ff; ders.: *Abschied vom Jazz*. – In: Ebd.: *Musikalische Schriften V*. Frankfurt am Main 1984, S. 795ff.

CJB: ... aber da ist nichts bekannt, dass es da Verbindungen gab zu den Diskussionen, die damals um die Rolle von Kunst und das Verhältnis zur gesellschaftlichen Situation geführt wurden?

### Blues

PB: Da gab es wohl mal einen Disput zwischen Adorno und Joachim-Ernst Berendt – so eine Kleinigkeit – die haben sich dann wohl auch nicht vertragen.[31] Nein, dazu ist die Musik auch zu wenig einzuordnen. Wir haben eben kein Stück Papier, wo man sehen kann, was da los ist. Da muss man vielleicht erstmal zur Kenntnis nehmen, dass es da auch um ganz simple, rudimentäre Bedürfnisse geht, die da formuliert werden – und das passte denen natürlich nicht ...

CJB: ... das war denen nicht theoretisch genug.

PB: Genau – es geht ja bei der ganzen Jazz-Musik von Anfang an um nichts weiter als ums Leben – ums Überleben: Um die Flasche Schnaps, um die Frau im Bett und vielleicht noch um die Arbeit – und: Wie komm ich da raus und wie geht's weiter ... Nicht, dass es noch so ist heutzutage, aber ich denke, dass der Blues als Essenz für's Leben und eine Lebensanschauung ganz wichtig – und für mich die wichtigste Sache ist, die mich auch befähigt das zu tun, was ich tue.

CJB: Vom Blues ging aber eben nicht nur die Jazz-Musik aus, sondern auch die Rockmusik.

PB: Richtig.

CJB: Und ich denke in dem Zusammenhang auch an das Konzert in Moers im letzten Jahr (2010), als Peter Brötzmann zum Schluss wie ein Rockmusiker hochsprang.

---

31 Siehe *J.-E. Berendt / Theodor W. Adorno: Für und wider den Jazz.* – In: *Merkur* 1953. Heft 67, S. 887-893; vgl. diesbezüglich erneut *Andrew Wright Hurley: The Return of Jazz.* A.a.O., S. 24-34, insbesondere 31-33. Berendts Versuch, Adornos Kritik (Jazz sei Teil der Kulturindustrie) auszuhebeln, indem er zwischen dem ›wahren‹ Jazz und kommerziellen Spielarten unterschied, wurde wiederum für die deutschen Free-Jazzer der sechziger Jahre zum Zielpunkt der Kritik, die sich gegen den Versuch richteten, Jazz als ›ernste‹ Musik ins Konzerthaus zu verbannen. Brötzmanns Verweis auf die Tradition des Blues kann auch als Argument gegen die Unterscheidung von E- und U-Musik verstanden werden. Zu Adornos psychoanalytischer Kritik an der musikalischen Struktur des Jazz und an den Verhaltensweisen des Jazz-Publikums siehe *Wright Hurley.* A.a.O. 35-41, insbesondere 37f.

PB: Ja, man muss den Jungs auch, wenn die mal eingeschlafen sind, oder wenn die mal nicht aufhören wollen, zeigen, was jetzt kommen soll … und das mach ich auch …

CJB: … und dann rief jemand aus dem Publikum: »Rock 'n' Roll!«

PB: Ich hab ja auch gegen eine Art von Rock 'n' Roll gar nichts, wenn's dann gut losgeht – im Gegenteil. Nur, dass der sich so hat benutzen lassen für allen möglichen Unfug.

CJB: Ja, in der Tat, der hat sich oft genug benutzen lassen … ich glaube nur, inzwischen ist schon was ganz anderes angesagt und die Entwicklung bereits in eine ganz andere Richtung unterwegs. Ich denke da an die Ausdifferenzierung der verschiedensten Musikrichtungen. Entweder gehen die Leute von mir aus zu Brötzmann oder sie schreien immer noch danach, die *Rolling Stones* zu sehen, egal was Mick Jagger macht … aber gerade bei den jungen Leuten parzelliert sich das ja immer mehr: Die einen finden das gut und die anderen das, und dann reden die nicht mehr mit den Nachbarn über diese Geschichten … Noch in meiner Generation war die Sache ja relativ übersichtlich: Entweder man hatte lange Haare oder kurze, und wenn man lange Haare hatte, dann hörte man die und die Musik und vielleicht noch ein bisschen Jazz – aber es gab nicht tausend Sorten von Musik – da ist das Wort Ausdifferenzierung die spätere Entwicklung betreffend eigentlich ein recht zutreffendes Wort. Das Karussell dreht sich immer schneller. Aber da geht ja das Bewusstsein von bestimmten Übereinstimmungen, die man ausmachen kann in der Musikgeschichte, verloren – also beispielsweise diese Geschichte, dass man sagt: Da ist der Blues entstanden und daraus dann einerseits der Jazz und andererseits der Rock'n'Roll – aber das hat doch alles noch miteinander zu tun … nur heute überblickt das doch keiner mehr, wenn er nicht gerade in der Wissenschaft arbeitet.

PB: Nee, und das interessiert heute auch keinen mehr und das hat auch mit diesem neuen Medium (Brötzmann deutet auf seinen Laptop) zu tun.

## Öffentlichkeit

CJB: Was in dem Zusammenhang interessant ist, ist eine Aussage, wie die von Heiner Müller, der – sinngemäß – gesagt haben soll: Gut, in der DDR war sicherlich vieles nicht so toll, aber: Wenn man Laut gab, bekam man eine Reaktion – sowohl von Seiten der Leute in der Politik als auch von den

Leuten, mit denen man sonst noch zu tun hatte, das war 'ne sehr direkte Angelegenheit.

PB: Das ist wohl wahr ...

CJB: Und deswegen war's für die Leute hier in den fünfziger/sechziger Jahren - Stichwort ›Provokation‹ - noch so, dass, wenn ein Peter Brötzmann auftrat, dann sprach sich das 'rum, wurde von manchen vielleicht als Provokation empfunden. Aber dann war klar, für was das in den Köpfen der Leute stand - und heute zerfließt alles - und da hat dann ein Heiner Müller nach der sogenannten Wende gesagt: Im Westen ist es wie im schalltoten Raum, man brüllt und niemand hört es mehr, es verschwindet einfach im Nichts.

PB: Obwohl, der konnte sich eigentlich nie beklagen - und die Theaterwelt kann sich ja eigentlich überhaupt nicht beklagen ... da sind wir ja viel schlimmer dran. Wir haben ja so überhaupt keine Öffentlichkeit mehr - oder fast keine. Das hat sich auch seit den achtziger Jahren eigentlich erst so verändert. Wir waren ja schon mal - wie vorhin gesagt - im Bewusstsein jedenfalls der Medien weitaus besser vertreten.

CJB: Aber da gab's ja auch noch den ›Öffentlich-rechtlichen Rundfunk‹ ...

PB: Das ist ein ganz wichtiger Punkt ... Es ist ja bekannt, ich war nie ein Freund von Berendt, aber ich kann doch ganz gewiss sagen: Was der Mann im Rundfunk und bei den Berliner Jazz-Tagen für die Musik getan hat, ist einmalig. Und so ging's genauso mit andern Leuten - mit Naura in Hamburg oder - in den frühen Jahren - gab's Schmidt-Joos in Bremen, und es gab selbst im WDR Ansprechpartner, konservativ wie er damals war - und immer noch ist ... aber es gab doch auch da die Verpflichtung, öffentlich-rechtliche Anstalt zu sein, und jedem, der was sagen konnte und wollte, auch mal den Platz zu geben. Und das hat der WDR - klein aber fein - aber er hat's gemacht; und man wusste, mit wem man reden konnte. Man konnte sich auch mit Berendt streiten, aber jedenfalls gab's da Resonanzen - und heute: Ich kenn' kaum noch einen, und es gibt ja auch keinen Redakteur mehr - es gibt nur noch freie Mitarbeiter - wie den Lippegaus -, die ab zu für'n Appel und 'n Ei 'ne Sendung machen.

CJB: Karl Lippegaus ist auch nur freier Mitarbeiter?

PB: Der ist auch nur freier Mitarbeiter … und dann gab's da noch den Chef der Abteilung – Ulrich Kurth –, der verwaltete aber auch nur, was reinkam … Es fehlen die Leute mit Leidenschaft ein bisschen.

CJB: Na ja, die Leute haben auch Angst um die eigene Existenz – das ist ja an den Unis genauso.

PB: Ja, die Leute haben Angst … Ich hab gerade noch einen Brief an die Kulturvorsitzenden von drei Bundestags- (lacht) – Vereinen hätte ich beinahe gesagt – Bundestagsparteien geschrieben, weil die gerade dabei sind, neue Möglichkeiten für eine Unterstützung und so weiter zu finden.

CJB: Um was handelt es sich dabei?

PB: Es gibt momentan von den jüngeren Musikern in Berlin und auch in Süddeutschland eine neue Initiative, weil die Spielsituation in unserer Republik ja völlig danieder liegt – und ich hatte dann an die Vertreter der verschiedenen Parteien im Kulturausschuss einen Brief geschrieben, um mal aus meiner Sicht darauf aufmerksam zu machen – ich hatte auch gerade diesen Preis – den Albert-Preis[32] – bekommen und hab' die Gelegenheit genutzt, ein bisschen Öffentlichkeit herzustellen, und denen geschrieben, wie es so aussieht und was man eventuell ändern könnte. Ich hatte allerdings vorher auch Gespräche mit den Leuten von der Akademie der Künste gehabt, und daraufhin hab ich dann auch den Brief geschrieben – und jetzt ist dadurch – und auch durch einige Pressevertreter – 'ne ganz starke Diskussion in Gang gekommen. Es gab auch am letzten Donnerstag (es handelte sich um den 08.03.2012 (CJB)) eine Anhörung im Bundestag, wo zwar kaum einer da war, aber es gab immerhin einen kleinen Kreis von Leuten, z. B. die Vertreterin der *Grünen* und den Ehrmann[33] von der SPD, die sich ganz positiv geäußert haben – bloß haben sie auch gesagt: Machen kann man wenig … Es ist auch eine ganz komplizierte Geschichte: Die jüngeren Musiker meinen, sie müssten gleich vom Start weg Geld kriegen, also jeder soll als Person gefördert werden, was natürlich ein totaler Schwachsinn ist – sollen sie doch erstmal spielen und gucken wie's läuft – da bin ich wirklich vollkommen altmodisch.

---

32  Brötzmann wurde am 18. September 2011 der Deutsche Jazz-Preis – jetzt: *Albert Mangelsdorff-Preis* verliehen. Mit dem Preis wurde Brötzmann für sein Lebenswerk ausgezeichnet.
33  Es handelt sich um den Bundestagsabgeordneten Siegmund Ehrmann, Sprecher der Arbeitsgruppe Kultur und Medien der Bundestagsfraktion der SPD.

CJB: Das könnten die betreffenden Leute jetzt aber missverstehen, von wegen: Geh du erst mal arbeiten ...

PB: Ich komm mir ja auch sehr reaktionär manchmal vor, meine Güte, wenn ich mir den ganzen Scheiß manchmal angucke ...

CJB: Eine solche Forderung ist vielleicht von denjenigen in ihrer Bedeutung nicht ganz zu Ende gedacht - es geht halt um Existenzfragen.

PB: Nein, was dazu gehört, ist: wenn man sich auf einen solchen Beruf einlässt, dann kann man doch nicht von vorneherein von der Gesellschaft verlangen, dass die einem noch den Hintern putzt ... wenn man diesen Weg wählt, dann bitte: Dann ist Kampf angesagt - darum geht es, ein bisschen Kämpfen hat noch nie geschadet ... Also, ich meine das so, dass es doch nicht darum gehen kann, einzelne Musiker mit 25 frühzuverrenten, sondern, dass es darum gehen muss, Arbeitsmöglichkeiten zu schaffen. Also, was wirklich wichtig wäre - da kann der Bundestag aber wenig machen - ist, wieder Spielstätten zu schaffen - also Clubs für alle mögliche Musik - nicht nur für Jazz. Es müssten einfach wieder Clubs und Spielstätten zur Verfügung stehen, wo junge Leute ausprobieren und alte Leute mal ein bisschen was dazu verdienen können und so weiter - wie es mal war in den siebziger und achtziger Jahren. Das ist allerdings 'ne Frage der Kommunen - und die sagen: Wir haben kein Geld für solche Dinge und selbst dann nicht, wenn sie jetzt wieder ein bisschen mehr Steueraufkommen haben und ein paar Löcher stopfen können - aber diese Einrichtungen, die ja alle abgeschnitten worden sind, bis die wieder eingerichtet werden ... wir sind die ersten, wo's gekappt wird, und die letzten, wo wieder was aufgebaut wird. Das ist ganz klar - aber immerhin: Es gibt 'ne ganz kräftige Diskussion zurzeit ... Und ein anderes Anliegen betrifft die Arbeitsmöglichkeiten in den USA. Ich hab mich ja immer auf halb kriminellem Gebiet bewegt in den letzten dreißig/vierzig Jahren, weil ich zu neunundneunzig Prozent ohne Arbeitsvisum eingereist bin und gearbeitet habe.

CJB: Wie ist das denn möglich - das funktioniert doch gar nicht?

PB: ... doch, als Tourist ... und irgendwann vor ein paar Jahren haben sie mich ein/zweimal hintereinander aus der Reihe gewunken und mich in dieses kleine Box Office geschickt - und dann musste ich diesen Vorgesetzten erklären, was ich mache ... und es wurde immer schwieriger. Und zwischendurch hat man auch einige meiner ausländischen Kollegen nach Hause geschickt - gar nicht reingelassen ins Land. Und die Tatsache ist die, dass man für solch ein Arbeitsvisum einen großen bürokratischen Aufwand treiben muss, der dann so um die zweitausend Dollar kostet – und zweitausend Dollar zu verdienen oder noch ein bisschen mehr, ist sowieso ein Unding in den Staaten. Und da habe ich dann in diesem Brief auch mal angefragt, ob es nicht auch ein EU-Anliegen sein könnte, diese Dinge zu unseren Gunsten zu verändern, denn die amerikanischen Kollegen fahren sonst wohin ohne alles und kein Mensch macht irgendwelche Vorschriften oder Restriktionen, was auch immer – bloß, das ist ein frommer Wunsch. Aber das Problem haben wir alle – nur den Norwegern fällt es leichter, das mal zu bezahlen, weil die viele vom Staat subventionierte Reisen antreten können – nur für unsereinen ist es fast unmöglich. Und ich bin es langsam auch leid, mich immer rechtfertigen zu müssen oder Gefahr zu laufen, zurückgeschickt zu werden und dann für den Rest des Lebens Einreiseverbot zu haben, wie's meinem Bassisten, dem Marino Pliakas passiert ist.

CJB: Nein!

PB: Wir waren in Kanada unterwegs im letzten Jahr, hatten einen Job in New York, der überdies noch von *Pro Helvetia* finanziert worden ist, so dass wir wirklich keinem irgend einen Pfennig weggenommen haben – und Michael *[Wertmüller]*, der Trommler, und ich haben aus reisetechnischen Gründen einen anderen Übergang nehmen müssen als Marino – Marino musste über Toronto – und mich haben sie wieder 'rausgewunken, weil ich hab' schon 'nen roten Punkt im Pass und werd' immer 'rausgewunken jetzt – aber ich konnte mich 'rausreden …

CJB: Das kann man dann doch?

PB: Ich hab's die letzten zehn, zwölf Mal gemacht, aber immer kriegt man solch einen Zeigefinger hinterher: Beim nächsten Mal bist du dran!

CJB: Darüber denkt man ja gar nicht nach …

PB: Und – wie gesagt – Marino musste über Toronto und sie haben ihn nicht reingelassen: Sie haben ihn nach Hause geschickt – Kostenpunkt: Ein neues Ticket, Einreiseverbot für die Zukunft … Und daran was zu ändern, das wär' eigentlich mal notwendig – bloß, zu meinen Lebzeiten wird das nichts mehr – und der Ehrmann von der SPD meinte auch, das Problem würden sie kennen, bloß mit den Amerikanern über solche Dinge überhaupt zu reden, wäre fast ein Ding der Unmöglichkeit. Also ich hab jetzt für diesen September (2012) 'ne Tour geplant, und Freunde von mir versuchen jetzt, mir ein Arbeitsvisum zu beschaffen.

CJB: Ja, das wär ja was ...

PB: Ich meine, ich mache das ja schon seit längerem ...

CJB: Was da in den USA läuft in Sachen Brötzmann, das bekommt man hier ja nicht mit, das steht auch auf keiner Website.

PB: Ich kenne ja die Staaten von Upstate New York bis Texas ganz gut.

CJB: Ich dachte ja auch, es gäb' dort nur wenig Möglichkeiten?

PB: Es gibt für so ein großes Land, aus dem der Jazz eigentlich herkommt, verhältnismäßig wenig. Aber man kann schon zwei/drei Wochen unterwegs sein - (lacht) - wenn man erstmal drin ist ... Und ich kann auch eigentlich nicht meckern - ich hab eigentlich auch überall ein gutes Publikum .... Die Finanzierung ist immer eine Frage - es gibt keine Subventionen, d.h., es geht alles nur durch Eintrittsgelder, und wenn man dann einen Club hat, der sich überhaupt nicht anstrengt, dann ist man verraten und verkauft ... oder, wenn man mit einem Quintett unterwegs ist, dann nützen einem auch volle Häuser nichts, weil, das Geld durch fünf zu teilen, dazu reicht es nicht ... also: Solo, Duo, Trio geht noch so gerade.

CJB: Was ist da geplant für September?

PB: Ein Duo mit einem Vibrafonisten - Jason Adasiewicz aus Chicago, mit dem hab' ich seit einiger Zeit ein bisschen was zu tun - guter Typ - und das versuchen wir.

CJB: Okay ...

PB: Ja, das sind so Sachen, da weiß keiner was davon - aber mal 'ne Nacht in einem amerikanischen Gefängnis zu landen.

CJB: Das ist passiert?

PB: Das ist einigen norwegischen Kollegen passiert.

CJB: Manche denken, das konnte einem nur an der DDR-Grenze passieren.

PB: Aber das war im Verhältnis zu den Amis noch harmlos ... also im ›Ostblock‹ ging's irgendwie ja immer - mit 'nem bisschen Verspätung - aber, ob das Russland, Polen, Ungarn, Jugoslawien war, irgendwie ging's immer - bloß die Amis, das sind die schlimmsten Ignoranten in Uniform ... es ist wirklich ganz furchtbar. Ich hab dann festgestellt, dass die Vorgesetzten - wenn ich dann in der Box sitze - ganz vernünftig sind, aber erst mal machen die Typen, die da in den Glaskabinen sitzen, 'ne Menge Wind - und dann denkst du: Scheiße! Und ich find das auch so erniedrigend, wenn ich alter Opa, der eigentlich so viel für die Musik auch meiner amerikanischen Kollegen getan hat hier in Europa, wenn ich da mit zitternden Knien im Unsicheren stehe und denke: Bist Du jetzt im Gefängnis für einen Tag oder darfst du rein? Das ist schon Scheiße ...

CJB: Ich meine, das ganze Equipment muss doch mit ...

PB: Ich nehm' ja immer zwei Saxofone mit mindestens – die Klarinetten kommen in den Kleiderkoffer ... aber, das hat auch mit der Scheiß-Digitalisierung zu tun, die klicken den Namen an – so fing das Ganze an – gehen auf die Website, sehen die Auflistungen – und dann wissen sie, was du da zu tun hast – und früher konnte man sich ja immer noch 'rauslügen ein bisschen – das geht heute nicht mehr ... und selbst, wenn man die Daten von seiner eigenen Website streicht – die finden immer irgendwas.

CJB: Ach deswegen stehen die USA-Termine da nicht drauf ... Aber noch mal zurück zur Medien-Situation hier in Deutschland, was diese Art von Musik betrifft, und auch, was andere Themen betrifft ...

PB: Also die Mitarbeiter beim Rundfunk heutzutage, die haben wirklich Angst, dass, wenn sie was tun, was über die von ECM festgelegte Gute-Geschmacks-Richtlinie geht, dass sie dann keinen Job mehr kriegen ... Der einzige, den ich heute noch ein bisschen besser kenne, ist der Lippegaus, und der erzählt mir dann, was er da verdient, und wie da gearbeitet wird – was er verdient, wenn er für die *Süddeutsche* einen Artikel schreibt, von dem dann noch die Hälfte umgeschrieben wird und rausgestrichen ... die sind ja noch schlimmer dran als Unsereiner.

CJB: Ja, ich sag' ja, das ist bei uns an den Universitäten genauso: Alle die da unterhalb der Professorenebene arbeiten, sind in Zeitverträgen – ich bin übrigens auch in Zeitverträgen seit nunmehr fünfzehn Jahren – und das liegt daran, dass die, die das Sagen haben, offensichtlich keine sicheren Strukturen mehr haben wollen. Es geht darum, dass sich die Universitäten untereinander im Sinne der Konkurrenz beweisen sollen, und das ist das Gleiche wie bei den ›Einschaltquoten‹, der, bei dem die ›Einschaltquote‹ nicht stimmt, der fliegt 'raus.

PB: Es ist zum Kotzen ...

CJB: ... und da sind wir beim Thema Konkurrenz ...

PB: ... wie soll man da noch Forschen und Lehren?

CJB: Ja, wenn man Geld aus der Industrie hat, geht das – aber ich bin ja bei den Philosophen und mache ausgerechnet ›Geschichte der Philosophie‹, und das interessiert heute nun wirklich niemanden mehr und kostet nur 'ne Menge Geld ... was geht ist beispielsweise ›Hirnforschung‹: Die ›Hirnforschung‹ wird mit Geldern der großen Stiftungen ausgestattet, weil das auch verwertbar ist – beispielsweise für die Werbung: Wenn man weiß, was man tun muss, um das Gehirn dazu zu bewegen, dem Körper zu sagen, was der gerne isst, dann ist das natürlich positiv. Diese Entwicklung hatten wir vor ein paar Jahren schon bei den Psychologen und jetzt greift das über auf die Philosophie – und die Vertreter dieser Richtung sind dermaßen aggressiv, das kann man sich gar nicht vorstellen ... Das ist natürlich ganz schlecht für Leute, die dann auch noch Kinder zu versorgen haben, wenn sie blauäuig den ›falschen‹ Interessen nachgegangen sind. Und ich denke, das ist vergleichbar mit dem Medienbereich – im Musikbereich kenne ich mich nicht aus ... Aber wenn man da noch ›independent‹ ist, wird's einem ja genauso gehen ... Und wenn man einen Vertrag bei 'nem Major-Label hat und das Produkt verkauft sich nicht, dann ist man auch weg vom Fenster ...

PB: Bei uns gibt es ja wie gesagt kaum noch Major-Labels – vielleicht noch in der Rock-Musik. Das einzige funktionierende Label hier ist eben ECM und das kann man eigentlich nicht ernst nehmen – es tut mir leid ...

CJB: ... hartes Urteil ...

PB: ... aber das ist natürlich so ... Na, ja, ich kenn' den Eicher ja aus frühen Zeiten – wir hatten sogar mal 'n Trio zusammen, er war ja Bassist – aber nur kurz – das ging nicht mit ihm ... Aber er ist eben auch so ein Mensch, der sagt: Ihr macht das, wie ich das will, oder: Auf Wiedersehen ...

CJB: Ist das so? Na ja, das ist schon wahr – ich hab zwar nicht so viele ECM-Platten – aber die haben natürlich alle einen bestimmten Sound ... durchgängig.

PB: Wir haben ja ein/zwei *Globe-Unity*-Platten gemacht für ihn – und das war damals immer dasselbe Studio und derselbe Engeneer, der auch wusste, wie das klingen sollte – und ich kriegte immer Streit mit dem Typen und es war ganz furchtbar ... Und ich hab' das dann verfolgt bei Kollegen, die bei ECM aufgenommen haben: Die klingen alle gleich. Und er hat auch manchen Gruppen, kräftigen Gruppen, wie dem *Art Ensemble of Chicago*, denen hat er bei seinen Produktionen für ECM die Eier abgeschnitten – und so klingt das Ganze dann auch ... Aber ECM ist das einzige Major-Label, das es in unserem Bereich gibt; und sonst fummelt jeder vor sich hin – na ja, in meinem Bereich haben wir schon so ein paar Möglichkeiten ... aber in Amerika, was gibt's da noch? Ich hab' in Wels ja Bill Laswell getroffen, der auch immer noch produziert. Aber im Vergleich zu vor etwa 15 Jahren, als die Labels noch richtig Geld reingesteckt haben, als die noch mit 'nem Riesenequipment in die Sahara gefahren sind und irgendwelchen Blödsinn aufgenommen haben, der sich dann überhaupt nicht verkaufte – das gibt's nicht mehr. Heute investiert keiner mehr – oder höchstens in den Schrott, den man in den Fernsehgeschichten sieht; da geht's aber ganz schnell und ganz billig, und dann wird das auf den Markt gepusht.

CJB: Aber es ist ja auch ganz klar: Im Studio früher spielte der Raumklang noch 'ne große Rolle und Studiozeiten waren sehr teuer; da konnte eine Gruppe auch im Bereich der Rockmusik noch zusammen aufnehmen und heute wird ja nur noch geschichtet; da braucht man ja nur noch 'ne kleine Kabine – auch wenn man ein akustisches Instrument spielt – und der Raumklang kommt hinterher digital dazu ... und das ist natürlich auch wieder ein Resultat der Konkurrenz, weil das andere zu teuer ist, ganz klar ... Ich hab das irgendwo gelesen – bei Euch gibt's ja sozusagen überhaupt keine Studioaufnahmen mehr.

PB: Es gibt fast keine Studio-Aufnahmen mehr. Die letzte Studio-Aufnahme für's *Tentet* war die Zusammenarbeit mit dem Sprecher – Mike Pearson – die Kenneth Patchen-Geschichte ... Das war eigentlich die letzte richtige Studio-Aufnahme und die konnten wir uns auch nur leisten, weil Ken Vandermark seinen MacArthur-Preis verbrauchen musste ... und eine Geschichte noch mit *Last Exit*, die ich zum Kotzen finde, diese *Iron Path* – die haben wir tatsächlich so wie beschrieben im Studio gemacht: Also jeder war einzeln und hat ein bisschen was gespielt, und Laswell hat das zusammengemischt und das führte bei *Exit*, bei einer Band, die wirklich nur 'ne Live-Band war, zu einem furchtbaren Resultat.

CJB: Ich kenn' es nicht.

PB: Muss man auch nicht.

Zur Rolle des Publikums

CJB: Ja, nun ist das natürlich auch ein grundsätzliches Problem: Denn im Grunde ist ja auch das *Tentet* 'ne Live-Band und überhaupt ist diese Musik ja in der Hauptsache Live-Musik ... Und das führt mich noch zu einer anderen Frage. Bert Noglik hat mal in einem seiner Bücher geschrieben, dass für diese Art von Musik nicht nur wichtig ist, was unter den Musikern stattfindet, sondern im Grunde auch entscheidend ist, was das Publikum zum Gelingen der Musik beiträgt.[34]

PB: Also, da gibt es verschiedene Ansichten. Für mich ist das Publikum entscheidend – ich brauche das. Aber ich hab' ja lange genug mit Bennink gearbeitet und der hat gesagt: Ach Scheiße, ich mach's sowieso nur für mich – er ist nunmal der Egomane.

CJB: Ist er das?

PB: Ja, sowieso – und das wird auch mit zunehmendem Alter immer schlimmer ...

CJB: ... kurz mal dazwischen: Ich hab' jetzt gerade 'ne Platte gekauft mit Tobias Delius und Bennink (›Luftlucht‹ (ICP 048)); ich meine, die spielen mit Versatzstücken aus der Tradition und es sind in der Hauptsache wohl Kompositionen – hat mir aber gut gefallen.

PB: Ja, der Tobi, das ist ein netter Kerl – und wenn ich eben etwas Despektierliches über Bennink gesagt hab, dann meine ich das mit aller Wertschätzung –

---

34 Es geht hier ganz allgemein um die Frage nach dem Verhältnis des Produzenten (Musiker) zum Konsumenten/Rezipienten (Zuhörer) oder um die Frage: Trägt der Zuhörer zum Resultat der Musik bei, bilden Produzent und Konsument am Ende eine Einheit? Vgl. *Bert Noglik: Klangspuren..* A.a.O., S. 318. Noglik ist der Ansicht, dass in Hinsicht auf die Rezeption von Jazz/improvisierter Musik die sogenannten »rezeptionsästhetischen Gesichtspunkte« stärker zu beachten seien und bezieht sich dabei auf Hans Robert Jauß' *Literaturgeschichte als Provokation.* Laut Jauß sei im »Dreieck von Autor, Werk und Publikum *[...]* das letztere nicht nur der passive Teil, keine Kette bloßer Reaktionen, sondern selbst wieder eine geschichtsbildende Energie. Das geschichtliche Leben des literarischen Werks ist ohne den aktiven Anteil seines Adressaten nicht denkbar. Denn erst durch seine Vermittlung tritt das Werk in den sich wandelnden Erfahrungshorizont seiner Kontinuität [...]. Die Geschichtlichkeit der Literatur wie ihr kommunikativer Charakter setzen ein dialogisches und zugleich prozeßhaftes Verhältnis von Werk, Publikum und neuem Werk voraus [...]. Der geschlossene Kreis einer Produktions- und Darstellungsästhetik, in dem sich die Methodologie der Literaturwissenschaft bisher vornehmlich bewegt, muß daher auf eine Rezeptions- und Wirkungsästhetik geöffnet werden [...].« Siehe *Hans Robert Jauß: Literaturgeschichte als Provokation.* Frankfurt a. M. 1970, S. 169.

denn er ist einer der Größten und Besten. Der kann auch Dinge, die kein anderer mehr kann - aber er ist nunmal ein egomanischer Typ immer gewesen und das hat sich im Laufe der Jahrzehnte eben gut entwickelt ... (lacht) ... und ihm war das Publikum immer scheißegal - obwohl er natürlich in seinen Soloshows, wenn er seine Tricks und Mätzchen zeigt, das Publikum auch benutzt.

CJB: Ja eben, das waren ja regelrechte Performances - und Performances ohne Publikum kann ich mir jetzt nicht gut vorstellen.

PB: Und er ist auch der einzige, der sich sowas leisten kann. Also, es gibt ja im Jazz-Betrieb immer solche Typen, die ein bisschen lustig sein wollen, ein bisschen Performance machen wollen - aber bei Bennink ist das okay. Es ist nur manchmal nicht so einfach, mit ihm zu spielen, denn meine Einstellung ist die total konträre. Ich brauch schon die Person mir gegenüber - als Partner. Es muss sich in einer gewissen Dialektik etwas entwickeln - und genauso brauch' ich das Publikum auch. Es gibt nichts Schöneres und nichts Besseres für die Musik, wenn da eine gewisse Intimität zwischen dem Publikum und einem selbst hergestellt werden kann - das ist schon wichtig.

CJB: Ich meine, das überträgt sich doch auch, was da los ist im Publikum - man denke wieder an den Extremfall von vorhin, als wir davon sprachen, dass da früher schon mal mit Bierdosen geworfen wurde: Dann ist ja auch klar, worum es da geht; aber die Dynamik, die aus dem Publikum kommt, die bekommt man doch auf der Bühne irgendwie mit, oder?

PB: Das bekommt man schon mit und das muss auch sein - obwohl, ich hätte heute auch nichts dagegen, mit 'ner speziellen Band drei-vier Tage ins Studio zu gehen und mal wieder ganz anders zu arbeiten. Nur, das bezahlt in unserem Bereich keiner - das gibt's einfach nicht mehr. Gott sei Dank haben sich die modernen technischen Aufnahmemöglichkeiten heute so entwickelt, dass man sogar in schwierigen Räumen durchaus auch mit kleinerer Maschinerie aufnehmen kann. So hat sich da so ein Zwischending zwischen Studio und Konzertsituation entwickelt.

CJB: Da hat sich dann ja tatsächlich auch die Technologie verbessert - auch die Bühnentechnik. Wenn ich dran denke, wie das früher war, dass es da ja auch Probleme mit Rückkopplungen und so weiter gab - das ist ja inzwischen tatsächlich besser geworden. Aber die Aufnahme - und das ist jetzt wieder eine eher philosophische Frage - die erfolgt doch heutzutage nicht mehr über Bandgeräte, sondern auf solchen Digitalrecordern, wenn auch sicherlich elaborierter Art ...

PB: ... meistens, meistens ...

CJB: ... aber das merkt man dann nachher nicht? Da gibt es ja eine Diskussion über die beste Aufnahmetechnik, gerade wenn man ein analoges Instrument spielt.

PB: Na ja, natürlich – aber ich bin kein Technik-Mensch ... Ich hab' mich auch nie um diese Dinge gekümmert. Ich hab' gesagt: Macht das so gut wie möglich – natürlich hab' ich dann trotzdem irgendwann gemeckert – und dann haben die auch gemeckert ... Es gibt natürlich diese Analog-Freaks, die meinen, es müssen Analog-Maschinen sein – nur die sind heute ganz schwer zu bekommen. Die ganzen Analog-Studios haben auch zugemacht und man muss schon das nehmen, was man kriegt. Und ich denke auch, die Rolle der Mikrofone ist wieder eine ganz wichtige geworden – und wenn man da einen Typen hat, der sich auskennt, dann geht das schon ganz gut. Es ist natürlich ganz schön, wenn man nicht mehr so ein Ding vor der Nase hat, sondern zwei Stereo-Geschichten unter der Decke, die machen das dann für dich, und das ist schon ganz schön. Und gerade – um zurückzukommen auf's *Tentet* – wenn wir dann Situationen haben, wo der eine oder andere sich woanders hin bewegen will, dann ist es ganz schön zu wissen, die Dinger da oben, die machen das schon.

CJB: Wenn wir schon davon sprechen: Das glaubt man ja auch nicht, dass da kein Plan dahintersteckt, wenn man das *Tentet* manchmal so sieht. Ich habe da schon oft gedacht: Das ist ja teilweise wie eine Choreographie – aber die muss dann ja auch improvisiert sein: Die Leute kommen nach Vorne, stellen sich im Halbkreis auf, der eine geht da hin, der andere geht dahin – und dann werden ja auch Zeichen gegeben.

PB: Ja, manchmal gibt's das ...

CJB: Aber entsteht das dann auch aus der Situation heraus?

PB: Ja, nur – da ist nichts Geplantes.

CJB: Auch wenn dann die eine Abteilung unisono Einsätze spielt?

PB: Das ist ja auch – wie gesagt – das Kuriose, dass Leute nach dem Konzert kommen und sagen: Kann ich mal die Partitur sehen ... nein, aber das ist tatsächlich nichts. Wir reden zwar vorher miteinander. Aber eigentlich vielmehr Dinge, wie: Wie geht's dir – und wo warst du gestern?

CJB: Also tatsächlich gar nichts? Gut, keine Partitur ist ja schon klar geworden, aber auch keine groben Absprachen?

PB: Nein, keine Absprachen, das muss so funktionieren ... und das tut's dann ja auch.

CJB: Und es gibt auch keinen mehr, der da rebelliert? In den Interviews wird ja immer gerne das Stichwort Vandermark genannt, der das Notieren ja auch gelernt hat, wir haben ja schon drüber gesprochen.

PB: Na ja, Ken in seinen eigenen Bands schreibt – wie gesagt – schon richtig Stücke auf.

CJB: Aber er rebelliert nicht?

### Erneut: Information

PB: Nein, er weiß ja auch, dass er nicht da wäre, wo er jetzt ist, wenn er die letzten fünfzehn Jahre mit dem *Tentet* nicht gemacht hätte – er ist ja auch einer von denen, die am meisten davon profitiert haben. Als ich die ganzen Chicago-Leute – bis auf Hamid Drake – kennen gelernt habe – die hatten keine Ahnung. Die hatten von amerikanischer Musik vielleicht ein bisschen Ahnung, aber eigentlich wussten die auch nichts davon; ich musste einem Ken Vandermark auch erstmal sagen: Hör mal ein bisschen Sidney Bechet – oder: Hör mal Louis Armstrong – obwohl er einen Vater hat, der Journalist ist und Bücher schreibt über Jazz-Musik. Wir hatten ja mal durch das Goethe-Institut in Chicago so ein größeres Meeting: FMP-Leute und Chicago-Leute; da war Alex dabei, da war Kowald noch am Leben – also 'ne ganze FMP-Mannschaft war da – und da haben die zum ersten Mal gesehen, dass Musikmachen auch anders geht. Und Ken Vandermark spielte zu der Zeit mehr oder weniger in 'ner Rock 'n' Roll-Band in der Kneipe an der Ecke. Und seit dieser Zeit entwickelt sich da was ... das waren für die schon ganz neue Informationen, obwohl die in der Stadt von Sun Ra lebten; aber diese Informationen haben sich hinterher erst zusammen gesammelt.

CJB: Das sind erstaunliche Sachen, die ich da höre – man stellt sich immer vor, da sind Leute, die haben schon ihren musikalischen Stand – warum auch immer; und dann kommt jemand aus Europa und trifft auf jemanden, der schon seinen Stand hat. Aber hier wird ja deutlich, dass sich das in der Begegnung erst entwickelt.

PB: Ja, das kann ich schon sagen, dass diese Begegnung mit FMP wichtig war. Nun bin ich dann der Einzige gewesen, der regelmäßig wieder hingegangen ist und der ab und zu auch ein bisschen da gelebt hat ... Aber da haben die tatsächlich erst kapiert, dass es andere Möglichkeiten gibt ... Obwohl die ja auch das *Art Ensemble* in der Stadt hatten – nur waren die auch nicht mehr sehr aktiv.

## Abbruch der Kontinuität

CJB: Das ist ja dann auch wieder 'ne Generationenfrage – da kann die Entwicklung dann auch wirklich abbrechen an irgendeinem Punkt. Kontinuitäten zu halten, ist dann ja wirklich schwierig, insbesondere wenn kein Geld im Hintergrund ist.

PB: Ja, das ist natürlich auch der Fall gewesen. Erstens, weil manche Leute dann auch zu alt geworden sind – etwa beim *Art Ensemble* – und dann auch weggestorben sind – oder keine Lust mehr hatten, durch die Gegend zu reisen oder nicht mehr konnten. Dann gab's ja schon auch eine Art von Schule und es gibt noch ein paar, die in der Tradition weiterarbeiten. Aber die sind im Verhältnis zu dem, was mal war, relativ unbedeutend – da kommen keine guten Spieler mehr her ... und manche Dinge gehen auch einfach zu Ende ...

## Konkurrenz

CJB: Ja, manche Dinge gehen einfach zu Ende ... Aber nochmals zum Stichwort Konkurrenz. Wir haben ja eben über die Konkurrenz etwa zwischen den Plattenfirmen oder vorher schon allgemeiner von der Konkurrenz im Medienbereich gesprochen – wie ist das aber mit der Konkurrenz unter den Musikern? Ich meine, auf der Bühne gibt es ja sicherlich auch eine Art von Konkurrenz – etwa was die individuelle Ausdrucksweise betrifft oder was den Spielraum betrifft, den man sich verschafft. Die einzelnen Leute wollen sich ja zeigen – nochmals das Stichwort Egozentrik – die wollen ja auch ihre Kunst machen. Wie ist das?

PB: Das muss sein. Es gab das ja auch in früheren Zeiten, den Zeiten, in denen ich mich durchsetzen musste ... gerade mit den amerikanischen Typen. Als ich so mit den ersten schwarzen Saxofonisten gespielt habe, da sagten die dann schon mal: Ach, was will der kleine denn aus Europa, weiße Haut und deutsch auch noch - deutsch zu sein war ja auch nicht das allerschönste Schicksal, das man da haben konnte ... das waren richtige Fights - da ging's dann darum: je länger, je lauter - bis sie dann begriffen haben: Die können dich nicht unterbuttern - und dann gab's gute Freundschaften ... nein, auch innerhalb des *Tentets*: Wir haben nun mal etwa drei, dreieinhalb Saxofonisten ...

CJB: ... weil Joe McPhee auch Saxofon spielt.

PB: Joe - ich hab ihn ja lieber an der kleinen Trompete - aber das überlass ich natürlich ihm ... nein, es muss schon auch Kampf sein - und gerade bei den Saxofonisten haben diese Kämpfe ja Tradition - und das ist auch gut so[35] ... Gott sei Dank sind wir alle so verschieden: Mats und Ken ... Mats unser kleiner Macho ...

CJB: Der ist doch auch ein Rocker mit seiner Körperhaltung ...

PB: Ja, ja, er vermittelt den Eindruck ...

CJB: Und kommt er biografisch daher?

PB: Er hat früher mal was in dieser Richtung gemacht ... Obwohl, als ich ihn kennengelernt habe, da hat er schon Coltrane und so gehört. Aber er macht das gerne, er ist auch so ein Typ ... Ken und Mats, die sind beide gleich alt und haben 'ne ähnliche Figur - und wenn sie dann im Sommer in ihren T-Shirts rumlaufen ... die Leute meinen ja alle, die sind schwul, sowieso ...

CJB: Nee, da wär' ich jetzt nicht drauf gekommen.

PB: Es gab halt das Gerücht ... und Ken ist eigentlich so ein All American Boy aus dem Bürgertum und ganz gut erzogen - und sehr, sehr ernsthaft, wenn's um Musik geht, wenn's um Performance geht - ach furchtbar, manchmal nimmt er die Dinge einfach viel zu ernst.

CJB: Es kann aber eben keiner aus seiner Haut ... Aber wie weit geht denn nun diese Konkurrenz, gibt es da auch mal richtig Ärger? Also es geht mir

---

35 Deutlicher wurde Brötzmann im schon genannten Interview in *skug* (a.a.O. S. 12, vgl. *freiStil*. A.a.O., S. 8): »Die Musik ist auf der Bühne auch zum großen Teil Kampf. Bei allem Respekt, aber das sollte man lernen und wissen. Es gibt keine Freundlichkeiten, es gibt nur Musik.« Auf dieses Thema kamen wir gegen Ende des Gesprächs noch einmal zurück. Siehe unten S. 154-159.

jetzt hier nicht um Kolportage ... Aber auch in früheren Jahren, gab es da auch mal richtig Ärger?

PB: Och, es gab schon mal in früheren Zeiten fast physische Auseinandersetzungen mit dem einen oder anderen.

CJB: Darauf wollte ich hinaus ...

PB: Nee, im *Tentet* ist es nicht so. Manchmal wünsch' ich mir ein bisschen mehr Spannung. Also, es ist nicht so, als ob jetzt die große Freundschaft ausgebrochen ist – und es gibt auch gewisse Animositäten; manche können sich nicht allzugut leiden; bei manchen verändert sich das aber auch komischerweise ... ich sag's mal einfach – es ist ja auch kein Geheimnis: In anfänglichen Zeiten war da das Cello – Fred Lonberg – und die meisten konnten den nicht leiden. Also gerade Ken Vandermark und das Cello – irgendwie gab's da immer große Reibereien ... Inzwischen ist es aber soweit, dass Fred in der einen oder anderen Band von Ken spielt – also Dinge verändern sich ... manchmal sind die Leute aber auch ein bisschen zu freundlich zu einander.

CJB: Was ich beispielsweise immer denke, weil ich auch selbst Schlagzeug gespielt habe: Das muss doch schwierig sein mit den beiden Schlagzeugern; die sind doch so grundverschieden – also ich nehme das so wahr – auch optisch ...

PB: ... sind sie ...

CJB: ... das sind so unterschiedliche Charaktere – und meiner Erfahrung nach neigen Schlagzeuger auch dazu, die Sache im Hintergrund dominieren zu wollen, und da wundere ich mich doch, dass das über die Jahre so gut geht.

PB: Wir haben ja angefangen mit Michael und Hamid – und da war Hamid unbestritten immer die Nummer eins – weil, Michael ist ein wunderbarer Trommler, aber er ist nunmal, was seine Person betrifft, ein durchaus zurückhaltender Mensch.

CJB: Für mich kommt er ein wenig Hippie-mäßig 'rüber ... ich weiß nicht, ob das so stimmt.

PB: Ja, wie gesagt, die Familie kommt aus dem Irak, und er hat da seine ganzen Wurzeln; und weil ich inzwischen auch in diesen Ländern gewesen bin, versteh ich inzwischen auch, dass die Mentalität da eine ganz andere ist. Für die Leute dort ist Musik auch eine langfristige, fließende, immer während Angelegenheit ... und Hamid war erstens ein wahnsinnig guter Trommler, zweitens auch immer der Sonnyboy – und auch vom Auftreten her ganz anders ... Er war also unbestritten immer die Nummer eins – auch in Chicago – und die beiden haben in Chicago zusammen 'ne lange Geschichte. Und dann hat Hamid mal gesagt: Mensch, ich muss Geld verdienen, weil im *Tentet* gibt's einfach nicht viel zu verdienen – das ist nun mal so.

### Geld

CJB: Obwohl ich an dieser Stelle eigentlich nicht unterbrechen will: Aber macht das die Leute nicht zwischendurch auch mal sehr nervös? – Also, mich macht das immer sehr nervös, wenn ich Angst haben muss, dass mein Vertrag nicht verlängert wird.

PB: Ja, ich frag ja auch immer ... nach jeder Tour frag ich: Kinder, sollen wir weiter machen? Weil ich weiß, wie das ist ... Und ich komm mir ja auch manchmal ganz schäbig vor, wenn ich nur ein paar Scheine 'rüber schieben kann. Nun, in den letzten Zeiten gab es dann ab und zu auch mal ein ganz nettes Geld – aber es ist einfach für die Arbeit zu wenig. Weil, das ganze Geld geht in die gottverdammte Logistik. Wenn's mal gelingt, dann hast du 25.000 Euro, aber davon gehen dann schon 15.000 in die Reiserei und Hotels und so weiter, und dann bleibt wieder mal nichts übrig ... Ja, und da sagte Hamid dann eben mal nein – und ich hatte gerade angefangen, mit Paal Nilssen zu arbeiten – und da war er natürlich die ganz gute Lösung. Und Paal ist nun mal ein Kind der englischen Arbeiterklasse mehr oder weniger und da heißt es auch: Ich muss meinen Platz behaupten. Ich kenn' ihn ja, seitdem er siebzehn oder achtzehn war und da war er schon ein starker junger Mann. Und dann hatte er diese Krebserkrankung und war ein paar Jahre weg vom Fenster. Und er wusste auch nicht, ob es weitergeht – oder: Wie geht es weiter? Als er dann aber zurückkam, da war die Kraft, die er sowieso schon hatte, noch mal verdoppelt. Und das ist auch die unglaubliche Aktivität, Aggressivität auch – und dieser Vorwärtsdrang, der hat mit dieser kleinen Erfahrung einiges zu tun ... und er ist nun mal ein Typ, der einfach so losgeht, der auch wo ankommen will und da hat er nun ein etwas größeres Terrain für sich in Anspruch genommen – und viele von den Hornspielern spielen nun mal auch lieber mit ihm zusammen als mit Michael. Ich kenn' Paal ja nun auch seit vielen Jahren und er ist auch derjenige, mit dem ich in den letzten Jahren am meisten zu tun hatte in kleinen und großen Formationen oder, wenn es um Organisation geht, bespreche ich die Dinge mit Paal, die kleinen Platten-Geschichten – das mach ich alles mit ihm. Weil, er ist immer ansprechbar und ungemein verlässlich. Das ist so seine Persönlichkeit. Aber klar, es ist manchmal ein bisschen schwierig – da muss man sich das dann mal ein bisschen genauer angucken. Auf der anderen Seite weiß ich aber, dass Michael und Paal ein gutes Verhältnis zueinander haben – und die finden auch ihren Weg miteinander umzugehen, und dann ist das auch gut für die Band. Und nun sind – Gott sei Dank – in diesem Ten/Eleventet elf verschiedene Typen da – und da kommen wir wieder auf die Typen – und es hätte ja auch keinen Sinn, in solch einer Gruppe zwei Trommler zu haben, die mit gleicher Force nach Vorne gehen – und so ist die Dialektik wieder hergestellt, der Ausgleich da … insofern machen die beiden Typen schon Sinn.

CJB: Aber dazu gehört doch, das überhaupt zulassen zu können als Persönlichkeit, dass da jemand anders sich auch den Raum nehmen will – als Persönlichkeit, die sich ja ausdrücken will in der individuellen Art und Weise, die man nun mal hat – und dass das dann trotzdem funktioniert. Dass solch grundverschiedene Menschen aufeinander treffen, die noch dazu alle einen anderen biografischen und kulturellen Hintergrund haben, dass die sich sein lassen können …

## Respekt

PB: Aber das ist ja das Gute an der Jazz-Musik; darum geht's ja von Anfang an. Also, wenn du dich auf die Sache einlässt, dann ist das ja das erste, was du lernen solltest. Und wenn du mit vernünftigen Leuten zusammen bist, dann lernst du einfach, ein bisschen Respekt zu haben.

CJB: Stichwort ›Respekt‹, da waren wir ja schon mal bei diesen ›Werten‹ … (lacht) … aber wir leben doch in einer völlig respektlosen Gesellschaft.

PB: Aber gerade dann sollte man das um so mehr schätzen!

CJB: Ja, in der Tat. Aber was ist das: ›Respekt‹, ist das eine Charaktereigenschaft oder haben die Leute das erst gelernt?

PB: Na, ich denke, es müssen irgendwelche Voraussetzungen vorhanden sein – aber man kann das auch lernen … ja, man lernt das – und deswegen komm' ich ein bisschen auf früher zurück: Die Bands, die's gibt, die müssen reisen, die müssen unterwegs sein - die müssen auch mal im Hotelzimmer zu viert übernachten, weil's kein Geld gibt ... und die müssen sich auch mal zusammen besaufen, oder vielleicht auch mal zusammen in 'nen Puff gehen - so wie wir das früher gemacht haben ... na gut, das muss vielleicht nicht sein ... Aber um zu merken, dass andere Leute anders sind und trotzdem alles ganz wunderbar zusammenpasst, sind diese gemeinsamen Erfahrungen ungemein wichtig.

CJB: Es gibt ja beispielsweise dieses Lied von Aretha Franklin: ›Respect‹- das spielte eben gerade für die schwarzen Leute zunächst eine ganz große Rolle, Respekt zu fordern, Respekt war ja eine politische Forderung ...

PB: ... und das spielt heute noch eine große Rolle.

CJB: In dieser Situation, in der sich die Schwarzen befanden und immer noch befinden, da kann ich das verstehen, dass das dann auch bei den Jazzmusikern eine große Rolle gespielt hat als Wert - als politische Forderung - aber, wie gesagt, da draußen spielt es heutzutage überhaupt keine Rolle mehr, im Gegenteil: Respektlosigkeit ist angesagt ...

PB: ... das ist angesagt - aber gerade deshalb spiele ich auch so gerne in Japan, in China - weil es da noch anders ist.

CJB: Ist das so? Das ist ja eigentlich erstaunlich ...

PB: In Japan verschwindet's auch langsam - aber gerade jetzt in China war das eines der positiven Dinge[36]; es gab eigentlich eine Menge an positiven Dingen, die ich da gelernt und gesehen habe; aber eines der positiven Dinge war, dass man sehr respektvoll mit mir umging - und nicht nur mit mir, sondern auch mit Fengxia ... also, da hat die Kunst doch noch einen anderen Stellenwert.

CJB: Ist das denn so, dass man dort in der Kunst auch diesen Freiheitsgestus sieht, von dem wir ja schon gesprochen haben - oder sind die Leute dort erstmal zurückhaltender und sagen sich: Lass die mal machen, das schauen wir uns erstmal an?

PB: Also, in Japan kenn' ich mich eigentlich am besten aus, und da hab' ich diesen Respekt eigentlich von Anfang an gemerkt: Du merkst, dass du, wenn du sowas machst - ob das klassische japanische Musik ist, ob das ein Sumo-Ringer ist - alles, was in den Bereich der Tradition gehört - dass

---

36 Brötzmann tourte im August, September 2011 mit Xu Fengxia durch China und spielte dort mit einer ganzen Reihe von jungen chinesischen Musikern.

du da - gerade mit zunehmendem Alter - doch etwas besser respektiert wirst als hier ... Aber das hängt, glaube ich, mit der ganzen geschichtlichen Entwicklung zusammen - und was ich jetzt in China bei beiden Malen, die ich dort war, gemerkt habe, ist, dass man mir von Veranstalterseite - von Publikumsseite sowieso - aber auch von Leuten, mit denen man auf der Bühne zu tun hatte, dass man dort durchaus ein bisschen respektvoller behandelt wird, als man das hier so in unsern Breiten gewohnt ist ... Also - wie gesagt - von Japan weiß ich, dass wenn ein Mensch schon etwas Besonderes macht, und sich dafür entschieden hat, und das auch durchsetzt, dann ist da schon eine gewisse - Hochachtung vielleicht - zu spüren. Ich merke das an meinen älteren Kollegen, wie gerade jetzt Moriyama oder Satoh oder auch Michiyo Yagi als Frau, die gar nicht mal so alt ist - aber doch schon lange im Business und in Japan durchaus sehr bekannt ist - das ist schon ein anderes Verhältnis. Und hier hat man oft genug den Eindruck, man ist so der letzte Dreck - das hat mich aber eigentlich immer schon geärgert.

CJB: Also, ich denke, gerade die Deutschen sind nach wie vor nicht sehr offen - das war nicht nur in der desöfteren angesprochenen Adenauer-Ära so - hier neigt man doch zunächst mal zur Abwehr ....

PB: ... ja ...

CJB: ... gerade, wenn es um bestimmte Entwicklungen in der Kunst geht - ich will gleich noch auf die ›schlimmen‹ Beispiele Beuys und Brötzmann zu sprechen kommen ... ich weiß aber nicht, ob das hier in Deutschland wirklich schlimmer ist als anderswo.

PB: Ja, ich weiß auch nicht, ob ich recht habe - aber irgendwie kam's mir gerade im eigenen Land immer sehr eng vor ... ich habe ja nun doch einige türkische Freunde hier, und ich weiß, dass das ganz lebenslustige und offene Leute sind. Aber sobald man sich mit ihnen bewegt in der normalen deutschen Gesellschaft, kommt da so eine Abgrenzung, die eigentlich nicht von ihnen direkt ausgeht, sondern die einfach daher kommt, dass die Erfahrungen so sind, wie sie sind ... vielleicht sind wir Deutschen da wirklich nicht die angenehmsten.

CJB: Ja, das glaube ich allerdings auch ... aber darüber hinaus herrscht hier - wie in den meisten Teilen der Welt - weder Respekt noch Solidarität, sondern die Konkurrenz. Das Wort taucht ja nun schon zum wiederholten Male auf, wenn auch in verschiedener Bedeutung. Ich meine, hier in der sogenannten

westlichen Welt herrscht eben eine ungeheure Diskrepanz zwischen denen,
die aufgrund ihres Marktwertes Unsummen verdienen, und denen dann
nicht Respekt, sondern Bewunderung oder Neid entgegengebracht wird,
und denen, die sprichwörtlich am Hungertuch nagen ... es geht eben –
wie ja auch schon gesagt – nur um die ›großen‹ Dinge: Alles schart sich
dementsprechend um die ›großen‹ Dinge, den ›großen‹ Künstler, für den
gibt es die ›Bewunderung‹ und die, die nicht die ›großen Künstler‹ sind, sind
eigentlich gar nichts.

PB: Das ist ja bei uns (bei den Jazzmusikern (CJB)) noch nicht mal so
schlimm, weil's bei uns ja auch nicht um's Geld geht, jedenfalls nicht um
viel Geld. Selbst wenn beispielsweise Ornette mal für ein Europa-Konzert
seine vierzigtausend Euro kriegt, geht auch davon erstmal die Hälfte an
Reisekosten drauf ... na ja, und was bleibt ihm? Anders ist es beispielsweise
bei einem Anselm Kiefer: Der kauft sich einen Kühlturm von irgendeinem
Atomkraftwerk und baut da seine mystischen Geschichten ... aber, was
soll der Quatsch? Ich meine, ich schätze das ja im Grunde, was ich von
ihm kenne ... oder die Preise, die Richter für seine gar nicht mal so toll
gemalten Dinge bekommt ... Aber das sind Mechanismen, von denen sind
wir meilenweit entfernt – da brauchen wir uns gar keine Gedanken darüber
zu machen.

## Fluxus

CJB: Aber Stichwort ›bildende Kunst‹: Es gab ja diese Verbindungen von
Brötzmann zur Fluxusbewegung ...

PB: ... aber von den Jungs hat ja keiner Geld verdient.

CJB: Und was ist mit Beuys?

PB: Der hat ja nie dazu gehört ... er war ein durchaus wichtige Randfigur,
aber er hat nie dazu gehört – und Paik auch nicht. Er war zwar anfangs
durchaus mehr eingebettet als Beuys das war; aber Paik war immer ganz
bewusst, dass er seinen eigenen Kram macht. Er hat das gerne mitgenommen,
was er da erlebt hat; er hat auch die Auseinandersetzungen mit Maciunas
und George Brecht und all den Leuten mitbekommen und auch den Streit
zwischen Wolf Vostell und Fluxus beobachtet ... das war alles ganz prima.

CJB: Aber es stimmt ja, dass Brötzmann mal mit Nam June Paik zusammen-
gearbeitet hat?

PB: Ja, ja ... ich hatte das Vergnügen und die Ehre. Er hat ja auch seine erste große Ausstellung hier in Wuppertal in der Galerie Parnass gehabt. Das war noch, als er auf dem Weg zu den ersten Fernsehgeschichten war, die Zeit der präparierten Klavier-Geschichten unter dem Einfluss von Cage, kleineren Konstruktionen und den ersten Fernsehgeschichten ... Und da brauchte er immer Leute, die am nächsten Morgen seine Maschinen wieder ans Laufen kriegten – und ich war einer von denen. Und das war eine ganz gute, eine ganz, ganz wichtige Zeit für mich. Der Typ war ein ganz prima Kerl; da hab' ich viel gelernt bei ihm.

CJB: Und da ging's ja auch um die Verbindung zur Musik; spielte für ihn Musik da überhaupt noch eine Rolle – oder war das mehr nur ein Vehikel für anderes?

PB: Er war ja nach Europa gekommen, um richtig Musik zu studieren – hatte aber schon ganz klar andere Vorstellungen als die seiner Professoren; d.h., die haben ihn überall rausgeschmissen und dann hat er – genau wie ich – seinen eigenen Kram gebastelt und ist dann – mehr oder weniger aus Zufall – bei den Fernsehgeschichten gelandet ... weil – er war ja ein cleveres Kerlchen und hat gesehen: Okay, da ist die Zukunft! Er hat auch viel gearbeitet – obwohl mich die Fernsehgeschichten dann am Ende nicht mehr so sehr interessiert haben ... Aber das Gute an ihm, was ich ganz früh von ihm gelernt habe, war, dass er sich um den ganzen Rummel nie gekümmert hat ... Er hat sich ja wirklich nur totgelacht über die Leute, hat sich immer einen gegrinst ... Und er hat wirklich schöne Sachen gemacht – etwa die Buddha-Geschichten mit den Fernsehern, die ganzen Kleinigkeiten, die waren schon toll – und die Art und Weise, wie er es gemacht hat, das hat mir schon imponiert ... Und er hat mich dann auch mit Beuys zusammengebracht, und ich hab' dann auch – weil die Akademie nicht weit von hier war – alles mögliche von ihm gesehen. Ich war zwar nie so ganz von ihm überzeugt, aber er war schon 'ne beeindruckende Figur. Ich hab' neulich noch in Schweden 'ne kleine Ausstellung gesehen mit seinen Zeichnungen ... und das ist alleine schon gut genug, wenn das übrig geblieben ist ... Also, er war schon ein toller Kerl.

CJB: Aber Stichwort Beuys: Ich würd' mal sagen, dass, was Beuys in der bildenden Kunst an Provokation war – eine Figur, an der sich die Geister schieden – das ist ja doch der Brötzmann in der Musik – ohne das jetzt künstlerisch zu stark miteinander in Verbindung zu bringen. Aber das ist so meine Lebenserfahrung: Wenn Leute vor dreißig/vierzig Jahren auf der

Straße nach Beuys befragt wurden, dann kriegten die 'nen Herzinfarkt vor
Aufregung und Aggression – und das gleiche konnte einem passieren, wenn
man in Sachen Musik den Namen Brötzmann fallen ließ – dann wollten
manche Leute den Plattenspieler mit der Platte drauf kaputt machen ... Das
ist vielleicht eine ganz witzige Parallele, ist aber wahrscheinlich auch wieder
nur aus der Zeit heraus zu verstehen – der Zeit der siebziger Jahre.

PB: Das ist sicher so. Aber wir haben uns auch gut verstanden – ich hab'
ihm auch meine erste Platte geschickt, und ich hab auch noch ein paar
Briefe von ihm ... Also Paik in der bildenden Kunst und vielleicht Don
Cherry in der Musik: Das waren so die zwei Pole, von denen ich anfangs
am meisten profitiert habe. Und Paik kam dann auch zu uns nach Hause –
damals war ich ja auch sehr beschäftigt mit der Malerei – und Paik sagte: Ja,
Brötzmann, mach das! Und dann gab es eine Zeit, da hab ich nur Kreise
gemacht, und er sagte: Ja, Brötzmann, das musst du machen, dein Leben
lang ...

CJB: ... da gibt's ja den perfekten Kreis im Zen-Buddhismus ...

PB: ... aber natürlich hab' ich da nie drauf gehört ... Aber er wusste ja,
wie ich angefeindet wurde wegen meiner Musik. Und er kam auch zu dem
einen oder anderen Konzert in den Wuppertaler Club und sagte: Brötzmann,
mach mal, lass dich nicht beirren!

CJB: Aber noch mal zur Beziehung zu Fluxus bzw. zur bildenden Kunst im
allgemeinen: Gibt es da nicht doch eine größere Nähe, was die Strukturen
oder die Haltung betrifft? Es haben ja wenige Leute aus dem Bereich
improvisierter Musik oder des Jazz solch ein Verhältnis zur bildenden
Kunst, wie es ein Peter Brötzmann hat. Kann es in diesem Zusammenhang
vielleicht sein, dass die Strukturen, die in der bildenden Kunst, in der
Malerei eine Rolle spielen, sich in irgendeiner Weise abbilden in dem, was
musikalisch passiert? Sind das vielleicht vergleichbare Herangehensweisen,
die sonst keiner in dieser Weise hat? Denn wenn jemand vom Musik-Studium
herkommt, dann lernt er dort bestimmte Strukturen, die aber andere sind
als die, die er lernt, wenn er Kunst studiert. Man hat da ja eine ganz andere
Aufgabe – beispielsweise ein Bild zu malen. Kann es also sein, dass die
besondere Spielweise des Peter Brötzmann auch noch was mit dem zu tun

hat, was eigentlich in der bildenden Kunst passieren soll ... oder täusche ich mich da völlig?[37]

PB: Ja ... Aber es gibt ja schon ein paar Musik-Kollegen, die auch ganz wunderbare bildnerische Dinge machen ...

CJB: Bennink zum Beispiel ...

## Keine Grenzen

PB: Bennink ist ein herausragendes Beispiel ... Daniel Humair ist ein ganz wunderbarer Grafiker, er macht richtig gute, richtig schöne Radierungen ... eigentlich viele meiner Kollegen – allerdings im Laufe dieser Jahre auch mit mir zusammen vielleicht – haben im Laufe der Jahre ganz viel dazu gelernt. Nur, was für mich wichtig war – gerade in meiner Anfangsphase –, dass ich mit den richtigen Leuten zu tun hatte. Das war ja nicht nur Paik hier in der Galerie Parnass, das war ein ganz weites, internationales Angebot hier. Und es gab Wolf Vostell in Köln, die Fluxus-Leute sprangen hier rum, Maciunas in Wiesbaden, George Brecht in Köln, Emmett Williams war irgendwo, es gab ein paar Leute in Amsterdam ... und ich hatte das Glück, dass ich immer meine Nase da rein stecken konnte – und die lange Arbeit mit Paik,

---

37 Ich beziehe mich hier auf das Interview von 2003, das 2011 in der Zeitschrift *skug* veröffentlicht wurde (#88, 10-12 / 2011, S. 8-13, hier S. 12, vgl. *freiStil*. A.a.O., S. 7): *Skug*: »Diedrich Diederichsen hat einmal geschrieben, Maler verstehen deswegen mehr von Musik, weil sie einen klareren, geschulteren Blick auf die konzeptuelle Seite der Arbeit haben. Können Sie mit dieser These etwas anfangen?« PB: »Ja, insofern, dass man als Maler ein begrenztes Format hat und dieses Format zu füllen hat. Man muss schon einen Blick haben. Der Anfang ist eine ungeheuer wichtige Angelegenheit. Als Maler hat man ein Stück Papier, als Musiker einen Raum von Zeit, den man mit Spannung, mit dialektischen Geschichten zu füllen hat. Das ist vielleicht schon ein Vorteil. Musiker denken ziemlich linear. Ich denke, dass ich schon ein bisschen begriffen habe, wie das mit der Dialektik funktioniert, und dass ich weiß, wenn ich so anfange, wie es enden kann. Alles mit Fragezeichen. *[...]* Es ist ja auch beim Maler nicht anders als beim Musiker. Du fängst an und du hörst auf. Der Witz bei der ganzen Geschichte ist, auch zu wissen, wann man aufhören muss. Deswegen ist sowohl der Anfang als auch das Ende eine ganz wichtige Angelegenheit. Gerade in den jungen Jahren hat man manchmal das Maß einfach nicht, und dann gibt es diese peinlichen Situationen, wo sich ein Ende ans andere reiht. Das war mir immer fürchterlich peinlich, aber es passierte nun einmal. Im Laufe der Jahre lernt man damit umzugehen. Das gehört vielleicht auch dazu. Aber das Konzept ist ja vielleicht nicht nur eines, das man gerade in den Minuten der Arbeit hat, sondern das man für sich und sein kleines Leben im Kopf hat. Und wenn man da ein bisschen Bescheid weiß, wie das gehen soll, dann nützt das natürlich auch beim Musikmachen.«

die hat mich eigentlich nur darin bestärkt, dass es keine Grenzen gibt ...
dass es nichts gibt, was man nicht darf, was man nicht kann - dass es in der
bildenden Kunst nichts gibt an Material, das man nicht benutzen kann und
so weiter. Ich meine, das ist alles keine großartige Geschichte.

CJB: Aber das muss man ja erstmal wissen ...

PB: Und damals, vor fünfzig Jahren, war das natürlich schon gut, ein bisschen Rückendeckung zu haben - und diese Erkenntnis konnte ich natürlich
auf die Musik anwenden, während Alex und Schoof noch bei Zimmermann
studierten. Ich hatte da diese speziellen berufsbedingten Vorgaben - Hemmungen, die hatte ich nicht: Mir waren Harmonien scheißegal, mir waren
Lieder scheißegal ... na gut, wenn's denn sein muss, kommt mal eins. Ich
weiß noch, da gab's Sun Ra irgendwo in Frankfurt und ich stand da rum -
ganz jung und naiv - mit John Gilmore; und der hatte mich vorher gehört,
und der fragte mich: Brötzmann, wie machst du das? Da ist gar nichts! Da
ist kein Thema, da ist keine Harmonie, wie geht das? Ja, das wusste ich auch
nicht - aber es ging.

CJB: Aber das ist es ja: Musik ereignet sich in der Zeit und diese Zeit muss
man ja irgendwie ausfüllen, man muss die Zeit, die man zur Verfügung hat,
gestalten.

PB: Ja, man muss das Format, das man hat, irgendwie mit einem spannenden
Bogen füllen ...

CJB: ... wie ein Blatt Papier, das muss man auch irgendwie füllen - aber
das kann man hinterher wegschmeißen.

PB: Das ist das Gute am Papier, dass es hinterher in den Ofen wandert -
aber wenn du was gespielt hast, dann hast du es gespielt - das ist dann
der feine Unterschied. Aber insofern hatte ich natürlich 'ne viel offenere
Herangehensweise. Ich weiß noch, Alex' erstes *Globe-Unity*-Stück, das wir -
ich glaube '66 - aufgeführt hatten bei den Berliner Jazz-Tagen, das war
ja auch ein durchkomponiertes Ding - da hatte alles seinen Platz: von
Röhrenglocken bis ich weiß nicht was, und er hatte das ja nun bei Bernd
Alois Zimmermann und anderen - etwa bei Boris Blacher in Berlin - auch
alles studiert - und da kamen dann beide Seiten zusammen ... und ich
kümmerte mich um diesen ganzen Blödsinn auch gar nicht - und das war
durchaus ein Vorteil.

CJB: Aber das hatte doch was mit der bildenden Kunst beziehungsweise mit der Herangehensweise dieser Leute zu tun?

PB: Ja, ich war ja viel radikaler darum bemüht, Dinge zu zerschlagen, um was Neues zu basteln[38], während die anderen – das ist jetzt vielleicht ein bisschen grob gesagt – doch immer noch weiter auf dem aufbauten, was da war. Auf der anderen Seite, wenn man sich solch ein Stück wie *Machine Gun* anhört, dann ist das auch ein durchstrukturiertes Stück, und insofern ist es auch gar nicht die Sensation, für die es gehalten wird ... in der Instrumentierung vielleicht eher als das Stück selbst. Aber es hat sich dann so entwickelt – ich hab' ja auch von Anfang an immer versucht, mit größeren Ensembles zu arbeiten – und dann gab's auch mal Partituren, die waren manchmal meterlang. Und sicherlich hatte ich auch immer eine Vorstellung, wie die Band klingen sollte. Wenn da zum Beispiel drei Trompeten waren, dann war ich mir auch bewusst: Ich mach' jetzt was für die drei Trompeten – da ist kein Saxofon da, dann muss man das anders machen. Also, es ging schon um Klänge, um Klang – aber das war nur eine Seite der Geschichte – und es ist ja auch nicht schlecht, insbesondere wenn man nicht so erfahren ist, dass man 'nen Anfang und ein Ende hat, das ist ja nicht schlecht. Aber den Raum zwischen Anfang und Ende zu füllen eben mit diesem Bogen – und so Musik möglich zu machen, darum geht es. Also die Komposition oder

---

38 In diesem Sinne ließe sich der Begriff ›Kaputtspielen‹ interpretieren, der für manch einen ein Begriff zu sein scheint, der in angemessener Weise das charakterisiert, was Brötzmann und andere während der zweiten Hälfte der sechziger Jahre des 20. Jahrhunderts getan haben. Brötzmann selbst sagte im Gespräch dazu Folgendes: »Die Bedeutung hat sich dann durch verschiedene Zitate, Interviews, Journalisten-Gebrauch zum Negativen verändert. Für uns war das ja in diesem Sinne ein positiver Vorgang.« Nachdem CJB in diesem Zusammenhang auf den Begriff ›Dekonstruktion‹ verwiesen hatte, ergänzte Brötzmann: »Es gab ja auch in der bildenden Kunst in den sechziger Jahren diese Bewegung der ›Décollage‹, wo auch Wolf Vostell, der immer Verbindungen nach Frankreich hatte, mit beteiligt war. Da ging's ja auch darum, das Gegenteil von Collage zu machen. Und das musste einfach sein in diesen Zeiten.« Vgl. erneut Wright Hurley. A.a.O., S. 118: »Peter Brötzmann and the ›Kaputtspiel‹ (Playing Things to Pieces)«. Demnach geht die Rede von der »Kaputtspielphase« auf Peter Kowald zurück. Ekkehard Jost beschrieb diesen Vorgang folgendermaßen: »The main objective was to really and thoroughly tear apart the old values, this meaning to omit any harmony and melody; and the result wasn't boring only because it was played with such high intensity.« (Zitiert nach Wright Hurley, ebd.) Laut Bert Noglik, auf den Wright Hurley in diesem Zusammenhang ebenfalls verweist, habe Brötzmann die im folgenden dargestellte Auffassung von diesem Vorgang vertreten: »Brötzmann [...] distances himself from the idea that there was simply a ›phase‹, but rather maintains that a new way of playing was initiated then, which has continued to be important well beyond the 1960s.« (Ebenfalls zitiert nach Wright Hurley, ebd.)

'ne Score oder nur ein Stück Papier war ja für mich immer nur ein Mittel zu dem Zweck, die Jungs ans Spielen zu kriegen ... Was dann draus wurde, war ja völlig offen – ich hatte ja nie eine feste Vorstellung vom Klangergebnis, sondern ich wollte die Jungs – und das ist bis heute so geblieben – nur ans Spielen kriegen ...

CJB: Ich erinnere mich an eine Doppelsingle von FMP: »Der alte Mann bricht sein Schweigen«.

PB: Ja!

CJB: Und da wird Brötzmann als Komponist genannt – und da ist zumindest die eine Seite auch eine ziemlich durchgängige Sache ...

PB: Ja?

CJB: So ist das eben: Derjenige, der es hört, kann sich manchmal besser daran erinnern, als derjenige, der es gemacht hat.

PB: Auf jeden Fall ... doch, ich erinnere mich, da hatte ich so eine ziemlich simple Melodie ... ich glaub, ich hab' noch ein Exemplar – da muss ich doch mal reinhören ...

CJB: Aber bei solchen Sachen war doch auch dem letzten klar, dass das irgendwie organisiert war – oder komponiert im weitesten Sinne, sonst kann es doch nicht funktionieren, oder?

PB: Das war schon irgendwie auf einem Stück Papier aufgeschrieben ... doch, doch. Das war auch die Zeit, da hab' ich viel mit Fred van Hove in Belgien mit jüngeren Musikern gespielt, und da gab es schon aufgeschriebene Ideen – meistens grafischer Natur und ein paar erklärende Worte dazu.

CJB: Und da sind wir erneut bei diesem schönen Begriff ›Free-Jazz‹ – und wir haben ja schon gesagt, dass das ein problematischer Begriff ist, wenngleich er in den USA damals zumindest auf der politischen Ebene seine Berechtigung hatte, vielleicht auch auf der strukturellen Ebene, was die Musik betrifft. Also, es ging ja auch um die Befreiung von bestimmten strukturellen Vorgaben.

PB: Ich meine, man muss sich ja auch mal vergegenwärtigen, was musikalisch damals so los war. Damals war Jazz auch noch ein Faktor in der Medienlandschaft – sogar ein ökonomischer Faktor. Und da gab's *Blue Note* mit Art Blakey und Horace Silver – wie gesagt – und so wunderschön die Musik auch war und ist – und immer wieder ist: Aber es war natürlich 'ne Musik, die uns damals zu statisch und zu langweilig war. Es gab ein

Thema, es gab reduzierte Harmonien, es gab Chorus nach Chorus und das war's dann – und das konnte es für uns eigentlich nicht sein … da musste mehr her … da musste aufgelöst werden … da musste eigentlich das mal zu Ende gebracht werden und was Neues entstehen – wir dachten ja, wir machen was Neues … Ich meine, wenn ich mir das heute so angucke, die Geschichte der zweiten Hälfte des letzten Jahrhunderts, bis zu dem, was wir heute tun, ist das ja durchaus eine nahtlose Angelegenheit. Wir sind ja gar nicht so großartige Erneuerer gewesen, wie wir selbst und das Publikum das in den sechziger Jahren gedacht haben … wir dachten ja auch, wir drehen die ganze Sache 'rum und fangen von vorne an – aber das war's ja nicht.

CJB: Aber wo hat es denn sonst noch einen solchen Bruch gegeben?

PB: Ach, ich weiß nicht, vielleicht sind ein paar von den Europäern viel weiter gegangen als die Amerikaner … aber, ein Beispiel: Es gab dieses wunderbare Ornette-Coleman-Konzert in Stockholm[39], und das haben wir tausendmal gehört bei tausend Kannen Tee und konnten gar nicht genug kriegen – und wir dachten: Da bricht die Revolution aus … und wenn man das heute hört, dann ist das zwar wunderschöne Musik, aber: ein nettes Liedchen nach dem andern …

CJB: Ja, ja …

PB: Da war Coltrane in seiner späten Zeit viel weiter, oder … es gibt da eigentlich gar nicht so viele – Byard Lancaster, aber der ist dann auch verschollen[40] … Albert Ayler hat dann ein bisschen was in Bewegung gebracht, nicht weil er unbedingt das amerikanische System von Melodie, Improvisation, Melodie verändert hat, sondern weil er die Spielweise auf dem Saxofon verändert hat … Also, ich weiß noch, als ich zum ersten Mal Ayler hörte beim Berliner Jazz-Fest, stand ich da kurz neben Schmidt-Joos und der fragte mich dann – weil: alle waren ganz begeistert – was ich denn so davon halte. Aber mir war das damals zuviel Kirchenmusik, zuviel Choral – und das ist es dann ja auch geblieben. Und man hätte sich ja gewünscht – oder ich hätte mir ja gewünscht –, der hätte zum Beispiel genau wie Eric

39 *The Ornette Coleman Trio at the »Golden Circle« Stockholm*. December 3 & 4, 1965 (Blue Note): Ornette Coleman mit David Izenzon, Bass und Charles Moffett, Drums.
40 Davon, dass Lancaster nicht verschollen blieb, zeugen neuere Aufnahmen, die Brötzmann jedoch »ziemlich furchtbar« findet.

Dolphy[41] noch vierzig - fünfzig Jahre weiter machen können. Dann hätte man mal sehen können, was draus geworden wäre.

CJB: Apropos Eric Dolphy - ich hab' gestern Abend mal die *Out to lunch* 'rausgekramt und da fällt auf, dass die Musik doch sehr abstrakt daher kommt, Versatzstücke werden gegeneinander gesetzt - es hört sich alles sehr geometrisch und streng an.

PB: Ja, das waren Rechenspiele, die da in den Kompositionen gespielt wurden ...

CJB: Da wird dann der Rhythmus des Schlagzeugs plötzlich verdoppelt, während der Bass nur noch die Halben spielt ... alles sehr kalkuliert ... und dann hab' ich gedacht: das ist komisch - wenn ich das beispielsweise mit der Platte *Brötzmann, Van Hove, Bennink* vergleiche, dann fällt auf, dass die Musik hier doch auch gar nicht so energetisch daher kommt, sondern eigentlich sehr fein gegliedert: Da spielt dann Van Hove ein kurzes Thema, dann kommt Brötzmann dazu - und hört wieder auf - dann kommt Bennink für einen Moment - im Grunde aber alles doch sehr klar strukturiert. Erstaunlich präzise auch die Einsätze und Endpunkte mancher Passagen. Da geht es doch offenbar nicht um das, was man sich so allgemein manchmal unter ›Free-Jazz‹ vorgestellt hat: Dass die Leute zusammenkommen und alle gleichzeitig durcheinander losspielen, sondern dass man doch sehr deutlich identifizierbare Strukturen hat, die da zu hören sind.

PB: Die sind immer da, sind immer da gewesen - bloß, der Unterschied zu den Amis ist: Wir haben uns das nicht auf dem Papier ausgedacht, sondern

---

41  Nach dem Hinweis durch CJB auf die Platte *Last Date*, die Dolphy kurz vor seinem Tod mit Bennink und Misha Mengelberg aufgenommen hatte, erzählt PB folgendes: »Wir hatten ja hier das Mingus-Konzert - und da war Dolphy in der Band. Dieter Fränzel hatte das organisiert und wir hatten das Plakat gemacht. Und dann hatten wir nach dem Konzert alle eingeladen in unsere Künstlerkneipe, und da gab's dann Essen und Trinken - und Mingus war dann ganz schnell so besoffen, dass man ihn ins Hotel tragen musste ... aber da hab' ich dann die ganze Nacht mit Dolphy und Jacky Byard, dem Klavierspieler zusammen gesessen. Und das war für mich natürlich eine unvergessliche Nacht. Und danach ist Dolphy nach Amsterdam gefahren - die haben die Platte glaub' ich in Hilversum aufgenommen - und danach hatte er einen Job in Berlin im *Blue Note*, und da gab es auch eine Musikerwohnung ... und Dolphy hatte ja auch ganz stark Zucker - und keiner hat sich um ihn gekümmert - und da ist er dann ganz einfach irgendwie gestorben ... Ja, und ich hatte mich gewundert, als wir da die ganze Nacht gesessen haben in der Kneipe, dass der immer Zuckerwasser getrunken hat - doof wie wir damals waren ... wir hatten ja keine Ahnung ... besonders nicht von Krankheiten, die durfte es ja nicht geben.«

wir haben's gespielt, wir haben's während der Arbeit entdeckt – das war immer der feine Unterschied. Und das war's auch, was uns das Leben so schwer gemacht hat. Weil die Menschen – nicht die Zuhörer allgemein – sondern die Menschen, auf die man ja angewiesen war, weil sie drüber schrieben oder das auch im Radio spielten, nicht in der Lage waren, das so zu hören – oder es auch nicht wollten. Aber das war immer da ... Ich meine, in den letzten Jahren entdecken die Leute plötzlich, dass ich mal Balladen spiele oder ähnliches – aber ich hab' das immer getan, bloß keiner wollte es hören, weil die auch ihre Scheuklappen hatten und dachten: Ach, Brötzmann, das ist der ... und dann haben sie gar nicht mehr weiter hingehört ... Nee, das ist der feine Unterschied zwischen amerikanischer und europäischer Auffassung – ein bisschen vereinfacht ausgedrückt. Das hat eigentlich Cecil Taylor ein bisschen begriffen. Der fing ja auch an mit wunderschönen Platten mit Jimmy Lyons – Stücke, abstrakte Geschichten auch, diese ganzen ausgedachten Gegenbewegungen und so weiter ... Aber dann, je mehr er nach Europa kam, hatte er seine langen Geschichten, seine langen Chorusse, seine Performances im Endeffekt – wobei er immer ein Konzept hatte, das schon – aber er hatte immer sehr viel Freiraum in diesem ganzen Bogen gehabt. Aber das ist, wenn ich da mal ernsthaft drüber nachdenke, der einzige, der das so gemacht hat ... Ich denke, da hat er von unserer Herangehensweise doch ein bisschen was gelernt. Und heute? Zeitgenössische amerikanische Jazz-Musik, über die man sagen muss, dass es sich dabei größtenteils um eine ausgesprochen reaktionäre Entwicklung handelt – das alte System: Thema – Improvisation – Thema und so weiter.

### Verstehen

CJB: In diesem Zusammenhang: Ich hab' im letzten Sommer ein Interview mit Archie Shepp gelesen, in dem er gefragt wurde, was denn da in seiner Entwicklung passiert sei – denn immerhin sei er ja mal einer der Vorreiter des sogenannten ›Free-Jazz‹ gewesen und jetzt würde er wieder Standards spielen; woraufhin er sinngemäß antwortete: Musik müsse von seinen Leuten (d.h. den Schwarzen) verstanden werden – und diese Musik, die er eine Zeitlang gespielt habe, die hätten sich ja nur noch die Weißen angehört – und da frage er sich: Für wen soll ich diese ›alte‹ Musik – also die aus der Zeit des Free-Jazz – noch spielen – für die Weißen etwa? Seine Mutter habe ihn damals schon gefragt, ob er weiter diese ›Musik ohne Melodie‹ spielen wolle, und da habe er das Gefühl gehabt, dass sie nichts verstanden habe von der Botschaft, die er verbreiten wolle.[42]

PB: Das ist doch Quatsch ... das ist totaler Quatsch! Ja, aus vielen Gründen ist das Quatsch. Erstens: Ob er in den Staaten oder ob er in Europa oder sonstwo Standards oder seinen ›alten‹ Kram spielt, es war immer ein weißes Publikum - und dann ist das natürlich auch eine Illusion, die da zum Ausdruck kommt. Er kommt natürlich aus den Sechzigern und da war es natürlich die Notwendigkeit für ›seine‹, das heißt, die schwarzen Leute zu spielen - aber die wollten einen Scheißdreck hören - die wollten Funk und ich weiß nicht was hören, bloß wollten die keinen Archie Shepp. Seine Erfolge hatte er hier in Europa vor einem ›gebildeten‹ - oder halbwegs gebildeten - Publikum ... Und er hat wunderschöne Sachen gemacht - ich erinnere mich an das Konzert in Donaueschingen beim Festival mit den zwei Posaunisten - Rosswell Rudd und Grachan Moncur - und Jimmy Garrison, Beaver Harris - das war so ein wunderbares Konzert[43], aber es war doch keine ›Free-Music‹ in dem Sinne wie wir das verstehen, sondern es waren Standards, es waren Themen. Er hat ja, wenn man seine ganze Diskographie durchgeht, immer Stücke mit Improvisationen gemacht - also althergebrachte, formelle Angelegenheiten - und ob er heute Standards spielt oder damals seine Stücke

---

42  Wörtlich sagte Archie Shepp folgendes: »Thelonious Monk sagte, er wolle eine Musik schaffen, die nicht von den *white boys* imitiert werden konnte, nach der Epoche des *Swing*, in der Goodman, Dorsey und all die anderen großen weißen Orchester die Musik geplündert haben, die von den Schwarzen - wie Count Basie und Duke Ellington - geschaffen worden war. [...] Paradoxerweise war das Publikum dieser [neuen schwarzen (CJB)] Musik wiederum eher weiß als schwarz. Das ist einer der Gründe, warum ich aufgehört habe, total frei zu spielen und begonnen habe, wieder Standards zu interpretieren. Ich habe immer zuerst das Bewusstsein gehabt, für meine Leute zu spielen. Also hatte ich, als meine Mutter mich fragte, ob ich weiterhin diese ›Musik ohne Melodie‹ spielen wolle, das Gefühl, dass sie nichts von meiner Botschaft verstanden hat ... Wenn meine Leute mich nicht verstehen, für wen spiele ich dann? Für die Weißen? Die brauchen mich nicht. Die haben schon Boulez und Schönberg.« *Archie Shepp. Jazz à l'âme.* - In: *philosophie*, No 51, Juli / August 2011, 88-91, hier 91. (Übersetzung aus dem Französischen: CJB)

43  Im Rückblick auf das Konzert findet sich in einem Artikel in *Der Zeit* vom 31.05.2007 folgende Darstellung: »Es war der Auftritt des Archie Shepp Quintetts bei den Donaueschinger Musiktagen, am 21. Oktober 1967. Dreißig Minuten Geräuschchaos, Brüllen des Saxofons und der beiden Posaunen, ein Peitschen des Schlagzeugs und Treiben des Basses, eine Orgie des Free Jazz, die das Publikum zu Reihen aus dem Saal trieb.« Darauf angesprochen sagt Brötzmann: »Quatsch - aber glücklicherweise war man da noch unterschiedlicher Meinung, ab und zu ... aber man kann das ja auch auf der Platte nachhören, es ist wirklich immer noch ein wunderbares Konzert.« (erschienen bei MPS: *Archie Shepp. Live at the Donaueschingen Music Festival*)

wie *Fire Music* – es waren Themen mit Improvisation, und das Ganze lebt einfach von seinem Ton, von seiner Phrasierung, von dem, was *er* daraus macht. Und es ist auch furchtbar egal, ob irgendwer heute Standards spielt oder was auch immer – die Hauptfrage bleibt: Was macht er draus, was macht er damit … Ich meine, Monk hat auch nichts anderes getan, als sein ganzes Leben lang seine fünfundvierzig Titel, die er geschrieben hat, 'rauf und 'runter zu spielen. Aber bei jeder Performance war's eben ein anderes Stück … also darum geht es. Also Archie, er hätt's ja gerne – nur, erstens kann er die Standards kaum noch spielen – also es tut mir leid, er hat auch Schwierigkeiten mit den Lippen, dann klappt das mit dem Ansatz nicht mehr so – und dann fängt er an Klavier zu spielen, fängt an zu singen und das ist alles ganz furchtbar, ehrlich gesagt, und das tut mir auch leid, das mit ansehen zu müssen … Aber die Antwort auf die Frage ›für wen spiele ich?‹ ist total irrelevant. Da kann ich fragen, wen ich will – meine ganzen schwarzen amerikanischen Kollegen haben immer nur für ein weißes Publikum gespielt – und das macht natürlich den einen oder anderen auch fertig … Bloß, es ist einfach so, es ist so in den Staaten und hier in Europa sowieso: Die Erfolge – und zwar alle – die haben sie nur in Europa gehabt oder in Japan. Und wenn sie ein bisschen schlau waren und die richtige Plattenfirma hatten, dann konnten sie über den Umweg auch in ihrem eigenen Land was anfangen – aber da gab's auch nur ein weißes Publikum.

CJB: Aber, Grundsatzfrage: Musik muss verstanden werden? Was heißt das?

PB: Das ist auch so ein Quatsch … ich weiß nicht, was ich damit anfangen soll – nee, nichts muss verstanden werden, was soll der Quatsch? Ich weiß auch nicht, was da zu verstehen ist.[44]

---

44 Zum Thema ›Verstehen‹ sagt Brötzmann im Film *Soldier of the Road* folgendes: »Ich fühle mich schon als ein Deutscher – ich bin ein Deutscher. Ich kann meine Urspünge nicht leugnen und ich denke, dass die preußische Erziehung, die ich – ob ich das wollte oder nicht – von meinem Vater erhalten habe, immer noch eine große Rolle spielt, was meine Art und Weise betrifft, Dinge zu tun, mein Leben zu gestalten. Natürlich könnte ich leicht sagen, ich bin ein Weltbürger oder ein Bürger dieses Planeten oder solchen Bullshit – nein, ich bin ein Deutscher und als ein Deutscher bin ich innerhalb des europäischen Kontextes und lebe in der europäischen Kultur. Und ich bin sicherlich kein Amerikaner und sicherlich kein schwarzer Amerikaner – ich habe diese Wurzeln einfach nicht und ich bin mir dessen sehr bewusst – ich bin halt ein Mitteleuropäer. Die Sprache, die man spricht und die Art zu leben formt dich eben und deshalb: Ich habe soviel in Japan gearbeitet beispielsweise und ich fühle mich dort auch sehr zu Hause, ich mag die Lebensart der Japaner – aber ich habe es aufgegeben, ihren Way of Life zu verstehen. Und wenn ich beispielsweise mit Hamid (Drake) und Nasheet (Waits) oft über den Weg der schwarzen

CJB: Na ja, es ist eigentlich schon klar, was damit gemeint ist. Man hat da eine schöne Melodie, die ›geht in's Ohr‹, man ›swingt mit‹ oder singt mit – es gibt ja schon einfachere Musik.

PB: Ich weiß gar nicht, ob das eine Frage von Gewohnheit ist – oder von Erziehung – oder ob Teile des Gehirns sowieso so orientiert sind, dass ein netter Dreiklang besser klingt als Dissonanzen, ich weiß nicht, ob man das anders aufnimmt, ›von Natur aus‹.

CJB: Ja, es gibt die Behauptung – ich habe mich da mal mit einem Hirnforscher auseinander gesetzt, die haben solche Ansichten … [45] Und deswegen werden auch in der Werbung oder bei bestimmten ›Hits‹ nur ganz bestimmte Harmonien verwendet …

PB: … klar, klar …

CJB: … ein Siebener-Akkord ist da schon zuviel für die meisten Leute – angeblich, angeblich hören die meisten Leute da schon eine Dissonanz und steigen aus. Wenn ich dagegen an das Konzert in Wuppertal letztens denke[46], da saßen neben uns zwei Frauen, die hatten so etwas noch nie gehört – da war aber eine solche positive Dynamik im Publikum und da sind sie bis zum letzten Moment geblieben.

PB: Aber darum geht's ja … Anderes Beispiel: Wir waren ja eine Woche später in Kaliningrad. Das war das zweite Konzert dieser Art dort – in einem alten Theater, das sie leider ganz verschandelt haben mit neuem Interieur – aber immerhin ein schönes kleines Theater – und das war voll. Und der Veranstalter war sehr unsicher und fragte: wollen wir wirklich eine Pause machen? Es war 'ne Bar da, und wenn 'ne Bar da ist, macht man auch 'ne Pause … Aber die Leute sind, bis auf ganz wenige Ausnahmen, geblieben … Also mit dem Verstehen ist das so eine Sache. Verstehen kann man ja auch über alle möglichen gefühlsmäßigen Geschichten – es heißt ja nicht,

Amerikaner diskutiere, und auch, wenn ich versucht habe, das zu verstehen oder eine Vorstellung von dem zu bekommen, was es sein könnte – es wird immer gewisse Dinge geben, die ich einfach nicht verstehe. Und ich denke, dass das auch gar nicht der Punkt ist: Worauf es ankommt, ist, mit dem zu leben, was du hast – mit den Wurzeln, die du hast – und zu versuchen, das Beste aus dem zu machen, was du hast, mit all denen, die um dich herum sind.« (Übersetzung aus dem Englischen: CJB)

45 Siehe *C.J. Bauer: Schönheit und Bildung. Über die Abschaffung der historischen Wissenschaften durch die Hirnforschung. –* In: *Kunstzeitung.* Ausgabe 185, 1/2012, S. 6.

46 Februar 2012 mit Fred Lonberg-Holm und Paal Nilssen-Love. Die Dynamik im Publikum hatte natürlich mit der Dynamik auf der Bühne zu tun – man kann die Wirkung der drei Musiker bei diesem Konzert nur als charismatisch bezeichnen …

dass es über irgendwelche Erklärungen geht, über irgendwelche logischen Geschichten, die irgendwie in den Kopf reinkommen, da überträgt sich ja, ich weiß nicht aus welchen Organen, alles Mögliche ... aber ›Verstehen‹? Ich muss doch, um beispielsweise Wagner schön zu finden, ihn nicht verstehen, ich muss es einfach hören ... Ich muss höchstens bereit sein, mich auf irgendwas einzulassen.

CJB: Ja, ich glaube, genau daran mangelt's: an der Bereitschaft, sich einzulassen ... aber überall auf der Welt kann es daran mangeln - oder eben nicht ... Aber das ist natürlich ganz schwierig bei jemandem - und jetzt komm ich noch mal auf den politischen Aspekt der Sache mit Archie Shepp -, der früher in den sechziger Jahren mal gesagt hat: Was ich hier mache in der Kunst oder in der Musik das hat auch einen bestimmten befreienden Gestus: Hier geht es um den Kampf gegen Unterdrückung und so weiter, und der dann sieht, dass das, was er tut bei den Leuten, die befreit werden sollen, gar nicht ankommt, dann gibt es da natürlich ein Problem, das kann man sich psychologisch ganz gut erklären ... Ich weiß ja nicht, was da heute so los ist im schwarzen Publikum, aber es gibt ja doch eine ganze Menge verschiedener Musik - von HipHop bis sonstwas - und HipHop ist ja auch manchmal ganz schön anstrengend, besonders in den radikalen Spielarten.

PB: Also ich bin ja öfter in Chicago - und wenn ich dann da bin, lädt mich der Corbett[47] in seine Klassen ein - Musik und bildende-Kunst-Klassen - dann geb' ich auch mal so ein bisschen Lectures und erzähl' denen was. Und da gibt's ganz gemischte Klassen - viele Asiaten, reiche Asiaten - früher waren es die Japaner, heute sind's die Chinesen; die schicken ihre Kinder da hin - dann gibt's aber ab und zu zwei/drei schwarze Leute, meistens aus Mittelschichtfamilien; und wenn ich dann versuche - was ich immer tue, wenn ich über Musik rede -, auch auf die Wurzeln zu kommen, denn ohne Blues geht nichts, ohne Duke Ellington wäre auch kein Archie Shepp möglich und so weiter, dann fragen die: Wer war Charlie Parker? ... Also, was hören die heute? Ich weiß es nicht ...

CJB: Aber dann ist es doch ein Bildungs-Ding ...

PB: Ja, ist es sicher. Der Zugang, der muss da sein, und der Zugang geht am besten über 'ne vernünftige Schule - das ist ja hier unser Problem auch, das

---

47 Gemeint ist John Corbett, Journalist, Veranstalter (u.a. künstlerischer Leiter der Berliner Jazzfests 2002 und des Empty Bottle Jazzfestivals in Chicago), Musiker, Dozent, Produzent, Galerist.

hatten wir ja schon ... Und dann gibt es dort ja auch Universitäten, die ausschließlich für Schwarze vorgesehen sind. Mein Trommlerfreund Nasheet Waits war beispielsweise in der Nähe von Atlanta auf einer solchen Uni, die wirklich sehr gut sind, und wo man auch alles lernt - aber das heißt immer noch nicht, dass die mit einem geschichtlichen oder Kulturbewusstsein da 'rausgehen oder dass die da schwarze Kultur gefressen haben müssen, sondern die versuchen, wie alle anderen, einen guten Job in der Wirtschaft zu kriegen oder sonst wo ... und hören HipHop. Aber was man hier an schwarzer Musik hört bei MTV, da geht's eben - wie gesagt - nur um Titten und Ärsche und sonst um gar nichts ... dagegen hatten die ersten Texte doch alle 'ne politische Aussage und es gab starke Geschichten[48] - und auch musikalisch waren die doch durchaus rau und ungeschliffen - und da hätte es ja durchaus losgehen können. Aber denen ist passiert, was immer in allen möglichen - sagen wir: Pop-Geschichten passiert: Die werden eingekauft - ich weiß das von einer Freundin in New York, die im Musikbusiness tätig ist - und die haben die Gruppen damals in Kurse gesteckt, wo sie gelernt haben, mit Messer und Gabel zu essen und so weiter. Dann wird das vermarktet und dann wird das geglättet und dann wird ein bisschen Glimmer drüber gestreut ...

## U- und E-Musik

CJB: Noch mal zum ›Verstehen‹: Das ist halt immer solch ein Anspruch ... und in diesem Zusammenhang fällt mir diese unsägliche Unterscheidung zwischen sogenannter E- und U-Musik ein und die ebenso unsägliche Unterscheidung zwischen ›Kopf‹- und ›Bauchmusik‹ - mit dieser Unterscheidung konnte ich allerdings noch nie in meinem Leben was anfangen. Aber es wurde auch in meiner Umgebung immer wieder gesagt - auch wenn es um kompliziertere Spielarten des Jazz ging: Das sei doch nur etwas für den Kopf, da könne man ja nicht Tanzen und so weiter - aber ganz viele Leute beharren ganz vehement auf dieser Unterscheidung.[49]

PB: Ja, diese Leute haben auch noch nie was kapiert ...

---

48  In diesem Zusammenhang sei nochmals auf das schon genannte Buch von *Lawrence Stanley: Rap: The Lyrics: The Words to Rap's Greatest Hits* (New Jersey 1992) verwiesen.
49  Vgl. dazu Wright Hurley in Bezug auf die Unterscheidung von U- und E-Musik und die Auseinandersetzung zwischen Adorno und Berendt. A.a.O., S. 24-34.

CJB: Aber das ist ja auch unsere Nachkriegskultur, nämlich zu sagen: Da gibt es die Pop- oder auch Volksmusik auf der einen Seite und dann gibt es die Musik, da setzt man sich ins Konzerthaus und zieht sich 'nen feinen Anzug an.

PB: (lacht) Ja, ja . . . .

CJB: Ich bin jedenfalls mit dieser Unterscheidung groß geworden.

PB: Hätte ich auch sollen, aber Gott sei Dank habe ich mich davon früh abgeseilt.

CJB: Aber eben auch die sogenannte ›Free-Jazz-Musik‹ wurde in meiner Umgebung immer wieder als ›Kopf-Musik‹ behandelt.

PB: Das ist klar, und das wurde auch so propagiert … Na ja, und sicherlich ist der Zugang nicht der aller einfachste. Es ist natürlich leichter, wenn man 'ne Melodie, die einem bekannt vorkommt, im Kopf hat … das kommt aber sicherlich auch daher, weil die Leute von vornherein in ihrer Rezeption so eingeengt sind. Also, ich meine, einen weiteren Range an Informationen gegenseitiger Art, als es bei unserer Musik der Fall ist, kann es doch eigentlich gar nicht geben – vielleicht noch bei Gustav Mahler und Riesensymphonien . . . . Also, ich weiß nicht, ob man's lernen kann – wieder ein Beispiel: Ich war jetzt in Hamburg und hab' da mit einem Pianisten, mit dem ich zum letzten mal vor zwölf Jahren zusammengespielt habe, ein Duo gespielt in der Musikhalle – sehr schön – war ein kleiner Saal, aber voll – nette Leute, junge Leute – weil: Das wurde organisiert von der Film-Klasse in der Akademie und deshalb waren viele junge Leute da, die den Kram wirklich noch nie gehört haben. Und hinterher kam dann – was ja auch immer schön ist – 'ne ganze Gruppe kleiner Mädchen, die aus irgendeinem Grund ganz begeistert waren … Nun wird diese Musik ja immer gerne auch als Männer-Musik bezeichnet.

CJB: Ja, danach wollte ich natürlich auch noch fragen …

PB: Und dass das nicht so sein muss, dafür war das ein sehr angenehmes Beispiel. Und auch in Japan ist es ganz anders, da ist das Publikum eigentlich halb und halb besetzt. In Polen ist es ganz anders – das hatten wir ja schon erwähnt – und wir waren ja jetzt mit dem Trio auch wieder dort in einem Club, in dem ich jedes Jahr mindestens einmal bin, und wo inzwischen 'ne ganze Reihe von jungen Damen in der ersten Reihe sitzen – also, das sind doch ganz positive Zeichen.

CJB: Bei uns zu Hause gibt es da ja ganz unterschiedliche Reaktionen auf diese Art von Musik. Während meine Frau sagt, sie könne bei diesen Konzerten immer ganz wunderbar entspannen, bin ich der Ansicht, dass die Musik doch gerade von der Spannung lebt ... Also ich muss mich da zunächst einmal konzentrieren, um den Dingen zu folgen. Also für mich ist die Spannung zentral in dieser Musik.

PB: Also das ist ja auch von uns so gewollt – es ist ja nicht so eine relaxte Vor-sich-hin-Spielerei. Wir sind schon hundert Prozent da, und ohne diese Konzentration, diese Fokussierung beispielsweise auf uns drei – wie zuletzt mit Fred und Paal – daraus was Vernünftiges zu machen, wird es auch nicht gehen ... da platzt nicht nur körperlich alles mögliche – das heißt, dass durch diese doch ziemliche Anstrengung, Konzentration auch im Kopf etwas passiert ... bloß auf der anderen Seite kann ich das mit der Entspannung beim Zuhören auch verstehen – und vielleicht reagieren Frauen da auch ein bisschen anders als wir ... wenn man die Idioten da so arbeiten sieht (lacht), dann kann ich mir das gut gehen lassen im Publikum ...

CJB: Vielleicht ist das ja auch eine Art von Katharsis, die man durchlebt, wenn man sich dem musikalischen Geschehen hingibt ...

PB: Da gab's auf unserer letzten Tour auch eine Dame mittleren Alters, die Yoga-Lehrerin ist. Die sagte auch, sie sei so vollkommen leer danach – wie ich das im übrigen auch bin, wenn ich da eine/eineinhalb Stunden gearbeitet habe: Dann ist alles weg ... und ihr ging's offensichtlich genauso gut dabei – also: Es ging ihr gut dabei ... und das ist doch gar nicht so übel!

CJB: Wobei meine Frau sagt, beim Hören der CD sei das was anderes.

PB: Das ist so ...

CJB: Das ist was anderes, weil die Gleichzeitigkeit des Geschehens fehlt – da ist eine größere Distanz – und das Nebenherhören – das ich übrigens gut kann – das könne sie überhaupt nicht ... entweder sie lässt sich auf die Musik ein oder es geht nicht.

PB: Das mit dem Nebenherhören ist vielleicht wirklich eine Frage der Gewohnheit. Wenn ich mich erinnere: Coltranes *Ascension* zum Beispiel. Da haben wir da gesessen – Nächte, Nächte und haben das gehört und gehört. Und dann kommt man in die Staaten in irgendein Diner irgendwo in Atlanta – weiß der Teufel – und da spielt im Diner zum Frühstück *Ascension*

... unsereiner war beim ersten Mal doch ein bisschen erstaunt, das zum Spiegelei serviert zu bekommen.

CJB: Ja, aber es verbreitet sich ja 'ne Stimmung: Die Musik füllt das Zimmer – und wenn man eine gewisse Atmosphäre haben möchte, auch bei der eigenen Arbeit, dann ist das ja durchaus förderlich – dann kann ich das auch als Hintergrundsound gut hören ... aber das können dann viele – gerade was Brötzmann-Musik betrifft – gar nicht.

PB: Das höre ich auch – aber auf der anderen Seite habe ich ein paar Künstler-Freunde, Bildhauer, Maler, die unter anderem meine Musik auflegen und arbeiten.

CJB: Wobei da auch, was die Bewegung betrifft, 'ne gewisse Verwandtschaft da ist ...

PB: Möglicherweise ...

CJB: Denn gerade was das Trio (Brötzmann, Lonberg-Holm, Nilssen-Love) betrifft, das war ja doch körperlich unglaublich präsent – ich hab' lange schon sowas nicht mehr gesehen – beim *Tentet* etwa verteilt sich das mehr – aber beim Trio war das ...

PB: ... sehr konzentriert ...

CJB: ... sehr konzentriert. Das kam sehr geballt rüber ... und, wenn ich das noch sagen darf, ich hab mich auch über Lonberg-Holm sehr gewundert. Der ist ein bisschen wie ein Chamäleon – nicht nur, dass er jedes Mal anders aussieht ...

PB: ... (lacht) das stimmt ...

CJB: Ich sah ihn vor dem Konzert da 'rumlaufen und dachte: Ist er das? Aber der war – aus meiner Sicht so drin, war so aufmerksam, guckte die ganze Zeit 'rüber zu den beiden Kollegen, sehr intensiv ...

PB: ... ja, ja ...

CJB: ... und selbst mit seiner E-Gitarre – ich dachte, was kommt denn jetzt ...

PB: (lacht) ... wir sind ja großzügige Leute ... nein, ich denke auch, das waren ganz gute Konzerte ... aber – kleines Geheimnis – auf der Tour hat er manchmal Fehler gemacht: Da hat er versucht, Gitarre zu spielen, was er aber nicht kann ... aber da haben wir auch drüber geredet: Wenn ich zum Beispiel – es muss ja alles auch mal ein bisschen 'runterkommen –

ein bisschen balladeskes Zeug gespielt habe und er dann versucht hat, auf der Scheiß-Gitarre mich zu begleiten, dann wurd's peinlich ... er weiß ja schon, was er tut, aber das ging gar nicht - und ich hab's ihm gesagt und er hat's auch eingesehen. Aber solange er das als Maschine benutzt, mit der er Klänge erzeugen kann und da 'rumfummelt, weiß der Teufel, solange ist alles prima - da hab' ich nichts dagegen. Und für die schönen Sachen kann er ja Cello spielen.

CJB: Ja, da gab's in Wuppertal kurz vor Schluss ein längeres Stück, das - ich nenn das mal so - sehr harmonisch war ...

PB: ... ja, ja ...

CJB: ... und das war doch sehr hübsch.

### Sonst schläft man ein

PB: Ich meine, Fred ist ja von Anfang an im *Tentet*, und er kommt ja nicht, wie die anderen Leute aus der Jazz-Musik; er hat ja Komposition und Cello studiert bei allerlei Zeitgenossen in New York und dann war er in Kalifornien bei Fred Katz - einem Cello-Spieler, der früher auch bei Chico Hamilton und so weiter auftauchte - aber ein sehr seriöser Spieler. Also, er hat - und das macht ihn dann wieder so interessant und so wichtig auch für's *Tentet* - viel mit zeitgenössischer Musik und Kunst zu tun gehabt; und er war mir persönlich auch immer eine ganz wichtige Figur im *Tentet* und ist es noch immer, weil er die Dinge mal aufmischt und ganz andere Weg geht. Und er ist im *Tentet* - wie schon gesagt - auch angefeindet worden; aber ich hab immer zu ihm gehalten und inzwischen haben die anderen auch kapiert, worum es geht. Mich interessieren ja solche nicht einzuordnenden Leute immer - über die ganzen Jahrzehnte hinweg - und deswegen: was immer Keiji Haino macht und ob das mal gelingt oder nicht, aber er ist 'ne ganz wichtige Figur innerhalb der zeitgenössischen Musik, ob das Rock-Musik ist oder unser Kram - er ist 'ne ganz wichtige Figur, weil er eine ganz unverwechselbare Art und Weise hat, 'ne unverwechselbare Stimme ist in dem Ganzen, die einen selbst immer wieder vor Herausforderungen stellt - und das ist wichtig, sonst schläft man ein ... Oder früher: Ich hab mal 'ne Zeit lang viel mit Phil Minton gemacht und mit Michel Waisvisz, dem Elektroniker aus Amsterdam. Und solche Figuren - nicht Randfiguren - aber Figuren, die nirgendwohin passen, die sind schon ganz wichtig - sonst besteht die Gefahr, und das ist auch wieder so ein Human Factor, dass man sich mit dem zufrieden gibt, was man hat, und das ist natürlich tödlich für jede Entwicklung.

CJB: Das sagen viele Leute - nicht nur Künstler -, dass es dann Probleme gibt, wenn man sich einhaust, wenn man sich zufrieden gibt, wenn man nur noch das macht, was man immer schon gemacht hat.

## Man braucht jemanden, mit dem man sich auseinandersetzen kann

PB: Und das ist in der bildenden Kunst auch noch viel problematischer, weil die ja vor Ort oft niemanden haben, mit dem sie sich auseinandersetzen müssen. Das heißt, die sind nur mit sich selbst beschäftigt - und dass man dann ab und zu mal den bequemeren Weg geht, vor allen Dingen, wenn's sich dann auch noch gut verkauft: Da muss man sich selbst manchmal ganz schön in den Hintern treten.

CJB: Was aber oft nicht geschieht ... es gibt da Leute, die gehen nicht mal mehr in andere Ausstellungen - da passiert dann auch nichts mehr ...

## Krautrock

CJB: Wir sprachen eben schon mal über die erste *Globe-Unity*-Platte. Daran ist auch interessant, dass dort zwei Leute mitgespielt haben, die dann für die Entwicklung der Rockmusik in Deutschland wichtig geworden sind ...

PB: ... Jaki und - Neumeier ...

CJB: ... der sogenannte ›Krautrock‹ - einmal bei *Can* und einmal bei *Guru Guru*. Das ist ja das, was wir damals in den Siebzigern auch noch gehört haben - das war ja so die andere Seite neben den Jazzern. Und Jaki Liebezeit ist auf dem Sektor ja bis heute 'ne Größe.

PB: Ja, ja ...

CJB: Der hat ja bei einigen internationalen Pop-Produktionen der achtziger und neunziger Jahre mitgespielt und die Gruppe *Can* hatte einen ungeheuren Einfluss in England ...

PB: ... in England - und in Japan vor allen Dingen auch. Japan hat ja alles gefressen, was in diesen Zeiten aus Europa kam. Da turnt jetzt immer noch

*Amon Düül* 'rum - ich weiß zwar nicht, ob er überhaupt noch lebt[50], aber vor sieben, acht Jahren hab' ich ihn noch gesehen mit seiner alten Dame – immer noch im selben Leder.[51]

CJB: Na gut, ich weiß nicht, ob da jetzt immer noch was passiert …

PB: In Japan machen diese Leute immer noch die Häuser voll, deswegen … also *Guru Guru*, meine Güte, ich seh' Neumeier ab und zu … Wir haben auch zwischendurch sogar mal zusammen gespielt da bei ihm - er wohnt ja bei Heidelberg auf dem Land und er hatte mal einen Job in Mannheim besorgt.

CJB: Es ist nur interessant, dass aus dem *Globe Unity Orchestra* Leute rausgegangen sind in andere Richtungen. Ich weiß nicht, ob beide auch studiert haben - Jaki Liebezeit hat wohl?

PB: Ja, der hat richtig studiert, bei Christoph Caskel, der damals der Hauptschlagzeuger für die zeitgenössische Musik war, guter Typ - und Jaki: er konnte ja alles, nur er konnte nicht swingen - deswegen war er in der Rockmusik auch gut aufgehoben … ein lieber Kerl auch, aber er swingte überhaupt nicht …

CJB: Dafür war er mit seinen Rockrhythmen aber tatsächlich wegweisend; da hat er bestimmte Sachen offensichtlich ganz aus sich heraus entwickelt.

PB: Doch, er hat ganz spezielle Dinge für sich 'rausgefunden … er hat ja auch seine Trommelschule da in Ehrenfeld oder wo und hat allerlei Schüler, und er hat tatsächlich einige Trommelgeschichten erfunden, er ist schon eine interessante Figur … zu Neumeier fällt mir nichts Neues ein - es war zwar nett, dass wir damals wieder mal miteinander gespielt haben, aber ich würde ihn nicht zu irgend einem Job einladen, nee … da ist auch wenig übrig geblieben von der alten Frische.

CJB: Kürzlich ist eine Neuauflage von ›Tago Mago‹ von *Can* aus Anlass des Jubiläums erschienen: Vierzig Jahre ist das jetzt her. Da sind ja zwei

50  Brötzmann bezieht sich hier auf Chris Karrer, den Saxofonisten und Gitarristen von *Amon Düül*, der neben John Weinzierl und Lothar Meid derjenige war, der den Sound der Band wesentlich bestimmt hatte. Zu erwähnen ist, dass hier die Rede von *Amon Düül II* ist, die sich von der Gruppe *Amon Düül* abgespalten hatte, weil diese zu wenig konzeptionell arbeitete und sich, so die Kritik der Dissidenten, zu offen zeigte für musikalischen Dilettantismus.

51  Brötzmann irrt sich, was die Datierung der Japan-Tour betrifft. *Amon Düül* spielten zuletzt 1995 eine größere Japan-Tour. Mit der »alten Dame« ist Renate Knaup gemeint, die seit den Anfängen von *Amon Düül II* Ende der sechziger Jahre - mit Unterbrechungen - Sängerin der Band ist.

Stücke drauf, die – nach LP-Maßstäben – über 'ne ganze Seite gehen und die eigentlich – ja was? Improvisationen, Collagen? – enthalten. Und ich glaube, da waren diese Leute gar nicht so weit weg von dem, was im Jazz-Bereich auch stattgefunden hat.

PB: Das glaub' ich gerne. Es gab ja auch in der Zeit, als wir anfingen uns zu etablieren, solche Rockgruppen in Köln, in Mannheim, mit denen ich dann auch regelmäßig gespielt habe. Es gab beispielsweise einen Geiger in Düsseldorf – Volker Hombach hieß der[52] – und der spielte in der Kneipe, die Mack und Piene[53] in den Zeiten damals ausgerichtet hatten. Da war ich öfter; und mit den Leuten aus Süddeutschland hab' ich eigentlich viel gemacht – mit Edgar Froese ...

CJB: ... *Tangerine Dream* ...

PB: ... *Tangerine Dream* dann später – der sitzt immer noch in Kalifornien an seinem Swimming Pool und amüsiert sich – hoff' ich ... Ich mein', ich hab' ja eigentlich nie was ausgeschlossen – deswegen ist dieses puristische Image, das ich anscheinend habe, auch total unsinnig.

CJB: Ja, wie schon gesagt, das wird immer mal kolportiert ...

PB: Das schreibt einer vom andern ab – ich meine, ich hab ja immer mehr als alle anderen ausprobiert!

CJB: Gab es denn auch in den letzten Jahren mal Kollaborationen mit Leuten aus dem Bereich jenseits des Jazz?

PB: Es gibt hier – oder gab – 'ne Wuppertaler Band, die so ein bisschen was Avantgardistisches machte – und Kowald hatte mit denen mehr zu tun. Und Kowald rief mich eines Tages an, und fragte: ›Brötzmann kannst Du nicht mal ein Solo spielen? Ich hab' die Jungens hier im Studio ...‹ und ich fragte: ›Ja, was zahlen die denn?‹ – ich war pleite damals – und dann hab' ich mir ein Horn geschnappt und bin dahin, in irgendein Wuppertaler Studio, und hab' 'n Solo gespielt, das die dann später draufgemixt haben – und mit mir war noch die mongolische Sängerin – Sainkho Namtchylak, mit der Kowald 'ne Zeitlang was gemacht hat, die (lacht) musste auch Geld verdienen, die durfte auch ein Solo singen – und dann war das 'ne erfolgreiche Geschichte – zumindest hier in Nordrhein-Westfalen, weil die Radios auf einmal ganz wild darauf waren ... da hatten sie die drei Namen, Kowald, Brötzmann

52 Volker Hombach spielte Geige, Saxofon und Flöte u.a. bei *Tangerine Dream*.
53 Gemeint sind die Düsseldorfer Künstler Heinz Mack und Otto Piene.

und Sainkho Namtchylak - und das wurde 'ne Zeitlang viel im Radio gespielt ... das gab's tatsächlich. Aber das ist auch wieder so ein typisches Beispiel: Machst Du einmal aus finanziellen Gründen so einen Krampf im Endeffekt, wirst du laufend im Radio gespielt - und auf der anderen Seite arbeitest du dein ganzes Leben lang für etwas seriösere Angelegenheiten ...

CJB: ... und nichts passiert ...

PB: ... und nichts passiert. So geht das in unserer Welt ... wenn ich ja vielleicht ein bisschen cleverer wäre, dann wüsste ich ja, wie's geht ...

CJB: Ja, aber das hab' ich auch noch nicht 'rausgefunden komischerweise ... Aber noch mal zurück zur Rolle von Nam June Paik und abgesehen vom künstlerischen Einfluss: Solche Leute wie Nam June Paik, die einen bestärken, braucht man doch auch, wenn die Zweifel kommen.

PB: Natürlich, aber da waren auch meine amerikanischen Kollegen. Selbst Leute wie Lee Konitz kamen nach dem Konzert zu mir, denn er wusste, ich war ein bisschen deprimiert, weil die Leute sagten: Was für eine Scheiße, das geht nicht und so weiter ... und da kam Lee Konitz und sagte: Brötzmann lass dich auf nichts ein - mach deinen Kram! Und da waren die Amis - wie vorhin schon erwähnt - auch viel offener und sahen das nicht so eng.

CJB: Aber nun kann Kritik ja auch positiv sein - auch eine negative Kritik kann einen ja durchaus anstacheln. Ist das denn auch vorstellbar?

PB: Ja, leider gibt's das viel zu selten. In der Jazz-Musik haben sich ja auch immer viele Leute getummelt, die sowohl sprachlich als auch geistig Amateure waren ...

CJB: (lacht)

PB: ... doch, doch ... man hat auch oft gar nicht mehr hingeguckt. Es gab ein paar Leute, wie den Werner Burkhardt, der saß in Hamburg und hat für die *Welt* geschrieben - oder für die *Süddeutsche* auch ... Es gab schon ein paar Leute, die man ernst genommen hat, und wo man, wenn man Negatives las, sich Gedanken gemacht hat.

CJB: Das ist ja auch eine Form von Dialektik, das aufzunehmen ... es gibt ja eine dumme Kritik, klar, die völlige Abwehr - aber es gibt auch eine intelligente Form von Kritik.

PB: Es wäre ja schön, wenn es viel mehr Auseinandersetzung gäbe – aber das ist ja auch verkommen oder kommt eigentlich überhaupt nicht mehr vor ... aber es gibt eben auch kein Forum mehr.

CJB: Ich weiß leider viel zu wenig über die Situation im Bereich Jazz und improvisierte Musik ...

### Joachim Ernst Berendt

PB: Ich meine, ich hab' mich immer mit Berendt gestritten, aber er war wenigstens noch ein Mann, mit dem man sich streiten konnte.

CJB: Aber warum musste man sich mit ihm streiten? Wegen der Musik, die man machte? Oder weil er dann seinen komischen New-Age Kram verbreitete?

PB: Nee, nee, das war davor – was dann später kam, da muss man nicht mehr drüber reden, nein, nein ... Was mir ja beispielsweise immer auf die Nerven ging, hatte mit der Musik gar nichts zu tun – aber er kehrte immer so seinen verborgenen jüdischen Background heraus – und Leute, die das bei irgendwelchen öffentlichen Diskussionen verkündeten, die waren mir immer suspekt ... das ging immer in die Hose.[54] Ich will ihm auch wirklich gar nicht zu nahe treten – und er hatte ja anscheinend wirklich einen kleinen Background und er hat natürlich, da er zur Nachkriegsgeneration gehörte, auch viel damit zu kämpfen gehabt – und ich kann mir auch vorstellen, dass seine Liebe zur Jazz-Musik auch durchaus durch diese Erfahrung gefeatured wurde. Denn es geht bei der Jazz-Musik – zumindest in den Ursprüngen – ja um Unterdrückung und Befreiung – und da wurde dann diese Gemeinsamkeit zwischen den Schwarzen und den Juden entdeckt. Also, ich will ihm wirklich nicht zu nahe treten, aber in seinen späteren

---

54 Interessant ist, dass auch Andrew Wright Hurley diese Verhaltensweise Berendts im Kapitel *Postwar Jazz Interest as Philosemitism?* kommentiert – und zwar als Inversion der von den Nazis vorgegebenen Verbindung von Schwarzen und Juden: »Berendt – who in his memoir entertains the idea that his forebears were Jewish and identifies a characteristically ›Jewish‹ trait in his activities promoting jazz – was not the only postwar West German jazz writer whose writings bore the hallmarks of a form of philosemitism, however. In the late 1950s, for example, Alfred Rosenberg also revealed in the notion of jazz being a ›musical *Mischling*‹, thereby repeating but inverting the trope used by the Nazis. Beyond this re-evocation of the link between jazz, Blacks, and Jews however, postwar West German jazz discourse intersected with preexisting discourses about race in other complicated ways.« Siehe *Andrew Wright Hurley: The Return of Jazz.* A.a.O., S. 65.

Jahren – in seinen Publikationen und in Interviews – da tauchte es mir dann aber zu oft auf ... das ist ähnlich wie das, was ich bei John Zorn nicht leiden kann, dass er, wenn's nützlich ist, diesen halb-jüdischen Background 'rauskehrt und den richtig vermarktet – das find' ich zum Kotzen. Ich finde das eigentlich peinlich, damit hausieren zu gehen ... Ich hatte ja auch meine Art, mit der Vergangenheit umzugehen. Beispielsweise habe ich keine deutschen Schriftsteller mehr gelesen – und durch meine Amsterdam-Connections wurde ich viel mit Leuten jüdischen Ursprungs konfrontiert – und vielleicht hat man das auch tatsächlich ein bisschen gesucht, weil man ja mit der Geschichte irgendwie fertig werden musste – und vielleicht auch deswegen meine kindliche Zuneigung zu der schwarzen Musik, da gab's ja genug Parallelen. Nur sollte man mit diesen Dingen heutzutage sehr vorsichtig sein.

CJB: Ja, und dann ist die Sache natürlich auch gekippt. Nachdem viele Schwarze sich in den USA zum Islam bekannt hatten und von dieser Seite Kritik an Israel laut wurde, ist diese Projektion einer Einheit von Schwarzen und Juden als Verfolgte und Unterdrückte ja auch zerbrochen – und heute gibt es hier in Deutschland Leute, die den Antisemitismus bei den Schwarzen denunzieren – und natürlich bei den Arabern – und dann hat man es plötzlich mit ganz anderen Frontstellungen zu tun ... abgesehen davon, dass man sich dann offensichtlich als Deutscher wieder so richtig wohlfühlt, wenn man mit dem Finger auf andere zeigen kann, die angeblich jetzt die wahren Antisemiten sind.

PB: Ja, das ist ein ganz schwieriges Thema – aber gerade diese amerikanische Geschichte, die ist nicht so ganz einfach – und die wird auch nicht einfacher, denn da regelt sich ja nichts ... gut, in der *Black-Panther*-Zeit waren ja auch viele Musiker Mitglied der *Black-Panther* und da ging's natürlich gegen Israel – aber im Endeffekt ging's gegen die amerikanische Politik ... und heute drehen sich da so viele Dinge: Wenn man mal ein bisschen genauer hinguckt, wie sich die Bevölkerungszusammensetzung verändert – wenn ich jetzt etwa durch Chicago gehe, im Gegensatz zu vor zwanzig Jahren: In gewissen Vierteln wird nur noch Spanisch gesprochen und die Schwarzen sind sowieso irgendwo am Rande – noch mehr am Rande. Und das Mittelstandsbusiness wird übernommen von den Asiaten – seit Jahrzehnten schon, Koreaner, Japaner, Filipinos, was alles sich da angesiedelt hat ... da ist soviel Hin-und-her-Geschiebe im Gange.

CJB: Aber noch mal zurück zu Berendt ...

PB: Ja, Berendt hing halt immer mit der ganzen amerikanischen Clique zusammen – mit George Wein, der ja auch Veranstalter des Newport Festivals war, und mit Paul Ackett oder dem Typen von *Stimme Amerikas*, Willis Conover[55], die so eine gewisse Sorte von Jazz propagierten, die, wie wir dachten, in dieser Zeit bereits überflüssig geworden war. Also, das war schon eine gewisse Mafia, und wir – ob das nun wir Europäer waren oder unsere schwarzen Freunde – dachten, da gehört nun etwas anderes hin … also Berendt schaute uns – er schaute mir – einfach viel zu viel nach Amerika.

CJB: Und, nicht zu vergessen, dass das Jazz-Festival in Berlin ja auch eine politische Funktion haben sollte …

PB: Ich meine, da war der Kalte Krieg im Gange und in Berlin war das schon ein politisches Zeichen. Da saß ja auch immer der Bürgermeister wenigstens bei einem Konzert in der ersten Reihe mit seiner Dame – damals hatten die noch ›Damen‹ im Abendkleid – und der amerikanische Botschafter war da. Gut, die Ellington-Band auf der Bühne … aber das war schon so …

CJB: Wright Hurley bezeichnet Berendt in diesem Zusammenhang auch als einen »enthusiastic Cold Warrior«.[56]

PB: Also, ich weiß nicht, ob Berendt sich darüber wirklich im Klaren gewesen ist. Wir haben durchaus ab und zu über Politik geredet bei den Meetings – aber von dieser Konfrontation war eigentlich nie die Rede – vielleicht hat er das gar nicht gemerkt.

CJB: Aber er war in seiner Funktion Teil dieser Konfrontation, ob er das wusste oder nicht.

PB: In seiner Funktion war er ein Teil dieser Gegenüberstellung – auf jeden Fall …

CJB: … sonst hätte es das Jazz-Fest auch nicht gegeben …

PB: … mit dem finanziellen Aufwand, nein … auf der anderen Seite, verglichen mit anderen europäischen Promotern war er natürlich einer der ersten, der Albert Ayler hierher gebracht hat … aber letztlich ging es bei der ganzen Sache mit Berendt darum, dass wir die Dinge ganz unterschiedlich verstanden haben. Also, ich muss im Nachhinein sagen: Was er getan hat beim Südwestfunk und bei den Jazztagen, dafür hat er meinen Respekt, das

---

55 Unter Conover wurde Jazz demnach regelrecht als »Cold War secret waepon« (Frank Kofsky) benutzt. Siehe *Andrew Wright Hurley: The Return of Jazz.* A.a.O., S. 51-53.
56 Ebd.

auf jeden Fall. Wahrscheinlich war es einfach so, dass wir miteinander nicht
auskamen. Wahrscheinlich war ich auch nicht einer von denen, die - wie die
meisten andern - ihm gleich auf die Schultern geklopft haben - das kann
schon 'ne Rolle spielen ... aber sonst hat er gute Arbeit gemacht, da kann
man nicht meckern.


## Das Gegenfestival

CJB: Und dann gab es die Sache mit dem Berliner Gegenfestival 1968[57]. Ich
kenne einfach die Gründe nicht wirklich, die dazu führten - das Ganze fand
ja statt im *Quasimodo*?

PB: Die erste Veranstaltung fand im *Quasimodo* statt und das war einfach
eine Reaktion darauf, dass wir so langsam ein bisschen im Kommen waren -
nicht nur die west-deutschen Leute, sondern dieser Dreierzirkel von West-
Deutschen, Holländern und Engländern - und wir fanden uns einfach nicht
repräsentiert auf diesem großen Festival. Außerdem ging es uns natürlich
auch darum, dass wir nicht im Smoking auf der Bühne stehen wollten.
Wir wollten auch nicht für - wer war damals Bürgermeister? weiß der
Teufel! - und für Damen im Abendkleid die Musik spielen.[58] Wir wollten
was anderes machen, genauso wie wir auch die Plattenproduktionen selbst
in der Hand behalten wollten.[59] Wir wollten direkt an unser Publikum
gehen, wir wollten das auch anders veranstalten als dieses große Festival ...

---

57  Vgl. ebd., S. 116-124.
58  Vgl. ebd., S. 122. Man wollte also nicht nur nicht vor Würdenträgern in Anzügen und
    Abendkleidern spielen, man wollte diese Art von Kleidung auch nicht selbst auf der Bühne
    tragen müssen. Genau das verlangte aber Joachim Ernst Berendt von den Musikern, die
    bei den Berliner Jazztagen auftraten. Der *Spiegel* vom 23.09.1968 beschreibt unter der
    Überschrift »Wohlklang nein« diesbezüglich das Brötzmann-Oktett als »achtköpfige Horde
    wilder Free-Jazz-Männer, die - bereits verpflichtet - wegen ihres optisch beleidigenden
    Bühnenhabits von den diesjährigen ›Berliner Jazztagen‹ relegiert wurde, [...]« In *Sounds*
    (#8, September 1968) schrieb Rainer Blome: »Berendt wollte sauber gekleidete Musiker,
    das war Bestandteil eines Vertrags, in dem es darum ging, dass eine bestimmte Gruppe
    von Musikern (nämlich das Brötzmann Orchester) für das Publikum der Berliner Jazztage
    musizieren sollte. Da Brötzmann die saubere Kleidung seiner Orchestermusiker natürlich
    nicht garantieren kann, dürfen die Besucher der Berliner Jazztage seine Musik nicht hören.
    Als Kompromiss bot Berendt an, Brötzmann solle doch als Gast im Don Cherry Orchester
    spielen. Und hier beginnt die neue Ära: Peter Brötzmann sagt ab!«
59  Hier bestätigt sich nochmals, was oben schon als Bestandteil einer vagen Vorstellung von
    ›Kommunismus‹ beschrieben wurde: die Verfügung der Produzenten über die Produktions-
    mittel. S.o. S. 23.

aber es war eine klare Sache: Wir wurden nicht berücksichtigt, und wir wollten irgendein Podium haben; und auf lange Sicht – oder auf längere Sicht – wollten wir auch an den Geldtopf, der in diesen Jahren nun wirklich ganz gut gefüllt war. Das waren so die Hintergründe – aber es gab auch eine durchaus ideologische Abgrenzung von dem, was beim großen Berliner Jazz-Fest passierte. Die drei, die ich eben genannt habe – Wein, Ackett und Berendt – waren natürlich ein ganz starkes Triumvirat hier in Europa, die schoben sich die Pakete untereinander zu. George Wein hatte auch von Oscar Peterson bis Ray Charles – Count Basie – all das, was einen Namen hatte, und was auch Geld versprach, unter Vertrag ... Und die wurden dann auf den großen Festivals, die ja auch nicht unter Geldmangel zu leiden hatten damals, 'rumgeschickt – und wir waren entweder gar nicht vorhanden oder im Abfall. Und das wollten wir nicht, das passte uns nicht – und deswegen dann die Eigenversuche. Und wir hatten ja damals schon die Connections zu dem Giorgio, dem Chef vom *Quasimodo*, wir hatten da ja auch schon kleinere Jobs gemacht – und '68 hatten wir dann zum ersten Mal ein ganzes Wochenende gepachtet und hatten alles, was an europäischen Leuten für 'n Appel und 'n Ei vorbei kommen wollte, eingeladen. Ich denke, ich war da mit John McLaughlin und mit Laurie Allan, einem Trommler aus London, der später in die Rockszene abgewandert ist ... Ja, mit McLaughlin war das lustig – das war das Wochenende, wo er den Anruf von Miles Davis kriegte – und da war er verschwunden ... (lacht)

CJB: Also, das wusste ich nun gar nicht, dass es da überhaupt mal eine Beziehung gab ...

PB: Doch, doch, wir kannten uns ja alle – die Engländer nahmen ja auch diese Trennungen nicht so ernst. Es gab da den alten Mann Derek Bailey und es gab aber auch diesen jungen, aufstrebenden Mann, der ein bisschen anders spielte, und das war John McLaughlin.

CJB: Ein bisschen anders ist gut ...

PB: Ja, ja, ich meine – er hatte 'ne andere Vorstellung und das gefiel mir eigentlich sehr gut, weil es mehr in die spielerische Abteilung passte, die mir auch ein bisschen näher lag als die doch etwas intellektuelle Art und Weise, wie Derek seine Geschichte handhabe – und das war eigentlich ein schönes, kurzes Vergnügen ... Aber eine andere Begegnung an diesem Wochenende – Gunter Hampel war auch da mit seiner Band, ein paar

Holländer, auch Engländer[60]: da tauchte dann etwas später ein rundlicher, ein großer, stattlicher schwarzer Mann mit Afro-Frisur auf - damals war das ja notwendig - und der spielte Gitarre und sagte dann: »Ich bin Sonny Sharrock.« Und Sonny war in diesen Jahren unterwegs mit der Herbie Mann-Band und die hatten einen Job beim großen Festival - und er hatte gehört, da ist irgendwo was los und kam 'rein - und wir haben uns gut unterhalten ... und er ist, glaub' ich, auch kurz eingestiegen bei Gunter Hampel - und das war die erste Begegnung mit Sonny - und da waren wir natürlich alle auch ganz stolz und froh ... Und das Ganze war ein Publikumserfolg - klar, ein kleiner Laden, aber es war voll und es war der Teufel los: Die Musik lief, und es war eigentlich alles in unserm Sinne ... Und dann fing auch an, was sich später eigentlich etabliert hat, dass die Presse mehr und positiver über unsere Anti-Aktivitäten schrieb als über das eigentliche Festival. Das war natürlich Berendt ein Dorn im Auge, aber ein paar Jahre später kam es dann auch zur ersten Zusammenarbeit mit dem Festival in Person von Berendt und Ihno von Hasselt, der damals zuerst Fahrer war und Mädchen für alles - und Ihno hat uns über die ganzen Jahre hinweg eigentlich immer gut beraten und uns gut geholfen. Das muss man auch mal betonen, denn ohne ihn wär' vieles nicht gegangen. Und weil wir auch größere Pläne hatten und dafür mehr Geld brauchten, haben wir dann ein Arrangement mit dem Festival getroffen, weil diese direkte Konfrontation - das wurde uns ja auch klar - das ist weder im Sinne der Musik, noch in unserem ... also, was soll der Scheiß. Young and foolish, wie wir waren, haben wir dann aber auch dazugelernt, und das hatte gar nichts mit einer Bequemlichkeit zu tun, oder damit, dass sich die Fronten hätten aufweichen lassen durch einen etwas größeren Scheck - das war nicht so: Wir hatten unsere Bedingungen, und die musste das Festival auch akzeptieren - und wir haben unsere Geschichten weiter gemacht. Und später, als es richtig groß wurde - die Jahre im *Quartier Latin*, die ja nun wirklich ganz hervorragend waren - kam es aber auch so weit, dass einige Gruppen beim Jazz-Fest gespielt haben - *Globe-Unity* hat einige Male, und ich konnte ab und zu mal 'ne kleinere oder größere Band unterbringen und so weiter. Also gab es dann einen ganz vernünftigen Austausch.

CJB: Aber diese erste *Globe-Unity*-Sache - 1966 - das war doch schon auf dem großen Festival?

60 Zum vollständigen Programm des ersten *Total Music Meetings* siehe http://www.fmp-label.de/freemusicproduction/index.html.

PB: Ja, das hatte aber mit Berlin zu tun: Der Boris Blacher war damals der Chef des Berliner Konservatoriums, und Alex (Schlippenbach) war sein Schüler. Und Blacher hatte sicherlich schon einen gewissen Einfluss und hat dann diesen Einfluss geltend gemacht, um seinen Meisterschüler da unterzubringen.[61] Und zur gleichen Zeit hatten die Kölner Leute – auch Alex und Schoof – diesen viel beachteten Auftritt bei der Zimmermann-Oper *Die Soldaten* ...

CJB: Da haben die mitgemacht?

PB: Da haben die die Live-Musik gemacht ... und um diese Ecken kam das dann. Aber das war natürlich vor unserer – sagen wir mal: politischen – Organisation.

CJB: Was Berendt betrifft, gibt es da noch die Kindheitserinnerungen bei mir, wie er da vorne steht, in dieser komischen Studio-Atmosphäre, im schwarzen Anzug ...

PB: Oh, ja, ja ...

CJB: Mit den Musikern im Hintergrund, die da erst mal gelangweilt 'rum stehen: Und er erläutert dem Publikum, was jetzt auf sie zukommt.

PB: Das war so die Volkshochschulzeit ...

CJB: Ich halte das ja nach wie vor für richtig: Kunst braucht Vermittlung ... aber stimmt das denn, dass er das gesagt hat – sinngemäß – Brötzmann habe gleichsam den Nazi aus dem Deutschen herausgeblasen?

PB: Nee, nee, aber es gibt viel Unfug, der da geschrieben wurde – aber so doof war er nun wirklich nicht ...

CJB: Aber vielleicht ist das ja gar nicht so doof ...

## Wiedergutmachung

PB: Nein, ich seh' ja auch, dass man als Deutscher in einer ganz speziellen Situation ist, was die Vergangenheit betrifft.[62] Ich spiel' ja auch viel im

---

61  Dass die Entstehungsgeschichte der beiden Kompositionen, die 1966 bei den Jazztagen aufgeführt wurden und sich auf der ersten *Globe-Unity*-Platte finden, möglicherweise etwas anders gelaufen ist als Brötzmann sie darstellt, lässt sich erneut bei Wright Hurley (*The Return of Jazz*. A.a.O., S. 110 f) nachlesen.

62  Für das folgende vgl. auch Brötzmanns diesbezügliche Äußerungen gegenüber Wright Hurley: »Naturally I am not to blame for the shit [d.h., die Verbrechen, die während der

früheren Ostblock und ich spiel' doch relativ regelmäßig in Israel. Und das erste Mal, als ich in Tel Aviv gespielt habe – das war schon wirklich was anderes ... und es ist auch was anderes für mich, wenn ich in Polen spiele, ob das Warschau ist oder Krakow oder Poznan ... wenn ich da so hundert junge Leute vor mir habe, die dann hinterher auch ankommen und manchmal Mädchen mit Tränen in den Augen.

CJB: Wirklich?

PB: Ja, das gibt's ... und irgendwie war die Musik für mich immer 'ne Art von ›Wiedergutmachung‹ ... das glaub ich schon.

CJB: Aber das ist doch auch erstaunlich, dass in Polen und in anderen früheren Ostblockstaaten gerade die jüngeren Leute tatsächlich hingehen zu einem Konzert von Brötzmann.

PB: Ja, aber das gibt's ...

CJB: Gut, die haben ja auch ihre eigene Tradition in Sachen Jazz; aber diese Art von Jazz war doch – auch von der eigenen Herkunft her – sehr viel harmonieorientierter.

PB: Ja, die waren in den Jahrzehnten nach dem Krieg nur Amerika-orientiert, das ist ganz klar; aber das hat sich in den letzten Jahren doch sehr, sehr geändert.

CJB: Dann gab es da eine Figur wie Krzysztof Komeda, der dann ja auch in Amerika gewirkt hat über die Filme von Polanski. Aber das war – ich sag's nochmal – doch sehr viel zurückhaltender als das, was die westdeutschen Leute oder auch die DDR-Leute gemacht haben.

PB: Ja, auch die ganzen Polen, die dann in den sechziger Jahren 'rüber kamen ...

CJB: ... etwa Stanko.

PB: Wir waren ja in Berlin die ersten, die Tomasz 'rübergeholt haben ... das war eine schön gespielte, aber sehr brave Musik – und eben sehr Amerika-orientiert – und das ging auch so bis in die neunziger Jahre. Aber dann – auch mit Hilfe der Veranstalter in Krakow – ging's dann wirklich ganz gut los. Das hat sich also sehr geändert ... Nun ist es aber auch so, dass beide

Zeit des National-Sozialismus verübt wurden (CJB)], but I have felt ashamed of what my fathers and grandfathers did. ... And that is really a fundamental basis for all we did in my generation.« Siehe *Wright Hurley: The return of Jazz*, S. 120. Vgl. weiterhin Brötzmanns entsprechende Äußerungen im Film *Soldier of the Road*.

Teile meiner Familie aus dem ehemaligen Teil Deutschlands kommen, der heute zu Polen gehört.

CJB: Aus Schlesien oder Pommern?

PB: Pommern. Meines Vaters Familie stammt aus Stettin und meine Mutter aus 'ner Kleinstadt, die heißt heute Slawno, mitten in Polen … und wenn die mich nicht rechtzeitig mit meiner Schwester dort weg gebracht hätten, hätte ich wahrscheinlich heute 'nen polnischen Pass … Aber ich denke eben, dass das, was unsere Väter uns überlassen hatten, für mich schon immer 'ne Triebfeder war, die Dinge so durchzuziehen, wie ich mir das vorstellte …

CJB: Aber, mal ganz persönlich gefragt: Hatte denn der Vater etwas mit den Ereignissen während der Nazizeit zu tun?

PB: Nee, mein Vater war ein ganz normaler Soldat; der ist als Gefreiter aus dem Krieg zurückgekommen, den haben sie ihm noch ganz zum Schluss verpasst … nee, nee, der hatte also mit Soldatentum nichts zu tun - obwohl ich eigentlich aus 'ner Soldatenfamilie komme. Mein Großvater war unter dem Kaiser ein hoher Offizier, und der Bruder meines Vaters war ein hoher Offizier in der Wehrmacht - aber mein eigener hatte mit dem nichts am Hut. Und, wenn mein Onkel zu Besuch kam, dann gab's lange Nächte - er hat immer seine Wehrmacht verteidigt als die angeblich einzig Anständigen

CJB: Der Titel des neuen Films - ›Soldier of the road‹ - der hat damit aber nichts zu tun?

PB: Nee, den Titel haben sich die Franzosen ausgedacht … aber das gehört irgendwie auch zu unserer Generation. Gerade als das so anfing - Polen war das erste Land im damaligen Ostblock, in dem ich gespielt habe - das muss 1974 gewesen sein - da war ich mit Alex und Paul Lovens und Kowald unterwegs und wir haben in Warschau, Krakow und Szczecin gespielt. Das war für mich etwas Schwieriges. Wir waren in Russland, in Jugoslawien - wir haben früh in Belgrad gespielt, in Zagreb, in Novisad. Vorher war man ja schon in England, in Holland … in Holland war das ganz schlimm, obwohl ich von Anfang an mit den Holländern gespielt habe - aber es gab schwere Zeiten da für mich; es war nicht so einfach …

CJB: Das Verhältnis zwischen Deutschen und Holländern ist ja bis heute oft noch kein gutes - und nicht nur, wenn sich die ›Fußballfreunde‹ treffen …

PB: Nee, als ich mein kleines Zimmer da hatte am Kalkmarkt - das war das alte jüdische Viertel - und wenn ich da mein Brot und meinen Käse kaufen wollte und Englisch sprach – gut, mein Englisch war kein Englisch zu diesen Zeiten – merkten die sofort, was los war. Und die haben mich dann auch nicht bedient. Da musste ich dann mit meiner Freundin durch die Läden gehen, und sie musste dann erklären, dass ich vielleicht doch ein anderer wäre ... (lacht) ... oder da gab's so ein Künstler-Café am Rembrandtplein – *De Kring* heißt das – wo man dann in den Nächten saß; da war ich dann öfter mit Misha Mengelberg und da saß dann die ganze Schreiberei, die ganze Journaille – und das waren alles jüdische Leute ... und die gaben mir dann harte Zeiten ... oder in England – ich glaube das war im *Guardian* – da wurde ich dann beispielsweise mit Pickelhaube gezeichnet ...

CJB: ... Brötzmann der Teutone ...

PB: ... obwohl bei den Engländern war das dann auch wieder lustig.

CJB: Die stellen den Deutschen ja auch immer noch so dar ...

PB: ... und drehen heute immer noch SS-Filme ... Aber bei den Russen war das immer anders: Krieg war für die Krieg und ich hab' bei ihnen nie ein böses Wort gehört wegen meiner Herkunft – und bei den Polen auch nicht – und übrigens bei den Franzosen auch nicht ... am Schlimmsten war es immer bei den Holländern. Aber bei den Polen ist das immer noch eine sehr emotionale Geschichte und es bleibt für mich eine ganz besondere Situation – und eben in Israel zu spielen, ist dann doch sehr speziell. Beim ersten Konzert – das weiß ich noch – kamen dann auch ältere Leute, die einfach mal gucken wollten – nehm' ich an – und es war Sommerzeit, und dann laufen die Leute auch in ihren kurzärmeligen Hemden 'rum ... und wenn du dann mit denen am Straßencafétisch stehst, und wenn du dann die blauen Nummern siehst auf den Unterarmen, dann ist das schon eine ganz andere, eine ganz spezielle Situation. Denn wir sind ja – ob wir wollen oder nicht – geprägt durch das, was während und nach dem Krieg passiert ist. Das könnte man ja nicht einfach beiseite lassen ... obwohl – es war schon immer eine äußerst freundliche Atmosphäre in Israel.

CJB: Nun, ein Musiker ist ja nun auch nicht unbedingt ein Kriegsherr – d.h., wenn er nicht gerade etwas propagiert, was für eine chauvinistische Weltsicht steht ... aber dann fährt man vermutlich auch nicht nach Israel. Das führt aber zu der grundsätzlichen Frage nach der Beziehung zwischen der Musik – bzw. der Kunst allgemein – und der politischen, der gesellschaftlichen Wirklichkeit da draußen. Oder handelt es sich bei der Musik eher um eine Bewegung, die sich aus sich selbst speist – weil man eben 'ne bestimmte

Tradition hat, wie die amerikanische Jazz-Tradition, von der man sich dann
ein bisschen absetzt – etwa hier in Europa … aber dafür muss man sich
nicht mit der Zeitung beschäftigen, da hat man ja genug zu tun … Oder
ist es vielleicht doch so, dass *diese* Kunst, *diese* Musik sich so entwickelt hat,
wie sie sich entwickelt hat, weil es eben auch 'ne bestimmte gesellschaftliche,
politische, ökonomische und so weiter Entwicklung gibt? Oder sind das aus
der Sicht von Brötzmann zwei verschiedene Bereiche, die nichts miteinander
zu tun haben?

PB: Also bei mir nicht! Es mag Kollegen geben, für die diese Trennung
vorhanden ist, aber ich denke, wenn ich mir den alltäglichen Wahnsinn
angucke – ob das einfach nur ein Spaziergang hier durchs Viertel ist, wo
ich meine nötigen Einkäufe für die Woche erledige, oder ob ich mir die
Informationen aus dem Netz hole, oder ob ich mir nur einfach die Nach-
richten angucke – dann wird einem manchmal auch richtig bange, dann
kriegt man ja manchmal wirklich Zustände … und dann sitzt man hier
doch relativ bequem und denkt sich: meine Güte, was hast Du's gut –
machst deine Scheiß-Musik und fährst durch die Welt und andere Leute
riskieren tatsächlich Tag für Tag ihr Leben …. Gut, das mögen sentimentale
Verhaltensweisen sein, aber ich guck' schon hin – und gerade weil ich viel
unterwegs bin in sehr unterschiedlichen Ländern. Im Augenblick: jeder redet
jetzt von der Ukraine – aber warum haben die Idioten der Ukraine denn
vor Jahren das Ja zu dieser blöden Fußball-Europameisterschaft [2012, CJB]
gegeben? Das ist nun – verdammt noch mal – nichts Neues, was da passiert –
das weiß doch jeder, da müssen sie doch nur mal ihre Geheimdienstberichte
lesen …

CJB: Und dann hat der Westen ja auch massiv versucht, da Einfluss zu
gewinnen – die Frau Timoschenko mit ihrer Partei ist doch wohl nur mit
massiver Unterstützung des Westens groß geworden[63], da wundert es ja
nicht, dass es da zu Konflikten kommt.

---

63  »Eine Reihe von investigativen Journalisten und Publizisten wie Ian Traymor, F. William
    Engdahl und Udo Ulfkotte weisen seit den 2000er-Jahren eine ideelle, materielle und logis-
    tische Unterstützung der Farbenrevolutionen durch US-Behörden, US-Sicherheitsdienste
    und US-finanzierte NGOs nach. Ebenso berichtete eine zweiteilige Reportage der deut-
    schen Wochenzeitschrift *Spiegel* im November 2005 über eine massive Förderung jeweils
    einheimischer Aktivistengruppen durch US-amerikanische Behörden und Institutionen.
    Uneinigkeit besteht jedoch in der Bewertung der Motivation, *Spiegel*-Journalisten etwa sehen
    bei den US-Aktivitäten nur uneigennützige und selbstlose Absichten wie Demokratie und
    Menschenrechte und übernehmen damit uneingeschränkt deren Selbstdarstellung. Dagegen

PB: Auch das ... und dann laufe ich da durch Lwiw oder Kiew – und dann sehe ich, wie die Welt auseinanderfällt, wie all die Tradition, die es ja gegeben hat – gut, die österreichische – aber immerhin, es gibt sie ja noch, die Zeitzeugen dieser Kultur ... aber das fällt alles auseinander. Und wenn ich dann in diesen Ländern sehe, wie die Schere zwischen Arm und Reich immer weiter auseinander geht – was die Studenten alles anstellen, um überhaupt weiter studieren zu können, wie jedermann sich anstrengen muss, um überhaupt das alltägliche Leben auf die Reihe zu kriegen ... Gut, ich ziehe da keinen direkten Draht zu meiner Musik, die ich am Abend mache, aber, dass die Dinge, die mich bewegen, sich irgendwie, irgendwann wiederfinden in der Musik, ist wahrscheinlich ganz selbstverständlich. Ich glaube auch nicht, dass es irgendeine ernst zu nehmende Kunst gibt, die ohne das Mitleiden – oder auch vielleicht nur Mitempfinden – möglich ist.

## Kunst und Gesellschaft

CJB: Es gab und gibt ja diese Forderung: Kunst muss sich politisch artikulieren – und andere haben dem entgegen gesetzt: überhaupt nicht, im Gegenteil: Wir haben in der Kunst eine Nische, wo wir uns da völlig 'raushalten ... aber das wären ja beides nicht die Wege?

PB: Nein, beide Standpunkte sind auch blödsinnig ... ich meine, das wurde mir damals schon klar in den wilden Sechzigern – ich hatte ja meine Feinde nicht nur auf der rechten Seite, sondern meine größten Feinde, die sich dann auch mal – wie schon gesagt – physisch bemerkbar machten damals in der FU, hatte ich auf der Linken ... das wurde mir schon früh klar, dass das so nicht funktionieren kann ... Wir wurden damals als elitäre Säue beschimpft, und das hat uns natürlich getroffen, weil wir dachten, wir machen die Sache ja für euch – für alle ... (lacht) ... gut, man lernt dazu: natürlich waren wir elitäre Säue!

CJB: Na ja, es gibt natürlich auch Leute, die möchten gerne elitäre Säue sein; die gibt's natürlich auch, die sich bewusst vom ›Volk‹ abgrenzen – und es gibt die, die sind's einfach deswegen, weil sie das machen, was sie machen

werfen Ulfkotte, Engdahl und andere Journalisten den USA vor, mit US-freundlichen Regimewechseln eine Neue Weltordnung (New World Order) im Sinne von George H. W. Bushs Rede am 11. September 1990 durchsetzen zu wollen.« Quelle: Stichwort *Farbrevolutionen*. http://de.wikipedia.org/wiki/Farbrevolutionen

und die Sache noch nicht beim ›Volk‹ angekommen ist ... aber da ist ja doch noch ein kleiner Unterschied.

PB: Nein, wir haben ja auch – oder ich jedenfalls hab' gelernt ... und ich bin ja auch nicht eingeknickt – und mir war das dann auch scheißegal, was der Herr Wolff[64] sagte oder wer auch immer da 'rum sprang – etwa die Kommunarden in Berlin, die lieber ihre Gitarre hinterm Schrank hervor holten ... Nee, das hat mich nie beeindruckt, da konnte mir nie einer reinreden – und insofern: Ich hab immer versucht, mir ein Bild zu machen und zu gucken ... und das Gute an dem Job, den man macht, ist ja auch, dass man, wenn man woanders hinfährt – wenn ich zum Beispiel in Afrika unterwegs war oder in den Jemen gefahren bin – oder in den Libanon – oder nach Israel – oder nach China jetzt, dann kommt man ja immer direkt mit Leuten zusammen, die leben, die arbeiten, die sich tagtäglich auseinandersetzen müssen mit dem, was ist, und kriegt da natürlich jede Menge Informationen, die nicht in der Zeitung stehen ...

CJB: ... was aber dann zur Folge haben müsste, dass man die Sachen differenzierter sieht, als sie in der Zeitung verkauft werden ...

PB: ... das auf jeden Fall ...

CJB: ... denn die Welt ist ja komplizierter als sie uns oft vermittelt wird.

PB: Deswegen bin ich ja mit meinen Urteilen, die ich als junger Mann ziemlich schnell und rigoros gefällt habe, jetzt viel vorsichtiger geworden – ich würde nicht sagen: nachsichtiger – aber ich guck' schon erstmal genauer hin ... und, ich mein', ich bin ja auch nicht der Nabel der Welt, ich bin nur ein kleines Scheiß-Teilchen irgendwo – und da gibt es andere, die ihren täglichen Kampf genauso ausfechten – nur unter ganz anderen Bedingungen ... Also, da kann man eigentlich nur mit ganz offenen Augen und Ohren hingehen und versuchen, Dinge zu verstehen. Und wenn man das halbwegs ein bisschen kann, dann lernt man auch, die Dinge zu relativieren ... Also, wir im Westen haben ja immer so getan, als hätten wir die Weisheit mit Löffeln gefressen, und haben dann versucht, das auch noch zu exportieren ...

CJB: ... man nennt das auch Kulturimperialismus ...

---

64 Karl Dietrich (K.D.) Wolf war von 1967-1968 Vorsitzender des Sozialistischen Deutschen Studentenbundes (SDS).

PB: ... und das ist ja die ganze Misere. Und das hab' ich früh gelernt, da erst mal genauer hinzugucken und abzuwägen – und sich selbst auch nicht so wichtig zu nehmen, sondern zu sehen: der andere geht genauso Scheißen wie du – ich mein', mehr ist es ja auch nicht ... aber auch das – um auf die Anfangsfrage zurück zu kommen – das schlägt sich natürlich sicherlich auch nieder. Ich hab' beim ersten Besuch im Libanon zum Beispiel – das war gerade nach dem Bürgerkrieg – mit 'ner Band gespielt, da waren zum ersten Mal Christen und Muslims zusammen auf der Bühne – und kaum war ich wieder zu Hause, gab's wieder die nächsten Bombengeschichten – und da war die Sache auch schon wieder vorbei ... Also, die Menschen sind ja eigentlich gar nicht so dumm – und sie sind ja auch willig ... beispielsweise, wenn ich in Israel war und mit Palästinensern geredet habe – leider viel zu wenig, aber es ist ja vorgekommen – dann merkt man auch, dass die Welt, wie sie einem verkauft wird, einfach nicht so ist, es sieht ja viel differenzierter aus.

CJB: Aber da haben eben die meisten Leute gar nicht die Chance, das zu verstehen, weil sie eigentlich nicht wegkommen – und wenn sie in Urlaub fahren und da irgendwo in solch ein Touristen-Ghetto fliegen, die Konfrontation mit dem – wie man in der Philosophie heute gerne sagt – ›Anderen‹ gar nicht erleben; die sehen eben nicht, was da vor Ort los ist – sie kriegen es eben nur vermittelt – aber auf 'ne primitive Art vermittelt und immer unter einem bestimmten Gesichtspunkt ›eingetrichtert‹ ... aber Medienschelte ist ja eigentlich auch nicht unser Thema ... deshalb noch mal zurück zu Polen: Warum sind es denn in Polen gerade die jungen Leute, die zum Brötzmann-Konzert gehen – ich meine, hierzulande kennt man die Leute im Publikum ja teilweise seit den siebziger Jahren.

### Erneut: das Publikum

PB: Nun hat Deutschland aber auch bei weitem das älteste Publikum überhaupt.

CJB: Ist das so?

PB: Das ist so ... in den Staaten ist das anders; eigentlich ist es nirgends so wie hier – also manchmal ... erstens sieht man keine Weiber und dann sind da diese alten grauen Bärte ... (lacht)

CJB: ... na ja, und jetzt habe ich nun auch einen ...

PB: Also, es ist schon ein bisschen frustrierend, dass das deutsche Publikum fast das älteste ist - obwohl: es gibt einen Hoffnungsschimmer am Horizont - es ändert sich. Aber leider spielen wir auch nicht mehr so oft in Deutschland, das kommt ja dazu - Deutschland war ja einst die Hochburg in Europa für die Musik - und wenn man dann die Gesichter sieht, die ich aus zehntausend Jahren Kneipe kenne - und die sehen dann alle so alt aus wie ich ... aber - wie gesagt - in Polen ist es anders - und die Stimmung in Polen ist auch irgendwie anders ... und neulich haben wir in Åhus in Dänemark gespielt. Eigentlich gibt's da ein ganz gutes Publikum - aber das war auch wieder so ein Abend, es war ein wunderschöner Sommertag und das Theater war schwarz wie die Nacht ... aber da saßen erstens nur Typen da - *eine* Frau - es war auch kein großes Publikum - vierzig/fünfzig Leute - und da konnte ich mir nicht verkneifen zu fragen: Wo sind denn die Mädchen?

CJB: Und, wo waren sie?

PB: Alles grinste vor sich hin, aber sie wussten's auch nicht ... nein, das ist eigentlich fast überall anders. Aber das hat in Deutschland sicherlich auch damit zu tun, dass wir - wie gesagt - so gut wie nicht mehr in den Medien auftauchen ... Auf der anderen Seite sind die Veranstaltungen eigentlich immer sehr gut besucht - man wirft uns ja immer vor, es gäbe kein Publikum für die Musik - was aber einfach nicht stimmt, was ganz und gar nicht stimmt ... Aber in Deutschland kommt noch dazu, dass es immer billig sein muss ... kleine Anekdote aus den Anfangsjahren des ›Free-Jazz‹: Da hatten wir mal in Berlin ein Poster gemacht, da stand auch *Free*-Jazz drauf - und die Leute kamen und dachten, es ist umsonst ... in Berlin musste ja immer alles billig sein - die waren halt verwöhnt, weil die in den Jahren des Kalten Krieges für alles Subventionen bekommen haben; und da konnte man die Eintrittspreise ja auch klein halten.

CJB: Aber warum sind, wie es vorhin hieß, zum Beispiel die jungen Frauen in Polen gerührt, wenn sie Brötzmann hören - kann man das erklären?

PB: Nee, ich bin ja selbst ganz erschrocken ... und dann, wenn man nach einem halben Jahr wieder da ist, dann sind die auch wieder da.

CJB: Das führt zu der Frage nach den sogenannten ›Fans‹ - ich bin ja zum Beispiel wohl auch so was wie ein ›Fan‹; ich komme aus der Rock-Musik und da kennt man das ja mit den ›Fans‹ - und wenn ich hier bin, dann vermutlich deshalb, weil ich immer auch ein bisschen ›Fan‹ bin. Aber braucht man das als Jazz-Musiker und was hält ein Peter Brötzmann davon?

PB: Na, es gibt ja diese Leute, die mit einem Paket von dreißig CDs ankommen ...

CJB: ... und wollen die alle signiert haben ...

PB: ... die gehen mir auf die Nerven – aber wenn ich die Chance habe, mit irgendwem nebenbei mal ein paar Worte zu wechseln, oder auch zu hören, was die Leute meinen ... und wenn ich mich dann eben mal mit ein paar jungen Mädchen unterhalte, die nun wirklich fünfzig Jahre jünger sind als ich, da höre ich dann schon gerne zu – und das tut auch gut.

CJB: Also, ich komm da immer noch nicht drüber weg – wir haben das Gespräch ja angefangen mit dem Befund, dass hier – ich sag' mal: im Westen – alles auseinander geht, dass die jungen Leute alles Mögliche hören und dass es vor diesem Hintergrund ganz schwer ist, eine Kontinuität zu halten – und da frag' ich mich, wo kommen da die jungen Leute her, die sich diese Musik anhören ... also entweder ist es irgendwie vermittelt worden – ich meine, in meiner Zeit da lief so was auch über die Schule; wir hatten beispielsweise einen Kunstlehrer, der hörte solche Musik ... das war schon mal ein Background.

PB: Ich denke, dass diese Leute – beispielsweise in Polen – mehr wissen wollen, mehr erfahren wollen.

CJB: Die gehen zumindest einfach mal hin.

PB: Zum Beispiel: Ich war vor einem Jahr zu dieser Zeit für drei Wochen in der Ukraine – und das ist ja noch ein bisschen weiter weg als Polen – und ist es immer gewesen ... aber da kamen die Leute auch und die kamen sicherlich nicht deswegen, weil sie irgendwas von der Musik verstanden, sondern weil sie einfach neugierig waren und was wissen wollten ... und die hinterher auch durchaus stehen geblieben sind und ein bisschen geredet haben; und es kamen auch – was es ja hier auch nicht mehr gibt – viele Maler und Schriftsteller ... Ich meine, früher war das ja hier auch so – wenn man in den sechziger/siebziger Jahren irgendwo gespielt hat, dann hatte man das Haus voller Maler, Künstler – weiß der Teufel ... aber heute kommt ja keiner mehr von denen. Die gehen noch zu ihren Eröffnungen ... alles bewegt sich so in den eigenen Bahnen – und das ist auch noch ein bisschen anders in Polen.

CJB: Ich hab gerade am Samstag noch mit einem Menschen gesprochen, der hier in Wuppertal Grafik-Design studiert hat in den sechziger/siebziger

Jahren. Und dem hab' ich das erzählt, dass ich mich heute mit Brötzmann zu einem Gespräch treffe; und da hat er gesagt: ja, ja, den hab' ich damals auch gehört – und ich habe gefragt: und heute? Und da hat er gesagt: Nee, also heutzutage leg' ich mich hin und setze meinen Kopfhörer auf, zünde meine Duftkerze an und höre Bach – das ist das einzige, was ich noch ertragen kann . . .

PB: (der die ganze Zeit gelacht hat) . . . ich nehm' ihm das ja gar nicht übel . . .

CJB: Nein, das kann man ja auch keinem übel nehmen . . . nur ist es dann natürlich auch vorbei. Da ist dann auch keine Auseinandersetzung mehr, wenn es einem dann zu anstrengend geworden ist, sich dem einfach mal auszusetzen – ja, genau: sich dem einfach mal auszusetzen!

PB: Ja! Aber auf der anderen Seite gibt's Leute, die – nehmen wir noch mal Wels, das Festival . . .

CJB: . . . das ausverkauft war . . .

PB: Das war erstens schon Wochen vorher ausverkauft, und diese Leute – auch ältere – die kamen wirklich aus Skandinavien, die kamen aus Russland, die kamen aus Polen, die kamen aus den USA – also das ist schon Wahnsinn . . . oder unsere drei Tage hier im Frühjahr in Wuppertal: Da waren auch Leute aus allen möglichen Ländern da, die ganz viel Geld für ihre Reise bezahlen . . . und das ist ja für die Russen beispielsweise auch nicht ganz einfach . . .

CJB: . . . aber sind das dann Fans?

PB: Also die Gruppe, die hier war und eine größere Gruppe in Wels: Die sind auch selbst beschäftigt mit Musik, Kunst, Grafik, weiß der Teufel . . .

CJB: . . . dann beflügelt die Auseinandersetzung mit der Musik auch deren eigenes Schaffen vermutlich?

PB: Das sieht doch hoffentlich so aus, verdammt noch mal . . . und ich weiß auch, dass diese Russen nicht zu den Leuten gehören, die in Nerzmänteln nach Amsterdam fahren, um einzukaufen – wirklich nicht . . .

CJB: Also, was man da aus Russland teilweise hört, das ist ja auch finster und hart.

PB: Das könnte so ein schönes Land sein . . . Aber was da zurzeit los ist – ich bin ja ein oder zweimal im Jahr dort – und was ich da in den letzten

Jahren sehe: Wie sich der Reichtum ausbreitet – oder besser: breit macht;
die haben ja auch keine Hemmungen – und auf der anderen Seite wird
die Armut immer größer … und man muss sich wirklich vor der Polizei
in acht nehmen – man geht den Uniformierten am besten aus dem Wege.
Zum Beispiel: Vor zwei Jahren war ich mit drei Franzosen unterwegs; ich
spielte zwar mit anderen Leuten, aber wir sind dann vom Club immer zu
Fuß gegangen, und die drei Franzosen – einer von ihnen war ein Vietnamese
und die anderen waren dunkelhäutig, dunkel gelockte Haare – die haben sie
jeden Abend kontrolliert; jeden Abend sprangen da die schwarz Gekleideten
aus den Büschen auf dem gar nicht so langen Weg zwischen Club und
Hotel.

CJB: Ich bin auch da wieder mal einfach zu wenig informiert hinsichtlich
der Dinge, die da passiert sind nach dem Zusammenbruch der Sowjetunion
und der Umbruchphase danach, wo dann ja wirklich alles kaputt war …
und mit Putin dieses harte Regime, das dann zumindest an der Oberfläche –
oder nach Außen – wieder eine Ordnung hergestellt hat. Ich bin ja auch hier,
um über die gesellschaftlichen Aspekte der Musik, der Kunst zu sprechen –
und wenn man dann überlegt, dass die Sache mit der Sowjetunion in die
Hose gegangen ist, und nun kommen die alten unheimlichen Kräfte wieder
hervor: Rassismus …

PB: Ja, ja, wenn ich mit meinen schwarzen Kollegen da unterwegs war, dann
mussten wir uns immer sehr genau überlegen, wo wir uns da bewegen; da
konnten wir auch nicht in jede Kneipe in der Nacht gehen.

CJB: Ich hörte, dort herrscht jetzt wieder das ›vertikale Weltbild‹: Zuerst
kommt der liebe Gott, dann kommt der Pope, dann der Zar – und jemand
wie Putin ist der Zar – und dann geht's in den gesellschaftlichen Schichten
bis ganz unten …

PB: Und Putin hat nun die Ausrede zu sagen: Dieses komplizierte Land
muss mit harter Hand regiert werden. Ich meine, ich kenne nur Petersburg
und Moskau und Jekaterinburg – und das liegt ja auch schon wieder ein
bisschen weiter am Ural – da sieht's dann auch schon wieder anders aus;
aber wenn man dann noch in andere Städte kommt, meine Güte …

CJB: Und wie ticken dann da die Leute?

PB: Also meine Kollegen oder Freunde oder Fans, die haben zum Teil
Angst – Angst, dass es noch schlimmer wird, und dass sie bald vielleicht

nicht mehr reisen können – entweder, weil sie kein Geld mehr haben, oder weil sie nicht mehr dürfen.

CJB: Und politisch, wohin tendieren diese Leute?

PB: Politisch? Ich glaube kaum, dass einer von denen bei der letzten Wahl irgendwas wählen gegangen ist, weil's sowieso eine Farce ist. Also, ich weiß nicht, ich an deren Stelle würde wahrscheinlich gucken, dass ich auswandern gehe.

CJB: Aber dazu braucht man Geld – und da wird dann das Geld zu einer unsichtbaren Mauer. Und man braucht im Grunde keinen Stacheldraht mehr, um die Leute daran zu hindern, irgendwohin zu gehen. Davon abgesehen gibt's ja auch die ›Festung Europa‹ – und die verfährt ja bekanntlich auch sehr rigide mit den Leuten, die dort hinein wollen – und davon, wie man in Gods Own Country mit Leuten umgeht, die dort Musik machen wollen, haben wir ja schon gehört ...

## Drogen

CJB: Aber Themenwechsel: Wir sprachen ja eben auch über die Verbindung zur Rockmusik – und in der Rockmusik spielten in den sechziger/siebziger Jahren bekanntermaßen Drogen eine große Rolle – und viele Leute haben ja eine ganze Menge davon genommen ...

PB: ... viele haben 'ne ganze Menge genommen.

CJB: Und die Jazz-Musiker haben mehr Alkohol getrunken? Wie ist denn dieses Verhältnis der Drogen im weitesten Sinne zur Kreativität in der Musik – auch in der bildenden Kunst – aus der Sicht von Peter Brötzmann einzuschätzen; denn diese Sache ist ja für viele auch nicht gut ausgegangen.

PB: Nee, nee ... ach, ich weiß es ehrlich gesagt nicht – also für uns hier war's der Alkohol, und das steht nunmal fest ... aber ich bin auch mit Alkohol groß geworden. Die ersten Besäufnisse waren sicherlich mit vierzehn/fünfzehn – und dann war ich auch immer mit Älteren unterwegs und dann fing das mit der Musik an – und die anderen waren schon Studenten auf der Folkwang-Schule – und da gab's die Mädchen und da gab's Alkohol, aber mäßig, meistens Bier – das schmeckte ja damals noch. Und dann gab's auch gerade die Verbindung zu den Kölner Kollegen, die auch schon ein bisschen weitgereist waren und sich in der Welt schon ein

bisschen auskannten - da gab's natürlich Gras und Haschisch ... damals
gab es auch die Marokko-Connection in Köln - ich will jetzt keine Namen
nennen ... aber das war nichts für mich. Ich hatte zwar ein bisschen
geraucht, und ich hatte auch in meinen diversen Gärten immer schöne
Haschisch-Pflanzen, die ja wunderschöne Pflanzen sind, und hatte auch
immer ein bisschen homegrown Gras zu Hause gehabt - aber eigentlich
nur für die Besucher auf der Durchreise ... ich hatte das immer in solchen
Teedosen und hinterher merkte ich dann, wenn ich von einer Tour wieder
nach Hause kam, dass die Dose wieder halb leer war ... und dann merkte
ich, dass meine Kinder dem zusprachen - aber das war ja kein starkes Zeug ...
Nee, und für mich war's Alkohol - und Alkohol hat ja 'ne gute Seite auf
jeden Fall, weil es eine sehr soziale Droge ist - also: Zusammensitzen und
rauchen und quatschen und trinken, das ist eigentlich wunderschön. Und
das war auch wunderschön, bis es dann zuviel wurde ... also, bei mir hat's
lange gedauert, man will's ja auch nicht wahr haben - aber ich hab' wirklich
fast nur von Alkohol gelebt, obwohl ich mich, wenn ich zuhause war, immer
bemüht habe, mich ordentlich zu ernähren, und so weiter ... Aber es gab
solche Tagesabläufe - eigentlich fing der Tag in der Nacht an - und damals
gab's hier in der Gegend zwei/drei gute Nachtkneipen - es gab noch die
Polizeistunde, aber es gab ja die Hintertüren - und dann ging's bis morgens
und dann für ein paar Stunden ins Bett ... Und wenn ich jetzt zurückdenke,
dann weiß ich nicht, wie ich die ganze Arbeit erledigt habe. Ich hab' ja -
abgesehen vom Reisen und Spielen - meine Plattencover gemacht, ich hab'
in den frühen Zeiten auch noch Werbung gemacht - und Familie gab's
auch, Kinder gab's auch ... Also irgendwie haben wir das alles ganz gut
hingekriegt - vor allen Dingen meine Frau hat das gut hingekriegt ... aber
ganz zum Schluss war's einfach zuviel, da hat der Körper auch angefangen,
Zeichen zu senden - zum Beispiel Arthritis gab's: zuerst im Fuß, dann in
der linken Hand - und da wurde ich dann ein bisschen skeptisch, als ich
merkte, ich kann auf der Bühne nicht mehr so 'rum springen, wie ich das
wollte ... aber die Krankengeschichte ist ja gar nicht so interessant ... Aber,
ob das für die Kreativität was genutzt hat, das kann ich überhaupt nicht
beantworten ... Ich hatte ja auch mit Leuten zu tun, die durchaus Heroin
gespritzt haben, und zwar Leute, die sich auskannten, und die haben es dann
auch gut gemacht - aber manche sind auch ganz früh dran gestorben ...
Ich weiß noch, ich hatte mal einen schwarzen Trommler hier, von den
Pfeffer-Inseln, aus Frankreich - ein wunderbarer Trommler - und das war
ganz am Anfang, Mitte der Sechziger, und ich hatte keine Ahnung ... Ich

merkte nur – er lebte ein/zwei Wochen bei uns – der wurde abends immer so nervös und verschwand dann – und ich hatte keine Ahnung von Heroin oder solchen Dingen, bisschen Gras war zu besorgen, klar – und dann musste er wieder zurück nach Paris und einen Monat später war er tot ... das gab's. Und wenn ich so in unserm Umfeld mich umgucke, war es eigentlich immer Alkohol für die allermeisten – ein paar Ausnahmen gab's, da wurde viel Gras geraucht.

CJB: Wobei ich sagen muss, dass ich mir kaum vorstellen kann, dass Leute wie die Jazz-Musiker, die so intensiv miteinander arbeiten, richtige Kiffer sind – weil der Kiffer sich ja auch gerne mal in sich abschließt und nur so da 'rum sitzt.

PB: Also, ich wurde entweder müde oder furchtbar albern – und überhaupt lustlos zum arbeiten.

CJB: Ja, genau ... wie sagte man so schön: Hasch macht lasch ...

PB: Das ging mir so – und dann hab ich's auch wieder sein lassen ... Ich kenne allerdings Leute – Leute, die so hyperaktiv sind von Hause aus – und denen tut das Gras-Rauchen gut ... ich meine, es ist eigentlich klar, von wem wir hier reden ...

CJB: Nee?

PB: Bennink hat immer geraucht – und wenn der nichts zu rauchen hatte, wurde der unausstehlich ...

CJB: ... das ist so typisch für einen richtigen Kiffer ...

PB: ... und damals gab's ja auch noch das Problem mit den Grenzen ... und in Holland und Belgien konnte man ja immer ganz gut was kriegen – Antwerpen war damals noch besser als Amsterdam eigentlich – aber dann über die Grenzen – und er hatte sich die dollsten Verstecke in den Trommeln ausgedacht ... aber manchmal gab's nichts – und dann trank er auch nicht – zu Anfang hat er nur Milch getrunken ... Also bei ihm wär's auf Rezept 'ne gute Sache gewesen – und dann hab' ich ihn irgendwann mal an's Rotwein-Trinken gekriegt, irgendwo in Süddeutschland an einem schönen Nachmittag in irgendeinem Biergarten – und seitdem macht er beides – und das hält sich in einer guten Balance.

CJB: Soll ich das jetzt streichen?

PB: Aber das weiß doch die ganze Welt, dass Bennink nichts anderes tut, als Rotwein trinken und Joints rauchen ... also ich glaub' nicht, dass wir da was beschönigen müssen ... Ich mein', der provoziert ja auch - der raucht, wo's gerade geht; und ich weiß noch, die letzte Tour, die wir in den Staaten gemacht haben - Michael Ehlers war unser Produzent und Fahrer auch - und im Auto durfte er nicht rauchen, weil das zu gefährlich gewesen wäre wegen der Kontrollen - aber dann: Kaum waren wir auf dem Parkplatz, wurde der Joint gerollt und geraucht, und der Polizeiwagen fuhr vorbei und der Michael Ehlers wurde vor Angst verrückt, weil, wenn sie das sehen, dann sitzen wir alle drei im Knast ... und: Im amerikanischen Knast zu landen, das sollte man vermeiden ... und Han war das alles scheißegal ...

CJB: Aber die sogenannten harten Drogen haben dann auch noch andere Folgen.

PB: Mit harten Drogen hab' ich - wie gesagt - die ein oder andere negative Erfahrung - und ich weiß von vielen amerikanischen Kollegen aus der Zeit der sechziger Jahre, wo LSD angesagt war, die haben wirklich nichts anderes getan als LSD geschluckt, und das hat ja bei Ayler auch zum bitteren Ende geführt.

CJB: Ist das so?

PB: Es gab ja diverse Theorien - dass die Mafia ihn über die Brücke geschmissen hat ... aber der war total auf LSD - und das weiß ich von Milford Graves, der damals auch immer noch versucht hat, ihn zu betreuen - das war LSD - und irgendwann ist er über die Brücke geflogen ...

CJB: Ich kannte auch Leute, die waren wie ausgeknipst nachher ...

PB: Einmal hat mir ein Typ in Berlin LSD in's Bier getan - und ich bin zwei oder drei Tage nur durch Berlin gerannt in irgendeinem Wahn.

CJB: Das kann allerdings das Aus bedeuten. Es gibt ja diese Geschichte über Peter Green, den ehemaligen Gitarristen der - damals noch - Blues-Band *Fleetwood Mac*. Dem soll genau das hier in Deutschland, genauer: in München auf einer Party passiert sein - und für den soll es das Aus gewesen sein. Der Typ war jahrelang in der ›Klapsmühle‹ ... und man darf ja nicht vergessen, dass das mit dem LSD auch eine CIA-Geschichte war; da ging's um Gehirnwäsche - und Timothy Leary stand ja wohl auf der Gehaltsliste des CIA ... es ging um die Frage: Wie kann ich Leute beeinflussen, wie kann ich die Festplatte da oben löschen und was anderes aufspielen? Dass das in der sogenannten Subkultur dann anders – aber vielleicht doch nicht so ganz anders – eingesetzt wurde, ist eine andere Geschichte ... Aber für manche Leute hatte das ganz schreckliche Folgen. Und in den siebziger Jahren – in meiner Umgebung – dann tatsächlich das Heroin, das die Leute in großer Zahl ausgelöscht hat ... Aber worauf ich hinauswollte ist, dass der Gebrauch von Drogen in der Rock-Musik stark propagiert worden ist – die sogenannte ›psychedelische‹ Musik – ich denke da an die Geschichten in Kalifornien – insbesondere an *Grateful Dead* – die ja auch hingegangen sind, und in ihren Konzerten lange, lange Improvisationen gespielt haben, wo die Improvisation zum Programm gehört hat, wo es darum ging, das eigene Ich im Spiel mit anderen aufzulösen ... Aber es bestätigt sich jetzt doch mein altes Vorurteil: Jazz-Musik ist Alkohol-Musik?

PB: Na ja, ich weiß von Leuten aus dem Frankfurter Kreis – wenn die im Nachkriegs-Deutschland unterwegs waren, dann war die erste Bürgerpflicht immer die, den nächsten botanischen Garten auszumachen, um da allerlei Wurzeln auszugraben – und dann haben sie sich ihr Süppchen auf dem Hotelzimmer gekocht und solche Geschichten. Also, es war immer irgendwie irgendwas da. Bloß, wenn ich mein nahes Umfeld, meine gleichaltrigen Kollegen angucke, dann war's tatsächlich der Alkohol ... Obwohl, bei den Amerikanern sah das wieder ganz anders aus. Es waren entweder die ganz harten Geschichten – und es gibt eben den einen oder anderen, der sich totgespritzt hat oder in der Verbindung mit dem Heroin-Dealen irgendwann mal abgemurxt wurde. Gerade bei den New Yorker Leuten ...

CJB: Über Charlie Parker gibt's ja auch diesen Roman[65] ...

PB: Aber dieser Roman ist sowas von beschissen ... der ist furchtbar naiv und doof eigentlich – nein, der hat sich einfach tot gespritzt. Und das war auch die Kriegs- und Nachkriegszeit, wo das Leben noch schwieriger als üblich war. Es gibt zum Beispiel die Art-Pepper-Biographie[66], die ist sehr empfehlenswert. Also die ganzen West-Coast-Leute, von denen man dachte, die sind alle nett und sitzen da in der Sonne und freuen sich – aber, das war hartes Drogen-Geschäft. Die ganze Szene um Jimmy Giuffre, Shelly Manne, Hampton Hawes und wie sie alle heißen. Das hatte viel mit dem Krieg zu tun, das hatte viel mit Japan zu tun ... weiß der Teufel. Das war ja auch in dieser gesellschaftlichen Situation – ich meine, die schwarzen

65 *Julio Cortázar: Der Verfolger.* Frankfurt am Main 1978.
66 *Art Pepper / Laurie Pepper: Straight Life: The Story of Art Pepper.* New York 1979 .

Freunde hatten ja immer noch mit Rassen-Diskriminierung im finstersten
Sinne zu tun und mussten mit all diesen Spannungen und Schwierigkeiten
klar kommen … Ich meine, ich trinke ja nun seit zwölf Jahren nicht mehr,
und wenn ich nun heute unterwegs bin, länger unterwegs bin und mein
Zeug schleppe - und vor allen Dingen auch die Leute sehe, mit denen
ich reise - also nicht meine Band-Leute, sondern die Leute, mit denen ich
dann zu tun habe im Zug - da ist es leichter, ein bisschen halb besoffen
zu sein, um das auszuhalten, als jeden kleinen Mist im ganz nüchternen
Kopf wahrzunehmen und verarbeiten zu müssen. Das ist manchmal ganz
schön anstrengend. Also insofern - diese ganzen Spannungen gerade in
Nachkriegsländern bringen die Leute dazu … und natürlich wird man von
Alkohol auch süchtig - aber es dauert länger.

CJB: Viele trinken ja abends auch so ihren Wein …

PB: Nee, ich meine richtig Saufen, dass man eigentlich nichts anderes mehr
braucht - aber selbst das braucht noch seine Zeit und mit der Spritzerei
geht es einfach schneller … Und dann gibt's auch noch die Geschichte von
dem Typ, der während des Vietnam-Krieges aus Nürnberg, aus der Army
abgehauen ist und eines Nachts vor meiner Tür stand - ein schwarzer Typ,
Nolan hieß er, der hatte irgendwoher mein Adresse - und unser Haus war
immer offen für alles, was kam, und dann haben wir ihn zunächst mal
beherbergt … Und er hatte auch ein bisschen Geld, und dann tauchte auch
seine weiße Freundin auf und ich hab' denen was zum Wohnen besorgt …
Und dann kam ich eines Tages von einer längeren Tour nach Hause -
tagsüber - und das Haus war so merkwürdig still - die Kinder hätten
eigentlich 'rumspringen müssen - und dann saß meine Frau in unserem
kleinen Wohnzimmer auf der großen Couch - die Kinder an der Seite -
und der Typ stand vor ihnen mit einer großen Armee-Pistole in der Hand
und erzählte denen Geschichten - und mir dann auch - von Outer Space
People und wir weißen Leute wollten ihm alle an's Leder … und dann hab'
ich bis abends auf ihn eingeredet, bis er dann mal die Pistole weggesteckt
hat und verschwunden ist … und der war natürlich auch voll auf LSD -
der ist dann auch eine Woche später einfach verschwunden, und ich musste
die Miete nachzahlen. Seine Freundin war schon vorher weg, die war ganz
nett, die hat das aber auch nicht ausgehalten … Das waren die Dinge, die
passierten mit diesen Scheiß-Drogen. Also mit dem Alkohol konnte ich
irgendwie umgehen - aber mit dem ganzen anderen Scheiß - ich hatte da
auch immer Angst davor …

CJB: Also, das ging mir ähnlich und das war – im Rückblick – auch ganz gut so: Die Leute, die Angst hatten, die haben es überlebt ...

PB: Also, wenn das auch noch dazu gekommen wäre zu dem wirklich intensiven Saufen, dann wär's auch schon zu Ende – schon längst ...

CJB: Also, in meiner Generation hat das viel, viel kaputt gemacht, behaupte ich: kulturelle, gesellschaftliche Anfänge, wo gute Sachen unterwegs waren, und wo dann die Droge wirklich wie der Sensenmann gewirkt hat ...

PB: Ich weiß das hier aus dieser Stadt – von der Generation später, die viel, viel Drogen verputzt haben, die sind reihenweise gestorben, verschwunden – und Wuppertal ist immer noch eine heftige Drogenstadt ... Aber noch mal: Ob der Alkohol irgendwas genützt hat? ... ich fühl mich eigentlich mit der Arbeit jetzt – ohne Alkohol – besser, es ist zwar anstrengender, aber ich fühl mich besser damit.

CJB: Das ist ja auch eine körperliche Anstrengung mit der Musik ...

PB: Ja, klar – wenn man dreißig ist, wenn man vierzig ist, dann kann der Körper noch so einiges aushalten, das ist ja schon eine erstaunliche Maschine. Aber wenn ich das so weitergemacht hätte, dann wäre ich jetzt – wie viele meiner Kollegen, wie Rutherford, wie Elton Dean – dann wär' ich jetzt auch unterm grünen Rasen.

CJB: Elton Dean ist auch am Alkohol gestorben?

PB: Ja, ja – oder meine südafrikanischen Kollegen, die haben sich ja auch zum großen Teil totgesoffen.

CJB: Das war eines meiner ersten persönlichen Erlebnisse mit diesen Leuten: Ich hab damals mit fünfzehn/sechzehn mitgeholfen beim Jazz-Festival auf der Burg Altena Anfang der Siebziger – und ich werde nie vergessen, als die *Brotherhood of Breath* kamen und unseren Lambrusco-Vorrat – ein fürchterliches Zeug –, den wir unter der Bühne gebunkert hatten, innerhalb kürzester Zeit weggesoffen haben, und dann waren die sowas von breit ... Dudu Pukwana hat dann nachher das Publikum beschimpft, man habe ihm sein Horn geklaut, das er aber selbst in irgend eine Ecke gestellt hatte, aber nicht mehr wusste, wo ... das war ein Theater. Der Auftritt musste dann irgendwie abgebrochen werden – die waren völlig platt.

PB: Und vor allen Dingen: Die Südafrikaner, die konnten auch nichts vertragen ... Ich meine, ich kenne ja Dudu, ich habe ja so viel mit ihm gemacht – auch in Holland ...

CJB: Lebt der eigentlich noch?

PB: Nee – nee, der ist auch schon lange tot – auch richtig totgesoffen … ja, und die Engländer – wenn die Engländer mal von ihrer Scheiß-Insel 'runterkamen, dann war hier der Alkohol billiger, dann gab's auch 'ne Gage, die man versaufen konnte, das gab's ja alles da nicht – und dann ging's aber los … Und die schlimmsten Zeiten waren immer, wenn wir in der DDR waren, denn da gab's ja stapelweise Geld, und wir wussten nicht, wohin damit – und dann gab's die Nachtbars in den Interhotels und dann wurde eigentlich nur gesoffen … Und die Engländer waren plötzlich in einer ganz neuen Situation: Ich hab' Geld, ich hab' soviel Geld, ich weiß eigentlich gar nicht, wohin damit … also, es war schon ganz schön schwierig manchmal …

CJB: Wobei das Leben in der DDR überhaupt ziemlich Alkohol-bestimmt war. Wir waren ja von West-Berlin aus öfters drüben, und da saßen die Leute am Prenzlberg nachmittags in den Kneipen und das Saufen kostete ja sozusagen nichts.

PB: Ja, gesoffen wurde gut …

CJB: Da floss das Bier und der Schnaps in Strömen.

PB: Ich weiß noch – wir haben dort auch manchen offiziellen Job gespielt, mit dem Bürgermeister und seiner Dame im Abendkleid – nett, mit Schnittchen und Bier und Schnaps und später Rotkäppchensekt und dann waren die zum Schluss manchmal sowas von breit, da haben selbst wir gestaunt … aber auch tagsüber, wenn man die Leute sah in den Betrieben – da war immer ein Schluck Alkohol dabei … irgendwie hat das dazu gehört …

CJB: Aber im Westen auch – meiner Wahrnehmung nach ging das erst in den Achtzigern so richtig los, dass von der Politik aus Kampagnen losgeschickt wurden gegen das Rauchen und gegen den Alkohol – da kippte das dann.

PB: Ich weiß noch, als ich als Student hier in den Brauereien gearbeitet habe – als wir noch welche hatten – da war die ganze Belegschaft nur besoffen … ich seh' noch die Typen auf den Gabelstablern, die hatten dann so Türme von Bierpaletten drauf und fuhren dann wie Herr Schuhmacher – und dann fielen die mal um mit so hunderttausend Flaschen … meine Güte …

CJB: In den achtziger Jahren ist sowieso vieles anders geworden in der Gesellschaft, sowohl gesellschaftspolitisch als auch, was die Gepflogenheiten betrifft.

PB: Das stimmt ...

CJB: Es wurde ja jetzt erst wieder viel diskutiert über den Wechsel hin zum sogenannten Neoliberalismus, weil gerade ein Film erschienen ist über Margret Thatcher, die in diesem Film wohl ziemlich als Heldin verehrt wird – und all die, die das damals mitbekommen haben, was da an politischer Veränderung durchgedrückt wurde, sind da natürlich mit Recht empört[67] ... Ich hab das damals in Berlin als einen Wechsel von einem Tag auf den anderen wahrgenommen: Am Abend vorher wurde noch Bier in der Kneipe getrunken und am nächsten Tag ging's dann plötzlich mit Sektfrühstück los – die Leute zogen plötzlich andere Sachen an und so weiter ... und wenn ich dann in einer Wohnung wie der hier bin, dann sehe ich da eher eine Kontinuität zu den Siebzigern, wohingegen sich mit der Veränderung in den Achtzigern ja zum Beispiel auch die Innenarchitektur veränderte ...

PB: ... ja, ja ...

CJB: ... alles wurde hell, überall Chrom und chic ...

PB: ... und Cocktails wurden getrunken und all dieser Quatsch: ... also einige von meinen Jungens saufen ja auch ganz schön.

CJB: Ach, doch?

PB: Ja, aber während wir damals vierundzwanzig Stunden an der Flasche waren, um so ein Level zu halten, trinken die vor der Arbeit nicht, während der Arbeit nicht – aber nach der Arbeit gibt's 'n paar Stunden Besäufnis ... während bei uns war es eben dieses ständige Level, das man haben musste, um zu funktionieren, um das Leben noch so gut zu finden ... Es ist aber schon interessant, wie sich die Sitten und Gebräuche ein bisschen verändern ...

CJB: Und das interessiert mich eben, da müsste man – meiner Ansicht nach – mehr forschen.

PB: Wenn ich meinen vierzig- bis fünfzig-jährigen Mitmusikern erzähle, was wir damals so getrieben haben, und wie – und: was es alles gab ... ich meine,

---

67 Siehe beispielsweise den Artikel *Domina der Gier. Der Film ›Die Eiserne Lady‹ ist ein politisches Ärgernis.* von Terry Eagleton, in *Die Zeit* vom 01.03.2012 (Nr. 10).

die Clubs, in denen man früher so war - da war ich noch Schüler - das waren halbe Puffs ... und heute ist das doch alles sehr brav. Und auch die Getränke: Wenn ich dann mit meinen Saxofon-Kollegen unterwegs bin - als *Sonore* - und die kommen dann in 'ne neue Stadt und dann müssen sie gucken: wo ist der Schnapsladen? Und dann wird aber nicht 'ne Flasche Schnaps gekauft, sondern es wird gefragt: Welchen Bourbon gibt es denn, oder welchen Malt, oder - ah! - das ist ein ganz spezieller Rum ... wir dagegen waren froh, wenn wir 'ne Flasche hatten, wo Alkohol drin war ... und Bier gab's immer jede Menge, das war ja Volksnahrungsmittel - uns ging's ja nicht um: ah! das ist ja ein ganz feines Zeug - wir haben uns bloß besoffen - und mit was, war scheißegal ... und das hat sich sehr verändert ...

CJB: ... und nicht nur das!

PB: Und nicht nur das!

## Arbeit

CJB: Worüber ich noch reden wollte, ist der Begriff ›Arbeit‹. Mir fällt auf, dass Peter Brötzmann oft von ›Arbeit‹ spricht - ›Arbeit‹ in Bezug auf Kunst. Nun kann man das ja so verstehen, dass man ja Jobs braucht - man muss von irgendwas leben - und in sofern ist auch das Musik machen ›Arbeit‹. Aber mir schien es so, dass Sie Ihr Tun in einem allgemeineren Sinne als Arbeit verstehen. Nun gibt es ja eine Tradition, die sagt: Arbeit wollen wir eigentlich abschaffen - und gerade wenn wir Künstler sind, dann sind wir eben keine Arbeiter mehr, sondern - Schiller hat das ja geprägt - dann ›spielen‹ wir, spielen mit den Dingen ... und dann ist das Ziel eben: Befreiung von der Arbeit - wie ist das nun, wenn Peter Brötzmann immer wieder von ›Arbeit‹ spricht?

PB: Aber Arbeit meinetwegen durchaus im Schillerschen Sinne, im Sinne von Spielen ...

CJB: Also nicht Arbeit im Sinne von ›entfremdeter Arbeit‹?

PB: Nein, im Sinne einer Vorstellung davon, dass ich das mache, was ich machen will - etwas, in das ich mein ganzes Leben hineinschmeiße, und für das ich mir sämtliche Beine rausreiße - also, das hat wenig mit dem Paycheck zu tun ... also, ich denke, mein Leben ist von Arbeit definiert; die Arbeit hat mich auch aus den schlimmsten Krisen geholt - aber Arbeit im

Sinne von ›Vermächtnis‹ oder weiß der Teufel – etwas, das ich will und das
ich brauche, das auch Spaß macht und das auch ab und zu bezahlt wird . . .
aber das ist eine ganz andere Kategorie wieder. Nein, nein, Arbeit – vielleicht
auch mit dem Background, dass man, um etwas weitergeben zu können,
um zu diesem Punkt zu kommen, auf der Bühne stehen zu können und
zu sagen: Hier bin ich und das habe ich zu sagen – dass dafür ja auch eine
gewisse *Vor*arbeit nötig ist. Gut, in der Jazz-Musik haben wir uns – wir hatten
gerade mal drei Wochen 'ne Klarinette – direkt auf die Bühne gestellt – das
meine ich nun mal nicht . . . Aber um wirklich Mitteilungen zu machen,
von dem, was man im Sinn hat, dafür ist auch Arbeit notwendig – und da
kann man vom Büro-Kram bis zum täglichen Üben alles mit einbeziehen.
Das beinhaltet wirklich den ganzen Tages-, den ganzen Lebensablauf . . .

CJB: Also ist es doch etwas, das mit Anstrengung zu tun hat . . .

PB: Ohne Anstrengung geht nichts; es fliegt einem nichts zu – na ja, vielleicht
gibt's solche Leute . . . aber selbst solch ein Leichtfuß wie Mozart hat sich
totgearbeitet, der hat Tag und Nacht geschuftet – und die Musik klingt –
manchmal auch durchaus schwer –, aber sie kommt doch meist in einer
gewissen Klarheit und Leichtigkeit 'rüber . . . wenn man das kann, prima!

CJB: Aber es ist ja doch deutlich, dass gerade diese Art von Musik, die
ein Peter Brötzmann macht, eher geprägt ist durch eine große körperliche
Anstrengung – bei Marx gibt es diese Beschreibung: Das ist ja tatsächlich
»Verausgabung von Hirn, Muskel, Nerv«[68]. Eine Menge von ›Hirn, Muskel,
Nerv‹ muss ins Material, sonst wird das nichts – und gerade die Improvisatoren müssen ›Nerven‹ geben – die Musik erfordert viel Konzentration –
und das Instrument zu bedienen, erfordert große Kraft.

PB: Da muss natürlich jeder seinen eigenen Weg finden . . . Bei mir hat
mich das von Anfang an, seitdem ich mein erstes Saxofon in den Händen
hatte, dazu gebracht, auch körperlich voll einzusteigen, mir wirklich auch
die Lunge aus dem Hals zu blasen – und damit verbunden ist der ganze
Körper sowas von aktiviert, so gespannt, dass man hinterher nicht nur im
Kopf leer ist, sondern dass man hinterher auch nichts mehr essen kann, es
ist schon so – die Marx-Definition find' ich gar nicht so übel.

---

68  *Karl Marx: Das Kapital.* Bd 1. MEW 23. 58 f. Vollständig heißt der Satz bei Marx: »Schnei-
   derei und Weberei, obgleich qualitativ verschiedne produktive Tätigkeiten, sind beide
   produktive Vorausgabung von menschlichem Hirn, Muskel, Nerv, Hand usw., und in
   diesem Sinn beide menschliche Arbeit.«

CJB: Wenn ich das sagen darf: man sieht Ihnen das auch nach dem Konzert an, dass da was passiert ist.[69]

PB: Nun ist das auch mit siebzig anstrengender als mit vierzig ...

CJB: Aber abgesehen davon, ist es doch wohl so - auch bei den Jüngeren -, dass man während des Konzerts doch sehr viel an Energie - an Körper-Substanz abgibt ... man scheint nach dem Konzert nicht mehr der selbe zu sein wie vor dem Konzert ...

PB: Ja, wenn man über eine Stunde lang mit dieser Konzentration spielt, dann ist es auch egal, ob man Cello spielt oder Saxofon bläst oder die Trommeln bearbeitet ... es ist auch eine ganz ungeheure gemeinsame Konzentration da. Es gibt in der Jazz-Geschichte sicherlich genug andere Beispiele von Leuten, die das auch ganz anders machen.

CJB: Irgendwo kommt dann auch der Begriff ›Hochleistungsspielen‹ vor.[70]

PB: Ja, das fordert ...

## Spannung

CJB: Worüber wir auch schon gesprochen haben, ist, dass es darüber hinaus in dieser Art von Musik immer auch diese permanente Spannung gibt, dass

---

69 Karl Lippegaus im schon desöfteren zitierten Artikel in der *Süddeutschen Zeitung* bezogen auf den Auftritt von *Sonore* beim Moers-Festival 2010: »Es heult. Es faucht. Die Anstrengung wird so groß, dass man denkt, gleich platzt dem alten Mann der Kopf. Die dunkelroten Stiefel sind fest gepflanzt in den Boden vor dem kargen Altar. Mit seinen Freunden Mats Gustafsson und Ken Vandermark entfachte der Free-Jazz-Revolutionär Peter Brötzmann in der evangelischen Kirche in Moers den Gesang der Jünglinge im Fegefeuer. Drei Saxofone flehen und brüllen, der Heilige Geist möge gerabsteigen [...].«

70 Zum Thema ›Arbeiten‹ und ›älter werden‹ sagte Brötzmann in einem Interview mit Felix Klopotek (Booklet zu ›Aoyama Crows‹, *Die like a Dog Quartet*, FMP CD 118 / 2002): »Man hat mich immer gefragt, schon zu den alten Triozeiten mit Fred und Han, wie lange ich das weiter machen will. Blöde Frage, blöde Antwort: So lange es geht! Und es ging ja lange Zeit so weiter, mein damaliger jugendlicher Leichtsinn hat durchaus Recht bekommen, was auch völlig ok ist. Es geht immer noch gut. Nur, man nimmt jetzt ein bisschen mehr Rücksicht auf sich, man akzeptiert, dass der ganze Stress mit dem Reisen und dem Hochleistungsspielen seinen Tribut fordert. Gottverdammte, harte Arbeit ist das! [...] Wenn ich damals sagte, wenn ich immer noch sage, wir spielen bis zum Umkippen, dann nicht, weil wir Helden sind. Wir müssen. Uns bleibt nicht viel anderes übrig, als weiter zu spielen. Mit dieser Musik häufst du keine Reichtümer an. Ich hoffe nur, dass, wenn ich mit Kopf und Körper nicht mehr voll dabei bin, ich das merke und es mir leisten kann zu sagen, Brötzmann, jetzt ist Schluss - der Rest bleibt bei mir.«

eine Spannung zwischen den Musikern auch bewusst aufgebaut wird, und das ist ja genau das, was von diesen Musikern mehr erfordert, als wenn sie das Notenblatt vor sich liegen haben zur Orientierung, das ihnen zeigt, wo die Sache zu Ende ist, und: Wo befinde ich mich gerade? Dieser Zwang, sich der Spannung aussetzen zu müssen, und das Ganze mitzutragen, das ist doch schon ein anderer Anspruch, oder?

PB: Ja, das ist ein Unterschied zu den Orchestermusikern – sei es im Sinfonie-Orchester oder in der Big Band – und die ich durchaus schätze; aber es ist 'ne andere Art zu spielen. Ob man nun gerade in dem Moment spielt oder nicht – wenn man die Spannung nicht aufrecht hält, dann ist das Risiko sehr groß, dass die ganze Sache zusammenbricht ... das Risiko, das für mich aber auch gerade den Reiz ausmacht, das ist sehr groß; es ist vielleicht nicht so groß im Duo oder im Trio – aber mit zunehmender Musiker-Anzahl vergrößert sich das auch. Und deswegen bin ich ja auch ein kleines bisschen stolz, dass wir das mit unseren zehn/elf *Tentet*-Musikern im Laufe der Zeit doch wirklich gut hingekriegt haben. Das hat auch jeder verinnerlicht, das weiß jeder – und sobald man auf der Bühne ist, geht es dann auch so ... natürlich geht es auch ein paar Mal nicht so – dann ist das Chaos da, dann hat man Pech gehabt. Aber ohne dieses Risiko macht's dann auch keinen Spaß. Also, wenn ich immer irgendwo 'n Zettel hätte, der mich auf den rechten Pfad zurückbringt, dann würde ich mir 'nen andern Job suchen.

CJB: Aber das ist ja eher die Regel bei vielen Menschen, dass sie das brauchen – dass sie wissen wollen, wo es langgeht ...

PB: Ja, ich weiß auch von Musikern, die – selbst wenn sie im kleinen Raum spielen – wenn sie kein Mikrofon vor der Nase haben, dann fühlen die sich total verloren ... und dann noch nicht mal 'nen Notenständer – meine Güte ... Das haben wir natürlich auch – »wir«, das heißt die deutsche Fraktion und die englische – wir haben das bis zum Extrem praktiziert. Das spielt ja auch, was die Emanzipation der westeuropäischen improvisierten Musik von den Amis angeht, 'ne große Rolle: Wir haben das nun mal bis zur Spitze getrieben – Leute wie Derek *[Bailey]* oder John Stevens oder speziell mein immer noch großartiger Kumpel Evan Parker. Da haben die Amis sich auch immer gewundert – das Beispiel, als mich John Gilmore gefragt hat: Brötzmann, wie machst Du das, hab ich ja schon erzählt[71] – und das ist auch immer wieder ein Merkmal der amerikanischen Musik,

71 Siehe oben S. 92.

dass die einen Anfang und ein Ende haben. Da wird schon festgelegt, wie sich der Bogen vom Anfang bis zum Ende entwickelt; und da wird auch – selbst bei wildesten Coltrane-Geschichten, die ja auch wirklich weit gehen – der Weg vom Anfang bis zum Ende als ein Zurückkommen dahin angelegt. Und gerade mit unserem Trio – mit Bennink und van Hove – haben wir die Dinge zum Schluss so auf die Spitze getrieben, dass keiner mehr – weder das Publikum noch wir – wusste, wo wir waren. Also, das war schon ein immenses Wagnis. Und heute sieht es mit dem *Tentet* zum Beispiel so aus – wir spielen ja seit sechs/sieben Jahren ohne Papiere und ohne Absprachen –, dass die Leute – wie gesagt – oft genug hinterher zu mir kommen und fragen: Kann ich mal die Partitur sehen? Das nehmen wir dann mit gemischten Gefühlen – aber eigentlich ist es ja ein Kompliment, dass wir in der Lage sind – aufgrund unserer Arbeitsweise, aufgrund unseres gemeinsamen Hörens – Dinge so aufzubauen, dass sie Form bekommen … denn ich bin immer ein Anhänger des Zusammenhalts von Form und Inhalt gewesen: Ohne das eine oder das andere geht es nicht. Dass man sich allerdings den Inhalt zubereitet – und die Form gleich mit – das gibt's nicht so oft.

CJB: Das gibt's allerdings nicht so oft – wir hatten ja bereits über die diesbezüglichen Missverständnisse gesprochen … Aber jetzt gibt es da eine Besprechung von Diedrich Diederichsen in der letzten *Spex*, eine Besprechung der neuen *Full-Blast*-Platte *Sketches and Ballads*, und da heißt es allerdings, dabei handele es sich um eine Komposition von Wertmüller, und Brötzmann trete dort auf »wie ein Schauspieler, der sein ganzes Gewicht in die Waagschale von Genauigkeitsperformances von z.T. historisch wirkenden Sensibilitäten (und Sentimentalitäten) wirft, die Wertmüller, der bei seinen eigenen präzisistischen Percussions-Passagen bis an die Grenzen der Selbstironie genau ist, diesmal für ihn vorgesehen hat.«[72] Ich meine, Diederichsen hat ja seine eigene Sprache, die muss man sich ja auch erstmal zu Gemüte führen … aber, wieder wird hier unterstellt, da sei eine Komposition aufgeführt worden ….

PB: Da *ist* eine Komposition aufgeführt worden, das ist eine Partitur – diesmal! Und Diederichsen ist ja nicht dumm, er weiß das schon. Das war eine Auftragskomposition für's Donaueschingen-Festival – Südwestfunk – und da hatten wir unser *Full-Blast*-Trio erweitert mit Ken, mit Thomas Heberer und noch einem zweiten, klassischen Pauker, ein sehr guter Typ …

72 *Spex*, Mai / Juni 2012, S. 110.

Und Micha ist ja eigentlich Kompositeur und ist ja einer der Namen, die man sich merken sollte, in diesem Bereich.

CJB: Ja, der Diederichsen tut viel dafür, dass man sich diesen Namen merkt. Er verfolgt schon seit der frühen Zeit, was Wertmüller so macht, und hat das immer propagiert.

PB: Und für mich ist er auch der Einzige, der beides wirklich auf die Reihe kriegt ... und ich - glücklicherweise - musste in diesem Fall zwar die Partitur lesen, aber musste nicht reagieren; d.h. ich hatte meine Freiräume, wobei er mir allerdings gesagt hat - deswegen *Sketches and Ballads* -, dass er Balladen haben wollte, und im Trio machen wir ja auch durchaus viel Balladen-Kram oder balladeske Angelegenheiten ... das wollte er haben - mit einem gewissen Freiraum - und das hab' ich auch gerne gemacht, weil mich das in keiner Weise eingeengt hat. Wenn ich verstehe, worum es geht, dann ist mir auch eine Komposition durchaus recht - bloß brauch' ich das nicht mit dem *Chicago-Tentet* zu machen. Nein, ich hatte meine gewisse Freiheit im Kontext der Komposition, da hat der Diederichsen durchaus recht.

CJB: Als Außenstehender weiß man es ja oft nicht: entspricht das, was der Schreiber schreibt, den Tatsachen oder schreibt er das, was er gerne da sehen will.

PB: Nee, Diederichsen weiß da schon Bescheid, ich kenn' ihn ein bisschen; ich hab' auch auf seinem fünfzigsten Geburtstag gespielt - irgendwo in Österreich - mit Paal im Duo ... war ein nettes Fest - ich musste nur leider in der Nacht noch zurück ...

CJB: Er ist im übrigen einer der wenigen, der diesen Spagat in irgend einer Weise hinkriegt zwischen Pop-Musik, bildender Kunst und auch Jazz-Musik - und, man müsste hinzufügen: der Analyse der gesellschaftlichen und politischen Situation - und auch für mich war der Mann ganz wichtig, was die Entwicklungen auf dem Gebiet der Pop-Musik betrifft.

PB: Er kennt auch all die Namen der verschiedenen ganz kleinen und auch der großen Entwicklungen und Stile - ich hab' ja keine Ahnung mehr - es ist mir ja auch scheißegal ... aber er ist ein wirklicher Spezialist - und seine Sprache ist es dementsprechend auch - da muss man wirklich genau hingucken und richtig nachdenken ...

CJB: Er kann es auch manchmal richtig 'runter brechen und auch gefühlsbetonte, spontane Dinge sagen – aber die bleiben dann auch hängen … Und man muss auch sagen, dass in *Spex* die improvisierte Musik auch über die ganze Zeit ihres Bestehens mit bedacht wurde.

PB: Er hat ja auch begriffen, dass es aus unserer Ecke eine ganze Menge Einflüsse gab und gibt auf die anderen Musiken – das ist schon so.

CJB: In diesem Zusammenhang: Ich hatte das ja schon mal erwähnt – es gab ja in Kalifornien diese Band *Grateful Dead*, zu der sowohl Diederichsen als auch ich 'ne gewisse Affinität haben, und die haben ja – ausgehend von der amerikanischen Folk-Rock-Musik – auch diese richtig langen Improvisationen gespielt, sozusagen ohne Netz und doppelten Boden. Sie haben – zwar oft ausgehend von irgendeinem Song – sich in ausufernden Sound-Gebilden verloren … und als nächstes spielten sie dann wieder irgendein Stück aus der amerikanischen Folktradition.

PB: Das ist natürlich speziell – das können auch nur die Amis. Das hat was mit Tradition, das hat was mit dem Land zu tun … das sind auch Gedankengänge, die ich einfach nicht nachvollziehen kann … Also ich hab' heute Morgen noch mal ein Stück von Leonard Cohen gehört – meine Güte – also ich konnte das ja noch nie leiden und kann's auch heute nicht. Also, diese ganze Klampfenmusik und Joan Baez und all das – das war ja gerade in meiner Zeit 'ne ganz populäre Angelegenheit … aber ich konnte das nie leiden …

CJB: Aber *Grateful Dead* sind ja doch zumindest insofern was anderes, als dass sie sich einerseits mit der amerikanischen Tradition beschäftigt haben und andererseits diese Angelegenheit dann – wie sagt man neudeutsch? – dekonstruiert haben … und für mich war immer überraschend, dass die solche Sachen auf der anderen Seite der Musik sozusagen, die es damals gab, auch versucht haben … es ist eben in der gleichen Zeit passiert, als hier in Europa auch dieses Aufbrechen der Strukturen stattfand – das ist zumindest 'ne interessante Parallele – und ob es da Berührungspunkte gab – Austausch von Informationen, das weiß ich nicht.

PB: Die gab's hier sicherlich auch – zumindest gab's in den sechziger/Anfang der siebziger Jahren mal eine gewisse Offenheit … und die Offenheit kam, das muss ich zugeben, von der Rockseite; die wollten mehr – die wollten nicht nur ihre Lieder spielen, die wollten mehr. Und wir machten das sowieso – und wir dachten gar nicht darüber nach; wir guckten nur – oder ich guckte nur: Komm ich mit dem klar, geht das? Und damals war man ja auch zu allem bereit ... bloß, die ganzen Bands haben sich dann entweder selbst verkommerzialisiert oder sie sind verschwunden ...

CJB: ... weil sie nicht kommerziell genug waren.

PB: Und da hat 'ne Band in Amerika 'nen viel längeren Atem ... auch ein viel größeres Hinterland.

CJB: Interessant ist bei *Grateful Dead* wiederum, dass die dann nachher auch versucht haben, alles selbst zu machen, ein eigenes Label zu gründen und so weiter – und die sind damit dann auch auf die Nase gefallen und mussten wieder Kompromisse eingehen.

PB: Aber das ist ja eine der positiven Seiten an diesem großen Amerika, dass es doch immer wieder solche Querköpfe gibt, die was anderes durchziehen. Ich kenne auch Leute, die haben mit den Städten nichts mehr zu tun, die wohnen irgendwo im Wald und machen ihr Leben so wie sie das wollen – ohne Rücksicht auf irgendwas – basteln aber an ganz speziellen Dingen oder schreiben Dinge, von denen kein Mensch was weiß; es gibt beispielsweise ganz hervorragende Instrumentenbauer, die irgendwo sitzen und vor sich hin fummeln – und das ist wirklich eine der wenigen guten Seiten an Amerika, dass es diese Art von Querdenkern immer gibt ... zuwenig natürlich.

CJB: Das macht sich auf der allgemeinen Ebene nicht so bemerkbar ...

PB: Nicht wirklich – eigentlich kaum ...

### Europäische Geistesgeschichte?

CJB: Jetzt haben wir von Amerika gesprochen – was mich aber auch interessiert, ist die Frage: Gibt es eigentlich irgendeine Beziehung zur Europäischen Geistesgeschichte, gibt es irgendwelche Philosophen, die von Bedeutung waren, oder sind das Dinge, die man eher am Rande wahrgenommen hat und die für einen selbst oder für das, was man tut, eher unwichtig sind?

PB: Also auf jeden Fall am Rande. Also, ich war immer mehr daran interessiert, Dinge mit den Händen zu machen – mit Papier und Farbe zu arbeiten. Und dann hatte man natürlich, als man auf dem Gymnasium war, sich ein bisschen mit Geistesgeschichte – mit den Philosophen – zu beschäftigen. Ich hab' mir dann damals für mein Taschengeld den ganzen Ernst Bloch gekauft und versucht, das zu verstehen – was mir natürlich nicht gelungen ist. Ich hab' dann natürlich viel Sartre gelesen - da konnte ich aber mehr anfangen mit seinen Stücken ... Sartre, Camus - der ging einem dann schon mehr an die Seele. Sartre war schon wichtig, glaub' ich - und während ich noch mit dieser Sorte beschäftigt war, kam dann Evan *[Parker]* und hatte seinen Beckett unterm Arm ... und da musste man erstmal anfangen zu denken - aha, es gibt auch noch was anderes. Aber die philosophischen Geschichten, die waren mir immer so weit weg ... und dann war's in der Nachkriegszeit auch so, dass ich beispielsweise auch Brecht nur gelesen habe, weil er Kommunist war, nicht weil er Deutscher war. Ich hab' auf der Schule auch nur das gemacht, was zu machen war - obwohl ich immer eine gute Zensur in Deutsch hatte. Und die Klassiker, die natürlich auch behandelt wurden, die haben mich überhaupt nicht interessiert - dieses ganze deutsche Erbe - ich hab' auch keinen Wagner gehört ... und das ging auf die Rechnung meines Vaters - solche Sachen spielten da mit 'rein. Aber ganz ehrlich gesagt: Diese Art von komplizierter Denkungsweise - die man vielleicht auch erst lernen muss - damit habe ich mich nicht wirklich beschäftigt. Wie gesagt, ich war immer mehr an handfesten Dingen interessiert. Und die ganze Malerei, die damals mein erstes, allergrößtes Interesse war, die hatte natürlich mit Leinwand, mit Farbe, mit diesen Dingen - mit Sehen, mit Fühlen viel mehr zu tun, als damit, das Gehirn anzustrengen.

CJB: Ach, das gehört wohl auch dazu, ohne das wird's nicht gehn ...

PB: Ja, ja, gut ... man hat's versucht - ich hab' mir dann - das ist zwar nicht gerade ein Beispiel aus dem Gebiet der Philosophie - die ganzen Bücher von Cage besorgt und versucht, zu kapieren, wohin er denn wollte - was dann viel einfacher ging, als ich mit Nam June Paik unterwegs war die paar Monate ... aber die Seite ist bei mir auf jeden Fall zu kurz gekommen.

CJB: Ob das überhaupt sein muss, wage ich auch zu bezweifeln.

PB: Ich glaube, es muss nicht ... manchmal ärgere ich mich auch - ich weiß einfach auch zu wenig in der Hinsicht. Ich weiß natürlich tausend andere Dinge, aber davon weiß ich relativ wenig.

CJB: Das hat mich jetzt auch nur interessiert, ob man sagen kann, dass da irgendwas eingeflossen ist ... auch bei den anderen eher nicht? Kann man sagen, dass andere da ein größeres Interesse hatten? Gut, Sartre und Camus spielte in der Zeit ganz allgemein eine große Rolle, das war so der Background - auch noch bei mir - der Existenzialismus ... und dann hat Sartre sich ja auch eingemischt, ist zu den RAF-Leuten in den Knast gegangen, war in den Medien präsent; das hatte ja auch was, war auch ein solches Lebensgefühl ... es ging mir einfach darum, dahinterzukommen, ob das eine Rolle spielte für das, was man da tat.

PB: Der einzige, der viel davon wusste, war Buschi Niebergall ... mit dem haben wir ja immer am Küchentisch gesessen, wenn die anderen schon schlafen waren - und nach dem nötigen Vorglühen mit allerlei Getränken hörte das auch nie mehr auf ... das wurde dann aber auch so abstrus - und dann kam irgendwann meine Frau aus dem Bett und sagte: Komm, ich mach Frühstück ...

CJB: (lacht) ... ja hatte er denn da was studiert?

PB: ... der hatte, der hatte - in Marburg ... also da kamen dann manchmal die Hegels und die Nietzsches aus der Ecke - und dann musste man immer gut aufpassen ... Nee, ich muss sagen, eigentlich bewegte sich das bei uns allen sehr an der Oberfläche ...

CJB: Ja, wenn er in Marburg war - Marburg war ja damals auch wichtig und als linke Kaderschmiede verschrien - aber da ist einiges gelaufen und da sind jetzt auch so langsam die letzten raus - aus Altersgründen ...

## Sexualität

CJB: Über ein anderes Thema sollten wir noch sprechen, das ja, wenn man sich manche Bilder anschaut, die Brötzmann gemacht hat, nicht so ganz unwichtig gewesen sein kann - das Thema Sexualität ...

PB: Ja, deshalb macht man's doch!

CJB: Aber, was heißt das denn?

PB: Da kann man doch in die Ursprünge der Philosophie gehen, zu der Frage: Wozu ist der Mensch da? Ich meine, wie auch immer das mit einem selbst aussieht - aber alles, was mit Sexualität, mit Liebe, mit Pornografie - mit allem, was sich zwischen Schwanz und Fotze bewegt - zu tun hat, dabei handelt es sich doch um die Urantriebskraft im Endeffekt. Also, so verschieden meine Kollegen sind, alle die, die ich mal in den Arm nehmen kann, so verschiedene Vorlieben und was auch immer die haben - manches kriegt man ja davon auch mit - aber das ist wirklich bei jedem auf irgend eine Weise eine ganz, ganz wichtige Antriebskraft. Und ich denke, das ist auch für jeden im Leben so ...

CJB: Nun sagt man ja gerade von Künstlern, dass die dazu neigen, mit ihrer Kunst zu sublimieren, d.h., die Sexualität nicht auszuleben, sondern diese Energie auf ein anderes Gebiet zu verlagern – aber bei Musikern aus dem Bereich Jazz, Rock, Pop scheint Sexualität überhaupt eine viel größere Rolle zu spielen – auch in der Beziehung zum Publikum . . . .

PB: Also, Weiber waren immer das wichtigste im Publikum – eine kleine Nebenbeigeschichte: Als ich noch Dixieland spielte – da war ich gerade so fünfzehn/sechzehn – und meine Kollegen waren schon vier/fünf Jahre älter und studierten schon auf Folkwang und so weiter – aber da spielten wir schon in den Clubs; und hier in Wuppertal, in Barmen, gab's irgendwie so einen Schuppen – und da spielten wir regelmäßig – und da saß immer eine Dame – älter als ich auf jeden Fall – in der ersten Reihe und machte die Beine breit und hatte auch nichts drunter – und das für einen Sechzehnjährigen – das war schon heavy … und natürlich versuchte jeder irgendwie, sie auch nach dem Konzert zu finden … aber nee, sobald der letzte Ton gespielt war, war sie weg – da hat keiner auch nur irgendwie ein Wort mit ihr gewechselt.

CJB: Aber, was machte sie denn da?

PB: Die amüsierte sich auf ihre Weise … also, ich hab ja meine Frau sehr, sehr, sehr gerne gemocht, und wir haben es ja auch über zwanzig Jahre lang miteinander ausgehalten – aber ich hatte auch von der ersten Zeit an eigentlich, bis es dann nicht mehr ging, bis sie mich dann endlich mal rausgeschmissen hat, immer irgendwelche Geschichten … es war eigentlich schon – der Holländer sagt: ›kranksinnig‹ – es war auch 'ne Art von Sport in unseren Kreisen ein bisschen, und manchmal war's auch 'ne Notwendigkeit, wenn man unterwegs war … die Gage war so klein und kein Hotelzimmer – und dann gab's da die Devise: Irgendein Zahn musste her … Aber ganz ernsthaft: Ich denke, für alles Handeln, für alles, was man tut, ist das 'ne ganz große Antriebskraft – und ich glaube nicht, dass Musiker – jedenfalls nicht die, die ich kenne – das mit ihrer Arbeit sublimieren … das glaub' ich einfach nicht.

CJB: Nee, ich denke auch eher an Leute, die alleine in ihrem Atelier sitzen und dort sind dann auch keine anderen Menschen – weder andere Männer noch andere Frauen, die sie verführen könnten – und da ist dann eine gewisse Zurückgezogenheit.

PB: Nein, ich hab' ja auch 'ne ganze Reihe von Malerfreunden, bei denen sah das auch von Anfang an ganz anders aus … aber, wenn man dann noch daran denkt, wo die Musik, über die wir ja hier reden, eigentlich herkommt, dann ist die Verbindung eigentlich auch ganz klar ... Ich war ja auch immer ganz erschrocken, wenn Berendt versuchte, den Leuten die Anzüge anzuziehen und ihnen sagte: nun benehmt euch mal - diese ganzen Tendenzen, die Leute in feinste Smokings zu stecken, wie das *Modern Jazz Quartet* sie trug - da hat's ja noch ganz gut gepasst, das waren ja auch ganz wunderbare Gentlemen - nur waren diese Gentlemen nun auch nicht den Damen ganz abgeneigt ... da gibt's natürlich einige interne Geschichten aus unserem kleinen Kreis, bis hin zu den berühmten älteren Herrschaften, irgendwelche Weibergeschichten, irgendwelche fantastischen Dinge ...

CJB: Aber dann ist das natürlich schwierig für die Frau zu Hause, das ist ja klar ... die muss dann auch Nerven haben ...

PB: Ich muss sagen, meine Frau hat das manchmal sicherlich nicht leichten Herzens mitgemacht, aber auf der anderen Seite - wenn ich in der Scheiße saß, war sie auch die einzige, die ich ernst nehmen konnte, die mir auch immer unter die Arme gegriffen hat - und wir sind auch bis zum Schluss - sie ist ja vor acht Jahren gestorben - die besten Kameraden geblieben im Grunde ... nee, nee, ohne sie hätte ich das alles auch überhaupt nicht überstanden - die ersten zwanzig Jahre - da wär' ich wahrscheinlich schon längst irgendwo im Abgrund gelandet ... sie war einfach die Seele der ganzen Angelegenheit. Es war ja in diesen Jahren so: Das ganze Haus war immer voller Musiker, voller Durchreisender, die ich zum Teil gar nicht kannte. Aber sie hat immer dafür gesorgt, dass eine Suppe auf dem Tisch war und dass es uns allen gut ging. Wir haben ja zehn, zwölf Jahre mit dem Trio gearbeitet - und damals hat man alles mit dem Auto gemacht - und wenn wir dann in der Nacht oder am Morgen zurück kamen, dann gab's aber immer noch ein Frühstück, was zu essen und zu trinken - und die Betten waren gemacht. Also für mich persönlich ist es so: Ohne ihre Großzügigkeit und ohne ihre Unterstützung, indem sie sagte: Mach' was du für richtig hältst, anstatt mich zu pressen: Geh' mal Geld verdienen, hätte ich das sehr wahrscheinlich gar nicht so durchgehalten. Oder auch später - wir sind ja Gott sei Dank immer noch im Geiste zusammen gewesen, bis sie gestorben ist - wenn ich irgendwelche ernsthaften Probleme hatte, dann war sie mein Partner. Insofern war sie die ganzen Jahre hindurch die wichtigste Person in meinem Leben; denn ohne ihren Beistand hätte ich mich entweder ganz früh zu Tode gesoffen oder aufgegeben ... Wir hatten ja ganz früh die Kinder, und irgendwie musste ja auch Geld da sein - und

ich hab' gearbeitet und sie hat gearbeitet, wir haben uns abgewechselt mit
den Kindern und in der Küche - und der Gerichtsvollzieher stand oft genug
vor der Tür ... Aber sie hat immer gesagt: Irgendwie schaffen wir das - und
irgendwie ist es ja auch immer ein Stückchen weiter gegangen. Aber sie war
schon die Seele des Ganzen - da kann man auch Han oder Freddie fragen.
Die konnten sie auch weitaus besser leiden als mich ... Wir hatten damals
eine Wohnung, die war nicht klein - ungefähr achtzig Quadratmeter - aber
wir hatten manchmal zehn, manchmal mehr Leute da. Und da wurden die
Matratzen ausgerollt und so - und das hat sie dann alles gemanagt ... und
das war schon eine ziemlich tolle Leistung. Wir hatten ja zusammen studiert
und haben auch zusammen fertig gemacht - die Kinder wurden damals
mit in die Werkbundschule genommen ... Babysitter? Höchstens mal die
Schwiegermutter, die uns gut unterstützt hat ... Nee, das waren schon
lustige Zeiten - abgesehen vom konstanten Geldmangel ... und wenn man
dann Geld hatte, musste Leinwand gekauft werden oder Ölfarben, lauter so
teures Zeug.

CJB: Es gab ja damals auch dieses Modell: Wir führen eine offene Beziehung ... aber zur Liebe gehört dann auf der anderen Seite wohl auch die
Eifersucht - und deshalb haben diese Modelle dann ja doch meistens nicht
geklappt, weil einer den Kürzeren zog und dann natürlich Theater machte,
das ist ja klar.

PB: Ich weiß noch, so zum Ende hin, als schon klar war: wir müssen uns
irgendwie trennen, und als sie dann anfing, ihre Freundschaften ein bisschen
zu intensivieren, dass ich alter Idiot, der ihr ja nun wirklich überhaupt
nichts vorwerfen konnte, anfing, so was von bescheuert eifersüchtig zu
werden ... also, da musste ich mich wirklich erstmal selbst zusammenreißen
und erstmal was lernen ... aber, ich hab' einfach Glück gehabt, das war
einfach eine ganz außergewöhnliche Beziehung - es war aber auch in diesen
sechziger/siebziger Jahren eine ganz andere Geschichte als heute. Wenn ich
mir heute meine jüngeren - also die zwischen vierzig und fünfzig Jahre
alten - Kollegen so anschaue - gut, die saufen noch einen, aber auch das
tun sie - wie gesagt - nicht mehr so intensiv ... also, ich hab' so das
Gefühl ... gut, von dem einen oder anderen weiß ich, dass es da was gibt -
aber wir haben das ja früher immer öffentlich gemacht, wir haben nichts
versteckt. Ich weiß noch, Bennink war immer furchtbar sauer, weil er meine
Frau auch sehr mochte, und das in seinen holländischen, puritanischen
Schädel überhaupt nicht 'rein ging, was ich da anstellte: Aber ich hab' das

nie versteckt oder so ... aber heute - falls so was passiert - wird es sehr geheim gehalten.

CJB: Ich meine, die Amerikaner sind ja auch oft puritanisch, was das anbetrifft ...

PB: Na ja, meine schwarzen Freunde sicherlich nicht so sehr ...

CJB: Nee, ich meine auch eher die Weißen ...

PB: ... und den schwarzen Freunden wird's hier in Europa auch leicht gemacht, das war aber schon immer so ... nee, manche von den Weißen sind wirklich so, meine Güte ...

### Sicherheit

CJB: Ich stelle auch fest, dass die jüngeren Leute wieder eher konservativ sind in dieser Hinsicht; da denkt man ja in jungen Jahren wieder ernsthaft über Familie und Ehe nach ...

PB: Das ist wohl so - wir hatten dagegen ja über nichts nachgedacht; als wir dann mal geheiratet haben, da hatte meine Frau schon 'nen dicken Bauch - wir waren beide noch im dritten Semester oder sowas ... ich musste auch noch warten, bis ich einundzwanzig war - weil, meine Eltern sagten: Hau ab, scher' Dich zum Teufel! ... und all das ... Aber wir haben auch nie über die Folgen nachgedacht oder über Absicherung - da war nichts. Das war auch 'ne ganz andere Lebensperspektive, weil wir immer dachten: Irgendwie geht das alles gut ...

CJB: (lacht) ... das denke ich im übrigen heute noch ...

PB: Aber heute sieht das ganz anders aus: Selbst in den freigeistigen Kollegenkreisen wird über die Alterssicherung nachgedacht ...

CJB: Ich meine, es wird einem ja auch suggeriert ...

PB: ... das kommt dazu - aber vielleicht sieht man heute das, was auf einen zukommt, auch besser: Wenn man selbst nicht sorgt - die Rente kannste vergessen ... Und damals hat man ja noch die Hoffnung gehabt - obwohl, ich hab' ja nie was an Rente zu erwarten gehabt ... aber normalerweise hat man sich ja auf Herrn Blüm verlassen ... (lacht) ... Nein, das waren andere Zeiten ... wenn ich mal mit Ken und Mats unterwegs bin als *Sonore* und ich erzähl' dann mal, wie das Leben so ging früher, dann wundern die sich wirklich.

CJB: Obwohl beispielsweise in Skandinavien, wo früher das sozialdemokratische Paradies herrschte, da sind die Leute doch sehr behütet aufgewachsen.

PB: Es war eigentlich unmöglich, dass man 'runter fiel ... Nee, das ist ja auch heute noch so: Mats kriegt vom schwedischen Staat 'nen Tausender oder sowas - nur weil er Künstler ist ... oder in Dänemark, da hätte ich schon zwanzig Jahre lang 'ne Künstlerrente zum Beispiel. Ich kenne ein paar Leute, die das seit ein paar Jahren haben, und seitdem sie das haben, tun sie überhaupt nichts mehr.

CJB: Das ist dann ja immer die Diskussion: Schläft man dann ein, wenn man alimentiert wird als Künstler oder bleibt man dann trotzdem wach? Das war ja die neo-liberale Behauptung: Man muss den Leuten das Geld wegnehmen, dann kommen die wieder in die Gänge ...

PB: Nee, das stimmt so auch nicht ...

CJB: Man hat ja auch immer gesagt: Der schwarze Boxer wurde ja nur deshalb gut, weil er aus sozial beschissenen Verhältnissen kommt - aber das ist ja wohl auch ein Mythos ...

PB: Früher hieß es da ja: Entweder du wirst Boxer oder du wirst Jazz-Musiker ...

CJB: Aber wenn es denn stimmt, dann stimmt auch: Die wenigsten haben's ja geschafft, die meisten sind vielmehr dran kaputt gegangen.

PB: Das ist eben ein netter Mythos, der, wenn man da mal genauer hingucken würde, nicht stimmt - auf der anderen Seite: Wo kamen die Boxer hier früher her? Die kamen auch aus der Arbeiterklasse - natürlich, denn wo lernt man die Fäuste gebrauchen? Aber, Miles Davis kam aus einem sehr behüteten Elternhaus und viele andere kamen aus dem schwarzen amerikanischen Bürgertum - und man hat ja hier auch 'ne falsche Vorstellung, nämlich, dass die ganzen schwarzen Leute die armen Schlucker waren, die zu nichts gut waren - aber die hatten ja durchaus ihre gesellschaftlichen Organisationen, die hatten ihre Kunstschulen, die hatten ihre Universitäten, die hatten Fortbildungsgeschichten, die hatten Business ... das ist ja nicht so, als ob die alle aus dem Dreck kommen ... das ist ja auch so 'ne Mär ... Aber, ich denke allerdings, dass eine gewisse Unsicherheit dem schöpferischen Arbeiten ganz gut tut.

CJB: Aber das ist ja auch klar, worüber soll es auch sonst etwas zu berichten geben, wovon ein Bild malen, wenn alles wie im Paradies ist, wenn überall grüne Wiese und blauer Himmel herrscht ... da sind wir erneut bei den Widersprüchen - es muss etwas da sein, das einen treibt, das einen umtreibt.

PB: Nein, deswegen: Das hab' ich allerdings erst später gemerkt - an meinen Kollegen aus der DDR zum Beispiel ... ich war ja wirklich blauäugig, enthusiastisch - die konnten ja auch alle gut spielen, die waren alle gut ausgebildet ... bis ich dann allerdings merkte, dass das bei vielen eine ziemlich aufgesetzte Angelegenheit war - und da war die ›Wende‹ schon da beinahe ... Also, diese Sicherheit in allen Lebenslagen, die führt zu dem, was ich so Kunstgewerbe nennen würde: Man kann zwar alles, man macht das auch alles, das sieht auch alles ganz schön aus - oder hört sich alles ganz schön an - aber es ist eigentlich einen Scheißdreck wert. Und im Kunstgewerbe war die DDR sowieso ziemlich gut ... (lacht) ... und so ging's auch, wenn man sich die großen Malernamen anguckt, Mattheuer und wie sie alle heißen, die dann an den Akademien die Professoren waren, die dann nach der Wende auch durchaus im Westen gefeiert wurden ... Aber, wenn man sich das mal genau ansieht, dann kommt das aus so einer kleinbürgerlichen Geisteshaltung; ein bisschen studiert haben sie ja alle - aber da fehlt wirklich das Salz und der Pfeffer im Arsch ... es befindet sich alles - ob sie nun dafür oder dagegen waren - in einer ideologischen Tunke ... und deswegen: Die Tendenzen heutzutage unter den jungen Musikern - es ist ja schön, dass sie versuchen, sich zu organisieren und Dinge zu machen - bloß, je mehr ich davon höre, was dann übrig bleibt, das ist 'ne Lebensversicherung mit fünfundzwanzig ... das kann man vielleicht als Bankangestellter erstreben - meinetwegen - aber, wenn du als Künstler in der Gesellschaft arbeiten willst, was willst du da mit Sicherheit? Na sicher ist es schön, wenn mal 'n Tausender kommt für'n Job oder 'n Tausender für'n Bild, das braucht man ja auch, aber diese generelle Sucht nach Sicherheit - ich denke, das tötet alles.

CJB: Das ist, so sagt Hegel an verschiedenen Stellen, diese Sucht nach dem verlorenen Paradies - aber wenn das Paradies wirklich erreicht würde, dann wäre das der Tod, der völlige Stillstand - also, wie gesagt, Dialektik und Fortschritt gibt es nur, wo Widersprüche sind ... das ist ja letztlich eine der Grundaussagen der Hegelschen Philosophie - und nur da entstehen die Triebkräfte, die zu Kunst und Philosophie führen ... Und deshalb ist das auch immer ein Problem: Klar muss man von irgendwas leben - ich

hab ja zu Anfang des Gesprächs darüber gejammert, dass die Leute keine
Stellen mehr kriegen, und klar, dafür muss man auch kämpfen - aber der
dialektische Umschlag passiert dann da, wo alles im Wohlstand ertrinkt -
und dann ist die Wiese grün und der Himmel ist blau und nichts passiert
mehr ...

### Erneut: Spannung

... und in diesem Zusammenhang möchte ich auch noch mal auf die Aussage von Brötzmann zurückkommen, die er im Interview mit der Zeitschrift
*skug* im letzten Jahr getätigt hat: »Es gibt keine Freundlichkeiten, es gibt nur
Musik«[73], oder, wie es in diesem Zusammenhang schon mal hieß: Auf der
Bühne herrscht auch Kampf ...

PB: Ja, das ist es ja wieder: Wenn wir uns nur gegenseitig auf die Schulter
klopfen würden, dann käm' dabei auch wieder nichts heraus - das ist wie
mit dem blauen Himmel und der grünen Wiese ... man kommt ja auch
immer auf Dialektik zurück: Man gibt und man kriegt, und man muss
ein bisschen austeilen und ein bisschen herausfordern natürlich ... und
das geht auch gar nicht anders: Wenn da keine Spannung entsteht, ist es
aus ... und gerade bei den Saxofonisten war's ja immer so: Erstens gibt's
Competition - wer kann lauter, länger, lieber - so diese wirklich pubertäre
Angelegenheit - aber wenn ich heute mit meinen jüngeren Saxofon-Kollegen
unterwegs bin, dann gehen wir zwar gerne essen und trinken miteinander
und reden auch freundlich und sind auch freundlich - aber auf der Bühne
muss man erstens schon sich selbst behaupten - und da ist immer der erste
Schritt der Ort, wo man sich platziert, wo man seinen Platz im Saal, in der
Akustik findet ... also ich hab' - vermutlich weil ich sehr stark Linkshänder
bin - immer gerne die linke Seite für mich, hab' auch den Trommler gerne
rechts von mir ...

CJB: ... also die linke Seite vom Zuschauerraum aus gesehen ...

PB: ... also den Trommler und alles andere rechts von mir - also, das muss
man mal klären; da gab es auch im *Tentet* anfangs immer Schwierigkeiten,
weil der eine wollte dahin, wo der andere auch war.

CJB: Bei *Sonore* ist Mats Gustafsson immer in der Mitte ...

---

73 Siehe oben S. 82.

PB: Mats, den lassen wir seinen Macho-Kram in der Mitte machen - und Ken und ich sind so die Vernünftigen ... so schön das auch ist, und wenn ich mit Mats auch mal Duo spiele, und wenn's dann richtig passt - oder mit Ken - scheißegal ... das ist schön, aber das ist nur ein Teil, nur ein Teil ... also, es gibt schon Spannungen ... manchmal gehen mir die anderen ja auch auf die Nerven, so ist das ja auch nicht - und dann muss man sich einfach mal Platz schaffen: die Ellenbogen breit und durch - bis es dann wieder eine Balance gibt, auf die man sich einlassen kann - und so geht das mit der Dialektik eigentlich immer weiter ...

CJB: Es gibt aber nun auch Typen, die nicht so gerne kämpfen - es gibt ja Leute, denen sieht man schon an, dass sie eher zurückhaltend sind und nicht so gerne mit anderen eine Auseinandersetzung eingehen ... und das geht dann trotzdem?

PB: Das geht natürlich trotzdem, weil wir ja auch eins nicht vergessen und gelernt haben - und im Blut haben: Wenn der andere, so schüchtern und zurückhaltend er ist, wahrhaftig 'rüberkommt - und das merkt man ja, das riecht man, fühlt man - dann ist das auch überhaupt kein Problem. Also, ich hab' zum Beispiel schönste Zeiten - viel zu kurze - mit Fred Hopkins, dem Bassisten, verbracht, der ja wirklich ein ganz zurückhaltender Mensch war ... aber wenn der Bass klang, dann war das nicht nur wunderbar, es ging auch durchaus gegeneinander, das war ganz prima ... ich mein' auch nicht, dass wir jetzt die Fäuste auspacken müssen - das gab's auch: Also früher gab's das mehr - ich glaube, Ben Webster war einer der größten Schläger, da gab's in der Ellington-Band was auf die Nuss ... es gibt viele Geschichten über Prügeleien in der Mingus-Band und so weiter ...

CJB: Och, ich kenn' das auch, ich hab' ja mal in einer Rockband gespielt ...

PB: Es muss nicht sein, aber wir haben, als das Trio - van Hove, Bennink - so in die letzte Phase ging, als ich wusste, Fred hat die Schnauze voll - von Bennink vor allen Dingen - da ging das aber manchmal in der Musik so zu, dass die Leute auch merken mussten: Da ist der Teufel los. Das haben wir auch nicht versteckt, wir haben da nicht auf Freundlichkeit gemacht - und das ging, das war auch gut so (lacht): Erstens wurd' auch langsam das Ende klar und zweitens - das war ja meine Devise von Anfang an - galt ja: Wenn ich auf der Bühne bin, dann ist all das, was ich habe, das ist dann da - da gibt's nichts zu verstecken, nichts zu beschönigen - das geht so gut, wie's geht, und so weit, wie's geht ... und das muss auch so sein ...

CJB: Nun ist das aber gerade für die Leute im Publikum ein Problem, die –
wie sagt man? – harmoniebedürftig sind; es gibt ja solche Leute, die immer
sagen: O Gott, nun streitet euch doch nicht, die meinen, sie müssten jeden
Streit schlichten … solche Leute können es vermutlich kaum ertragen, wenn
sie mitbekommen, dass da gewisse Spannungen am Werk sind … Es gibt
übrigens 'ne Szene in dem Film *Soldier of the Road*, in der Aufnahmen von
*Sonore* in Köln gezeigt werden und wo Brötzmann dann sagt: »Das könnt
Ihr in Eurer eigenen Band machen« und Mats Gustafsson sagt darauf: »Oh,
er hat uns erlaubt, 'ne eigene Band zu haben, das ist ja toll …« – also diese
Art von Gefrotzel …

PB: … (lacht) ja, ja, gut … wir ärgern uns ja auch schon mal verbal … weil,
bei manchem, was Mats mit seinen eigenen Bands zum Beispiel so macht,
da lauf ich 'raus – das find' ich zum Heulen … und manches von Ken's
Art und Weise, Bands zu machen und Stücke zu schreiben find' ich auch
äußerst fragwürdig – manchmal jedenfalls … oft genug … und das kommt
dann auch irgendwann mal zum Vorschein – und das gehört auch dazu …
Nee, und auch im *Tentet* gibt's Fraktionen, die sich manchmal ganz schön
in die Haare gehen … das ist aber eigentlich der Sache nur zuträglich.

CJB: Ja eben, das ist ja auch das, worauf das Gespräch hier immer mal
wieder hinausgelaufen ist … aber man muss es auch erstmal verstehen …

PB: Und ich find ja auch – wir Jazz-Musiker ganz generell – sind ja auch
immer so die Typen, die sich auf die Schulter klopfen und in die Arme
nehmen …

CJB: Das machen die Theater-Leute ja auch immer … (lacht) … aber dem
sollte man nicht trauen, da könnte der Dolch hinterm Rücken lauern …

PB: Ich hab' genug beim Theater gearbeitet – was da abgeht, da sind das ja
noch harmlose Sandkastenspiele bei uns.

CJB: Und übrigens soll gerade unter Orchestermusikern das größte Mobbing
herrschen – da ist der Druck dann auch groß – und wenn dann einer nicht
so ganz auf dem Laufenden ist, wird er von den anderen gegebenenfalls
auch fertig gemacht …

PB: Vom Theater weiß ich's – die paar Mal, wo ich 'ne ganze Saison im
Theater mitmachen musste – Jesses, was hab' ich da für Hinterhältigkeiten
mitgekriegt … da hab' ich dann auch gesagt: nie wieder!

CJB: Aber das ist eben nicht so bei den Improvisatoren …

PB: Nein! ... gut, es kommt auch drauf an, mit wem ... also, mit Mats und Ken und Paal - mit Fred - kann ich sehr offen über alles reden. Es gibt auch sicherlich ein paar in der Band, wo ich vorsichtig bin ... ein Beispiel, das schon Geschichte ist aus den frühen *Tentet*-Zeiten: Da war Mars Williams mit dabei - ich schätze ihn ungemein, immer wieder -, aber damals war er auf harten Drogen und hat die Band genervt. Damals, das war das Jahr, wo Ken seinen *MacArthur*[74] bekommen hatte und wir die lange Tour durch die Vereinigten Staaten hatten ... und Mars hat die Band genervt: Er hat uns warten lassen, er war verschwunden und so weiter, und so weiter ... Es gab einen Scheiß nach dem andern - und eines Tages - das war irgendwo im Süden - da hab' ich ihm sagen müssen: Jetzt ist Schluss, hau ab! Das fiel mir schwer, aber das musste einfach sein, um die Band nicht total durcheinander zu bringen ... Gut, dann ist er auch nach Hause gefahren und hat ein paar Geschichten erzählt - aus seiner Sicht ... Aber wir sind dann doch danach wieder gute Freunde geworden - wir spielen ja auch wieder zusammen ...

CJB: ... in Wels war er auch ...

PB: ... ich lad' ihn auch immer ein, wo ich kann, weil: Er ist ein exzellenter Spieler ... ich hab' ja auch immer gerne Leute, die nicht so unbedingt in dieses Bild der funktionierenden Gemeinschaft passen, denn das geht ja auch zu weit. Deswegen ist mir Keiji Haino da auch so lieb, weil er erstmal alles durcheinander bringt, dass selbst Leute, die sich mit Neuer Musik beschäftigen, dann davor stehen und den Kopf schütteln ... Und Mars ist auch so ein Springinsfeld, der alles Mögliche macht ... aber auf der andern Seite ist er ein so ungemein musikalischer Typ und spielt einfach toll ... Ich seh' mich ja - wie gesagt - nicht als Bandleader im *Tentet*, aber ich versuche, Dinge möglich zu machen ... aber wenn es aus dem Ruder läuft, dann muss ich ab und zu mal ein Wort sagen; ich hab' auch während der ganzen Geschichte durchaus mal mit der Faust auf den Tisch gehauen ... Die Dinge verselbstständigen sich ja auch leicht, wenn alles anscheinend ganz leicht und gut geht - aber, dann ist schon der Wurm drin, da muss man dann mal wieder gucken ... Aber, das Gute ist ja, man kann das ja auch 'rüberbringen.

CJB: Aber man muss das eben erst verstehen, denn - wie gesagt - gewisse Leute werden immer erschrocken sein, wenn sie die Aussage lesen: Das muss

---

74 Ken Vandermark erhielt 1999 das berühmte - und hochdotierte - MacArthur-Stipendium, von dem auch das *Chicago-Tentet* nicht unwesentlich profitieren konnte.

Kampf sein - und: Hier müssen die Widersprüche ausgetragen werden - oder: Es gibt keine Freundlichkeiten ...

PB: ... ja ... ja ...

CJB: ... aber ich kenne eben Leute, die würden sagen: Was ist da los? Nein, so etwas will ich doch gar nicht sehen - insofern ist das auch 'ne unorthodoxe Sichtweise auf die Dinge.

PB: Na, vielleicht sag' ich's nur einfach mal ... Ich weiß ja von meinen älteren Jazz-Kollegen, bei denen war die Trennung zwischen Bühnenarbeit und Leben auch noch 'ne andere: Auf der Bühne wurden die Stücke gespielt, und die spielte man so gut, wie die Tagesform es erlaubte - aber was dann hinten im *Backstage*-Bereich passierte, das waren dann die wüstesten Schlägereien und Beschimpfungen, nicht wahr? ... Und da find' ich es ja eigentlich vernünftiger, wenn man das, was einen bewegt und bedrückt und ärgert, auf der Bühne nicht versteckt, was soll's?

CJB: Aber das ist auch ein gesellschaftliches Modell, wenn ich das mal so nennen darf, das nicht selbstverständlich ist. Denn in der Kultur wird einem ja oft genug gerade die Harmonie vorgegaukelt ... und diese Harmonie wollen die Leute vermutlich auch deshalb auf der Bühne haben, weil es etwas ist, was sie dann aus dem Alltag heraushebt - den Streit haben sie vielleicht schon in der Firma oder irgendwo ... und dann gehen sie schön zum Kulturereignis und da kriegen sie dann eben was vorgegaukelt ...

PB: Das ist das gängige Modell, das ist das, was allen verkauft wird an jeder Straßenecke - und auch in jedem Goethe-Institut ...

CJB: ... und dann ist das überhaupt nicht selbstverständlich, wenn dann Leute kommen - oder wenn zumindest ein Peter Brötzmann kommt und sagt: Bitte schön, wir tragen hier die Konflikte auf der Bühne aus und ihr als Publikum habt daran Teil oder geht raus - aber das ist das, was wir hier machen ... ich halte das nicht für selbstverständlich ...

PB: Nee, das ist es sicherlich nicht ... ich meine, die meisten Kollegen wollen ja auch nach außen hin die Schönheit, die Freundlichkeit, das Wohlbefinden vermitteln - bloß, das ist ja nun nicht wirklich unsere Aufgabe ... auf jeden Fall ist das nicht my cup of tea ... Es gibt ja eigentlich in der ganzen Scheiß-Kunst zwei Möglichkeiten: Entweder erfüllt man die Erwartungen, die das Publikum - oder der Verbraucher - hat, oder man macht sich ein paar Gedanken und versucht 'rauszufinden - ohne Rücksicht auf Verluste -, was einen selbst angeht. Und wenn man das vielleicht formulieren kann, dann kann man das auch nach außen tragen; und dann mag das vielen Leuten nicht gefallen – bloß ich bin nun wirklich nicht dazu da, irgendwelchen Leuten einen Gefallen zu tun – schon gar nicht auf der Bühne! Ich halte gerne einer Dame die Tür auf, aber auf der Bühne nicht … nee, darum geht's nicht!

## Kenneth Patchen

CJB: Klare Worte, die auch gut die Schlussworte sein könnten – aber dennoch abschließend die Frage – weil mein Essay, der unten zu lesen ist, ja einen Titel trägt, der aus einem seiner Gedichte stammt: Welche Rolle hat denn Kenneth Patchen für Brötzmann gespielt?

PB: Ich denke, dass er einer der richtig guten amerikanischen Nachkriegs-Poeten/Schriftsteller – sogar Maler/Zeichner ist, der im Gegensatz zu seinen Zeitgenossen – den Beatniks – sich von all diesem Kram, mit dem die beschäftigt waren, nicht hat beeinflussen lassen, sondern wirklich für sich eine Weltsicht gehabt hat, die sehr klar – und vielleicht ein bisschen idealistisch gewesen ist … aber mit einem unglaublichen Gefühl für menschliche Beziehungen, für Schwächen und auch für Schönheiten – was auch in der Sprache durchaus 'rauskommt. Der war und ist für mich schon eine ganz wichtige Person.

CJB: Ich habe kürzlich sein Buch *Erinnerungen eines schüchternen Pornographen* gelesen – und das schien mir gar nicht so weit entfernt von dem, was die Beatniks geschrieben haben …

PB: Also, ich denke, man sollte seine Gedichte lesen. Da kommt auch zum Ausdruck, dass er ein furchtbarer Idealist gewesen ist, ein Humanist … übrigens: Bei meinem ersten New York-Besuch war ich in einem Antiquariat – aus irgendeinem Grund suchte ich nach Patchen. Ich hatte dann auch einen kleinen Band gefunden und dann sagte der Typ in dem Laden: ›Komm mal mit!‹ und brachte mich in den Keller – da lag alles Mögliche 'rum. Und er kramte dann eine Patchen-Mappe 'raus, mit all diesen Zeichnungen – farbig und schwarz-weiß. Und ich hatte keinen Pfennig in der Tasche – wie üblich; und zwei Jahre später suchte ich den Laden und den gab's natürlich nicht mehr. Da hatte ich mir nämlich extra ein paar Mark besorgt – aber da war alles zu spät ... also, ich finde auch seine Sprache schön – einfach schön. Und sein Weltbild ist sehr, sehr idealistisch.

CJB: Dann war die Sache mit der Patchen-Platte schon eine gezielte Angelegenheit, kein Gedanke, der von Außen kam? Und die Zusammenarbeit mit Mike Pearson war auch nicht zufällig?

PB: Mike hat mal 'ne zeitlang ein englisches Action-Theater geleitet – mit Akrobatik, mit Feuer – so eine richtig wilde Bühnengeschichte – und der rief mich eines Tages an und fragte, ob wir nicht mal ein paar Duo-Geschichten machen wollen. Er hatte einen kleinen Laden in Hamburg in der Admiralitätsstraße und da haben wir dann ein Stück aufgeführt: *Der Gefesselte* von Ilse Aichinger. Und da ging es auch ganz augenscheinlich um Befreiung ... er war mit Ketten gefesselt und wir hatten eine Bühnensituation aus lauter Metallplatten und er stieß und tanzte gegen das Metall und so gab es auch Klanggeschichten – und ich spielte einfach dazu ... und so kam die Zusammenarbeit zustande. Dann hatten wir danach was mit seinen eigenen Texten und Texten von Blake – verschiedene Duo-Geschichten – gemacht. Und er war einer der Wenigen, die, als ich Patchen mal erwähnte, genau wussten, wovon ich redete. Außer mir, ihm und William Parker kannte den keiner ...

CJB: Es bleibt mir nur zu sagen: Lieber Peter Brötzmann, vielen Dank für das Gespräch.

Christoph J. Bauer

# EACH IS THE WORK OF ALL

Grundzüge der sozialen Struktur einer Gemeinschaft von Improvisatoren

> *The wind in the willows played tea for two*
> *The sky was yellow and the sun was blue*
> *Strangers stopping strangers*
> *just to shake their hand*
> *Everybody's playing*
> *in the Heart of Gold Band*
> *Heart of Gold Band*
>
> (Robert Hunter / The Grateful Dead:
> *Scarlet Begonias*)

Fragt man nach den Resultaten der hier präsentierten Gespräche mit Peter Brötzmann unter dem für mich maßgeblichen Gesichtspunkt des Verhältnisses von Musik und Kunst zu der gesellschaftlichen Situation, in der diese Musik entsteht, so zeigt sich zunächst einmal, was bereits zu Beginn dieses Buches – im Abschnitt *Ausgangspunkte* – allgemein formuliert wurde: Weder seine Musik noch die Gedanken, die Brötzmann im Medium der Sprache äußert, sind ohne den spezifischen zeitgeschichtlichen Hintergrund seiner Biografie, d.h. seiner persönlichen Erfahrungen verständlich, die er in den fünfziger/sechziger Jahren in der damaligen Bonner Republik mit ihren widersprüchlichen – restaurativen ebenso wie emanzipatorischen – Tendenzen gesammelt hat. Das gilt sowohl für die politischen als auch für die künstlerischen Aspekte seines Schaffens. Gleichwohl lässt sich dieses einmal zu einem Werk verdichtete Schaffen Brötzmanns nicht als eine ephemere Erscheinung bezeichnen, die – wie Vieles in der Kurzlebigkeit unserer Gegenwart – morgen vergessen und bedeutungslos sein wird. Vielmehr haben sich in diesem Werk eine solch große Zahl von allgemeinen –

und damit für größere Zeiträume gültige – Aspekte kristallisiert, dass es sich
lohnt, diese herauszuarbeiten und den kommenden Generationen als ein
Angebot zu übermitteln, diese Aspekte bei den Versuchen, gesellschaftliche
Zusammenhänge zu organisieren, zu berücksichtigen.

Der Befund bezüglich der hier angesprochenen allgemeinen Aspekte unterscheidet sich, was Brötzmanns Werk betrifft, wohl vor allem deshalb vom
Werk anderer Künstler seiner Generation, weil er in vielerlei Hinsicht ein
Grenzgänger war und ist, andere sich demgegenüber eher auf die Ausarbei-
tung eines bestimmten Aspekts ihres künstlerischen Schaffens konzentriert
haben. Grenzgänger war und ist Brötzmann, der fälschlich immer wieder
gerne als ›Purist‹ bezeichnet wird, (1.) weil er sowohl bildender Künstler als
auch Musiker ist – und weil diese Einflüsse aus der bildenden Kunst, etwa
was die musikalischen Strukturen anbetrifft, für sein Werk von entscheidender Bedeutung sind; er ist aber auch deshalb Grenzgänger, weil er (2.) –
der sich selbst als Jazz-Musiker bezeichnet – keine Schwierigkeiten zu haben
scheint, sowohl mit eher an der klassischen Neuen Musik orientierten Musikern zusammenarbeitet als auch mit Musikern, die Einflüsse der Rock- bzw.
Popmusik in ihre musikalische Praxis aufgenommen haben. (3.) ist er ein
Grenzgänger, insofern er sich bewusst und sehr früh der Auseinandersetzung
mit den Vertretern des amerikanischen Jazz und hier gerade der schwarzen
Tradition gestellt hat – und letztlich ist die unvergleichliche Vielfältigkeit
der Musik des *Chicago-Tentets* dem Umstand geschuldet, dass Brötzmann im
Unterschied zu anderen, wie er selbst sagt, »immer wieder hingefahren« ist.
Er hat aber nicht nur früh die Auseinandersetzung mit dem amerikanischen
Jazz gesucht, sondern ist auch nach Asien gegangen, und damit in einen
kulturellen Bereich, der zunächst für einen Jazz-Musiker nicht unbedingt
nahe lag. Später sind dann die Begegnungen mit Osteuropa dazu gekommen.
Dann ist Brötzmann aber (4.) auch ein Grenzgänger, weil er immer wieder
die Begegnung mit jüngeren Musikern gesucht hat; Begegnungen, in denen
er selbst sicherlich wegweisend gewirkt hat; Begegnungen, die aber ebenso
auf sein eigenes Arbeiten Einfluss genommen haben. Und schließlich ist
er – wenngleich man daran, was sein persönliches Werk betrifft, sicherlich
zuletzt denkt – auch deswegen Grenzgänger, weil er (5.) immer wieder auf
die außermusikalischen – d.h. hier in der Hauptsache: gesellschaftlichen –
Belange seiner Arbeit aufmerksam gemacht hat – und damit zumindest insofern Erfolg hatte, als er bei mir die Neugier auf diese außermusikalischen,
außerkünstlerischen, gesellschaftlich-politischen Belange seines Tuns geweckt
hat.

Nun, wie lassen sich diese außermusikalischen bzw. die die Musik nicht unmittelbar betreffenden Belange zusammenfassen? Zu Beginn des Gesprächs taucht im Zusammenhang der Frage nach den gesellschaftlichen Belangen der Begriff ›Wert‹ auf. Dieser demjenigen Teilbereich der Philosophie entstammende Begriff, den man gemeinhin als ›Ethik‹ bezeichnet, wird heute allerdings in der Regel von konservativer Seite ins Gespräch gebracht, wenn es darum geht, bestimmte Entwicklungen der Gegenwart zu kritisieren, deren Tendenz eine Auflösung angeblich fester – an eben diesen ›Werten‹ orientierter – gesellschaftlicher Strukturen unterstellt wird. Durch die Berufung auf ›Werte‹ soll eine bestimmte Auffassung vom ›guten‹ Leben gesellschaftlich durchgesetzt, und gegen einen unterstellten Verfall solcher Lebensformen gestellt werden. Und in der Tat schien das Gespräch mit Brötzmann an verschiedenen Stellen genau in diese allgemein kulturkritische Richtung zu gehen. Jedoch muss hier mit aller Deutlichkeit festgehalten werden, dass, wenn im Gespräch von ›Werten‹ die Rede war, diese ihrer Herkunft nach kaum einer konservativen Weltsicht entstammen, sondern sehr verschiedenen Traditionen, die noch dazu in ganz unterschiedlichen historischen und geographischen Situationen ihren Ursprung haben. Was die von Brötzmann angesprochenen ›Werte‹ betrifft, sind hier Begriffe und Vorstellungen zu nennen, die (1.) der europäischen Aufklärung entstammen – Begriffe wie Freiheit, Gleichheit und Solidarität[1], dann Begriffe oder Vorstellungen, die (2.) ausgehend von der besonderen Situation der Schwarzen in den USA Bedeutsamkeit erlangten – man denke etwa an den Begriff ›Respekt‹; weiterhin Begriffe oder Vorstellungen, die (3.) ihren Ursprung hatten in der unbeschreiblichen Situation Europas am Ende des zweiten Weltkriegs, angesichts des Holocaust und des Völkermordes an der Bevölkerung der Sowjetunion. Dann sind sicherlich auch Begriffe und Vorstellungen zu nennen, die (4.) der Tradition der sozialistischen Weltsicht entstammen, die aber zum Teil (5.) in der Zeit der Studentenunruhen und des allgemeinen Aufbruchs der sechziger/siebziger Jahre des 20. Jahrhunderts aus als beengend empfundenen gesellschaftlichen Verhältnissen eine spezifische Umdeutung erfuhren und mit Begriffen aus anderen Bereichen des Lebens – beispielsweise mit Begriffen aus der Psychoanalyse in Verbindung gebracht wurden.

Entscheidend und gemeinsam ist all diesen Begriffen und Vorstellungen jedoch, dass ihnen in der Regel das Ziel innewohnt, eine als nicht

---

1  Der der französischen Revolution neben der Freiheit und der Gleichheit vorangestellte Begriff der Brüderlichkeit kann mit guten Gründen auch als ›Solidarität‹ verstanden werden.

akzeptabel erkannte Situation menschlichen Zusammenlebens nicht nur zu
verändern, sondern diese auch in Bezug auf ein positiv bestimmtes menschliches Miteinander zu *verbessern* – entgegen der Behauptung, menschliches
Zusammenleben sei nur als Gegeneinander möglich und aufgrund einer
ewigen *condition humaine* letztlich unveränderbar. All diese Begriffe und
Vorstellungen haben aber deshalb gemein, dass sie gerade nicht auf die
Konservierung der herrschenden Zustände ausgerichtet sind, sondern diese
in irgendeiner Weise zu überwinden trachten. Bedenkt man weiterhin, dass
das Wort ›Wert‹ letztlich auf die Sphäre der Ökonomie verweist, so kann
es sich bei den hier diskutierten Begriffen und Vorstellungen auch nicht
in dem Sinne um ›Werte‹ handeln, dass man dafür auf dem Markt ein
bestimmtes Äquivalent eintauschen kann, sondern um Kategorien, die erst
in der gedanklichen Durchdringung und der geschichtlichen Handlung
ihren Inhalt entfalten.

Verfolgen wir den Gang des Gesprächs, so wird die soeben formulierte
These von der Bedeutung bestimmter, die gesellschaftlichen Belange betref-
fender Begriffe und Vorstellungen für das Werk von Peter Brötzmann allein
schon durch das empirisch feststellbare Vorhandensein dieser Begriffe und
Vorstellungen bestätigt. Jedoch sagt das bloße Vorhandensein von Begriffen
bekanntlich noch nichts über deren nähere inhaltliche Bestimmung aus –
ebenso gut könnten sie auch als inhaltsleere Schlagworte Verwendung finden.
Im folgenden soll eine Reihe dieser Begriffe jedoch nach ihrer konkreten
inhaltlichen Bedeutung untersucht werden, die sie in der Art und Weise
der menschlichen Begegnung im Allgemeinen und der musikalischen Begegnung im Besonderen haben, d.h., im Zusammenhang der der improvisierten
Musik zugrunde liegenden sozialen Struktur, die hier zur Diskussion steht.

Beginnen wir mit jenem Begriffspaar, das in den politischen Auseinandersetzungen der letzten zwei Jahrhunderte oftmals als Paar unvereinbarer
Gegensätze behauptet wurde: *Freiheit* und *Gleichheit*, einem Begriffspaar,
dem – wie oben bereits gesagt – noch der Begriff der *Solidarität* zugeordnet
werden kann. In den politischen Auseinandersetzungen des kalten Krieges
wurde die Diskussion bezüglich dieses Begriffspaars von den Ideologen
des ›Westens‹ mit der Behauptung geführt, die ›westliche‹ Wirtschafts- und
Gesellschaftsordnung sei grundsätzlich an ›Freiheit‹ orientiert, wohingegen
›Gleichheit‹ eine Forderung sei, die von der Seite des ›kommunistischen‹
Lagers formuliert werde. Die gemeinsame Herkunft beider Begriffe aus der
(bürgerlichen) französischen Revolution geriet auf diese Weise in der Öffentlichkeit in Vergessenheit. Wenig wurde in dieser Öffentlichkeit jedoch der

eigentlichen Bedeutung beider Begriffe nachgegangen, dem Unstand etwa, dass die Gleichheit der Bürger vor dem Gesetz grundlegende Bedingung für die gesicherte Freiheit des Warentausches ist, dass also auch für den kapitalistischen Westen beide Begriffe wesentlich aufeinander bezogen sein müssen. Unter ›Freiheit‹ wurde dagegen – ganz im Sinne des Liberalismus – in der Regel jener Teilbereich des sehr komplexen Begriffs der Freiheit verstanden, der gemeinhin als Willkür bezeichnet wird: die Freiheit nämlich, tun und lassen zu können, was man gerade will. Umgekehrt wurde der östlichen, der ›kommunistischen‹ Sichtweise unterstellt, sie sei darauf aus, die *natürliche* Ungleichheit der Menschen – und damit ihre Individualität – zu bekämpfen, was gerne unter Verweis auf die offensichtlichen natürlichen Differenzen als gewalttätige Absurdität angeklagt wurde. Indem die Kategorie der Gleichheit schon unmittelbar nach der französischen Revolution und dann im ›kalten Krieg‹ zum Zielpunkt einer restaurativen Kritik wurde, wurde der Blick dafür verstellt, dass jene, die individuelle Besonderheit der Menschen nivellierende Gleichheit gerade unter den Bedingungen der Herrschaft des Kapitals von entscheidender Bedeutung ist. Denn eine der Grundlagen des Kapitalismus ist der unbegrenzte Warentausch, in welchem alle individuellen Qualitäten eines zu tauschenden Gegenstandes auf die rein quantitative Ebene des Tauschwertes herabgesetzt werden. Das gilt aber eben auch für die Menschen, die – wie Marx das ausgedrückt hat – gezwungen sind, ihre »Ware Arbeitskraft« nach Marktbedingungen zu verkaufen, sich also ebenfalls den ›gleichmachenden‹ Bedingungen des Marktes zu unterwerfen. Darüber hinaus sorgt die notwendige Tendenz zur Monopolisierung der Produktion für eine zunehmende Gleichförmigkeit der angebotenen Produkte, ein Aspekt, der für jeden, der versucht, seinen individuellen Ausdruck zu vermarkten, zur unüberwindlichen Hürde werden kann.

Gerade was die hier skizzierten absichtsvollen Missverständnisse bezüglich der Bedeutung der Begriffe Freiheit und Gleichheit betrifft, wird in der Sichtweise Brötzmanns bezüglich der sozialen Praxis, der sozialen Interaktion der an der Improvisation beteiligten Musiker deutlich, wie dieses Verhältnis der genannten Begriffe gemäß der Forderung der Vernunft tatsächlich zu verstehen ist: In der Situation des gemeinsamen Musizierens, des gemeinsamen Arbeitens, sollen die *natürlichen* Differenzen und die Unterschiede bezüglich der *kulturellen* und *sozialen* Herkunft der Musiker – ihre jeweils unverwechselbare Individualität – in einer dialektischen Einheit aufgehoben werden, in der jeder Beteiligte das gleiche Recht besitzt, diese seine individuelle Stimme gegenüber den anderen zu erheben. Diese dialektische Einheit bildet die

Grundlage, auf der das von allen gemeinsam – *gleichberechtigt* – während des
Konzerts erarbeitete und zugleich vorgetragene Ergebnis erst entstehen kann.
Das Marxsche Diktum – jeder nach seinen Fähigkeiten, jedem nach seinen
Bedürfnissen – findet in dieser Situation seinen Ausdruck.

Aber auch zwei weitere Aspekte des schillernden Begriffs ›Freiheit‹ spielen
bei der hier im Blickpunkt stehenden Musikrichtung eine besondere Rolle:
Der eine wird im philosophischen Diskurs unter dem Stichwort ›Spontaneität‹ diskutiert, der andere sowohl wissenschaftlich als auch im Alltagsver-
ständnis als politische Freiheit gefasst – wobei unter ›politischer Freiheit‹
nicht nur die Freiheit von direktem Zwang verstanden wird, sondern der
Bedeutungsgehalt ausgedehnt werden kann auf alle Formen gesellschaftlicher
Ordnungsstrukturen. ›Spontaneität‹ im Sinne der Möglichkeit, Handlungen
gleichsam ›unbedingt‹ ins Werk setzen zu können, ist natürlich für eine
Musik, die sich von allen strukturellen Vorgaben losgelöst hat, von entscheidender Bedeutung: Die Musiker müssen jederzeit in der Lage sein, aus sich
selbst heraus mit dem Musizieren zu beginnen – das gilt, wenngleich in der
Ausgestaltung des spontan entstehenden Werkes das, was als Spontaneität
des Einzelnen erscheint, in der Regel doch bedingt ist durch die Beiträge
der anderen Musiker sowie durch den ›Schatz‹ der Erfahrungen früheren
Spielens und Hörens, auf den jeder der Improvisatoren zurückgreifen kann
und sicherlich mehr oder weniger unbewusst während des Spielens immer
auch zurückgreift. So gesehen wären die Handlungen des Musikers nicht
einmal beim Solo-Konzert im eigentlichen Sinne ›spontan‹, bringt er doch
letztlich in der Hauptsache das hervor, was er bereits in seinem ›Geist‹
gespeichert hat. Das jeweils Neue entsteht dann durch Veränderung der
Zusammensetzung vorgängiger Strukturen und der spontanen Reaktion auf
das durch den Spieler selbst Hervorgebrachte. Worum es also geht, ist eine
starke Analogie oder Entsprechung des musikalischen Geschehens und der
dieses Geschehen tragenden sozialen Struktur. Jedoch unterscheidet sich diese musikalische Praxis – wenngleich die gerade genannten Einschränkungen
durchaus zu berücksichtigen sind – aufgrund der besonderen Bedeutung der
›Spontaneität‹ grundlegend von der Praxis jeder anderen Art des Musizierens – sei es derjenigen eines Orchestermusikers oder sei es derjenigen eines
Rockmusikers: In beiden Fällen besteht die Aufgabe der Musiker zunächst
darin, eine vorgegebene Struktur (Komposition) so lange einzuüben, bis sie
in der Lage sind, diese adäquat (d.h. in der Hauptsache: fehlerfrei) wieder-
zugeben bzw. zu aktualisieren. Spontaneität im gerade beschriebenen Sinne
wäre gegenüber dem aufzuführenden Werk dann eher kontraproduktiv. Der

Freiraum dieser Musiker bestünde noch in der Möglichkeit der *Interpretation* des Vorgegebenen; jedoch wird dieser Freiraum gerade im Fall eines größeren Orchesters dadurch eingeschränkt, dass es als ›Klangkörper‹ nicht der eigenen, sondern der Interpretation des jeweiligen Dirigenten, d.h. seinen autokratischen Vorgaben zu folgen hat.

Auch wenn noch unter anderen Gesichtspunkten auf die politischen Aspekte von ›Freiheit‹ zurückzukommen sein wird, so muss doch bereits an dieser Stelle darauf aufmerksam gemacht werden, dass schon das Bestreben der Improvisatoren nach Emanzipation von den hierarchischen Strukturen gerade der europäischen Musikgeschichte von immens politischer Bedeutung war und ist. Denn in der Struktur gerade der großen Orchester der sogenannten ›klassischen‹ europäischen Musik spiegelt sich die allgemeine Herrschafts-Struktur der europäischen Gesellschaft, insbesondere seiner feudalistischen Epoche – einer Epoche, in welcher Gleichberechtigung kaum auf der Tagesordnung stand. Demgegenüber beschreibt Peter Brötzmann in den Gesprächen die Bedeutung der Folgen jener Abwendung der Improvisatoren von den hierarchischen Strukturen der europäischen Tradition für deren ›Freiheit‹: Während die Musiker im klassischen Orchester gezwungen sind, sich dem Willen des Komponisten und dem Willen des Dirigenten zu unterwerfen, weil sonst das Ganze nicht funktionieren kann, waren die Improvisatoren gezwungen zu lernen, ihre Freiheit als ›Einsicht in die Notwendigkeit‹ zu entwickeln, als Einsicht in die Notwendigkeit nämlich, das im Konzert erarbeitete und präsentierte Ganze gemeinschaftlich zu tragen und zu gestalten. Auch die traditionelle Entgegensetzung von Freiheit und Notwendigkeit wird hier also dialektisch aufgehoben: Das gesellschaftliche ›Ganze‹ funktioniert deshalb, weil die einzelnen Beteiligten sich diesem Ganzen gegenüber verpflichtet sehen und entsprechend *verantwortlich* handeln, weil es sich bei einer Gruppe von Improvisatoren, wie es im *Kommunistischen Manifest* heißt, um eine Assoziation handelt, »worin die freie Entwicklung eines jeden die Bedingung für die freie Entwicklung aller ist«.[2] Ein in diesem Sinne verantwortliches Handeln bedeutet aber, dass man immer wieder von neuem bereit sein muss, auf die oben angesprochene sogenannte Freiheit im Sinne der Willkür und das heißt gegebenenfalls auch auf die Möglichkeit seines eigenen Ausdrucks zu verzichten. Brötzmann betont in diesem Zusammenhang die Notwendigkeit des *Hörens* auf die musikalischen Aktionen der anderen, auf die man sich in seinen eigenen Aktionen zu beziehen habe.

---

2  Siehe *Marx-Engels-Werke*. Bd 4, S. 482.

Nur wer bereit ist, in der Konzertsituation sich selbst zurück zu nehmen, indem er eine Pause macht und den Aktionen der Mitspieler zuhört, kann auch von den anderen Mitspielern erwarten, dass ihm der Raum für den eigenen Ausdruck gegeben wird.

Legt man das soeben skizzierte Verständnis von ›Freiheit‹ zugrunde, so sollte deutlich geworden sein, dass es sich hier um ein Verständnis handelt, das dem landläufigen diametral entgegengesetzt ist, weil es den Begriff der *Verantwortung* als wesentlich mit einbezieht. Aus der Perspektive einer solchen Auffassung von ›Freiheit‹ wird auch verständlich, warum Brötzmann gewisse Vorbehalte gegenüber dem Begriff ›Free-Jazz‹ äußert, der, was zentrale inhaltliche Aspekte betrifft, einer bestimmten Zeit und einer bestimmten politischen Situation in den USA entstammt. Der sich auch in der Jazz-Musik artikulierende Ruf nach Freiheit bezog sich in dieser Situation zunächst auf die Befreiung der von offensichtlicher rassistischer Unterdrückung durch die Weißen betroffenen afro-amerikanischen Bevölkerung und trug die Tendenz in sich, sich der eigenen kulturellen d.h. afrikanischen Herkunft der schwarzen Bevölkerung zu versichern, sich insofern auch von den dominanten Vorgaben der weißen amerikanischen Kultur zu befreien. ›Free Jazz‹, der in den USA Teil des politischen Kampfes war, wurde in Europa dagegen vom Publikum oftmals einzig bezogen auf seine die musikalische Form betreffenden d.h. in der Hauptsache: diese sprengenden Aspekte. Aus dieser Sicht wäre ›Free Jazz‹ einzig darauf ausgerichtet, deshalb die traditionellen musikalischen Formen zu sprengen, um dem musizierenden Individuum die Möglichkeit zu bieten, sich losgelöst von allen Grenzen auszudrücken. Ein solches Verständnis von ›Free Jazz‹ orientiert sich tendenziell aber wiederum am Begriff der ›Willkür‹, der ja soeben als der Auffassung Brötzmanns und anderer Musiker seiner Generation entgegengesetzt beschrieben worden ist.

*Eine brutale Gesellschaft, [...],*
*provoziert natürlich eine brutale Musik.*
*(Peter Brötzmann, 1968)*

Wie verhält es sich aber mit den eine mögliche ›Befreiung‹ betreffenden Aspekten, die für die schwarzen Musiker bedeutsam waren, aus der Sicht der europäischen Improvisatoren? Auch hier spielt der Zeitbezug eine entscheidende Rolle. Die erste Generation der europäischen Improvisatoren wuchs in der Zeit unmittelbar nach dem zweiten Weltkrieg auf und diese Künstler sahen in ihrem Tun auch einen Beitrag zur Überwindung der geistigen Orientierung der Vätergeneration, die den Boden bereitet hatte für die Verbrechen während der Zeit des zweiten Weltkrieges. Diese geistige Orientierung der Väter kam aber auch in bestimmten künstlerischen Formen zum Ausdruck, die es auf ihren inhaltlichen Beitrag zur Herausbildung der Ideologie des Faschismus zu befragen galt. In Bezug auf diese für das faschistische Gedankengut bestimmenden Kunstformen war es dann allerdings das Ziel Brötzmanns und anderer, diese Strukturen in der Musik zunächst einmal mit den Mitteln der Musik anzugreifen oder sogar zu zerstören. Auch hier war es also nicht darum zu tun, künstlerische Strukturen mit libertärem Gestus lediglich um der Zerstörung willen zu attackieren, sondern darum, jene *bestimmten* Formen zu negieren, die man als Teil der ästhetischen Seite der Verbrechen des Faschismus ausgemacht hatte. Der politische Aspekt der Befreiung lag hier also auf der Befreiung von den korrumpierten Formen der Kunst des Faschismus – hinzu kamen jedoch, wie Brötzmann nicht müde wird zu betonen, die Erfahrungen, die man in der Nachkriegszeit sammeln konnte, und die deutlich werden ließen, dass die politische Praxis der Herrschenden in dieser Zeit durchaus nicht auf Freiheit, Gleichheit, Solidarität und Frieden ausgerichtet war, sondern vielmehr auf die Unterdrückung anderer Völker zur Durchsetzung partikularer wirtschaftlicher Interessen und die Verhinderung der Aufarbeitung der eigenen faschistischen Vergangenheit. Begleitet wurde diese politische Praxis in der westlichen Welt durch die Überformung des gesellschaftlichen Alltags mit einer Kultur der vordergründigen Harmonie und Sauberkeit, mit wohlklingender Musik und harmlosen bunten Bildern in der Werbung, dem Kino und dem neuen Medium Fernsehen. Dieser schönen neuen Welt in ihrer ganzen Verlogenheit wollte man etwas entgegensetzen, man wollte diese Welt verändern – und was lag näher, als damit zunächst auf dem Gebiet zu beginnen, auf dem man selbst tätig war: der Musik.[3]

3   Vgl. diesbezüglich erneut die Zitate in Fußnote 22 auf S. 48.

Mit der hier skizzierten Haltung und der daraus sich ergebenden künstlerischen Praxis hatte man jedoch einen *Kampf*, eine Auseinandersetzung mit
der Gesellschaft aufgenommen, durch die - wie Brötzmann in den Gesprächen sagt - »der Ärger vorprogrammiert« war. Es ist schon aufgrund dieses
Umstandes nicht zufällig, dass der Begriff ›Kampf‹ in Brötzmanns Diskurs
eine große Rolle spielt. Dass jedoch auch dieser Begriff von Brötzmann nicht
nur in der Bedeutung eines Kampfes *gegen* etwas - ›die Gesellschaft‹, ein
politisches System, Konkurrenten etc. - verstanden wird, lässt sein Verweis
auf den ›Kampf um's Überleben‹ deutlich werden, der jedoch in der besonderen geschichtlichen Situation, in der die Musiker um Brötzmann den
eben genannten Entschluss fassten, die Welt, in der sie lebten, zu verändern,
wesentlich mit diesem Kampf gegen das herrschende System zusammenhing.
Denn unter den Bedingungen der Herrschaft des Marktes wird der Musiker
nicht danach gefragt, welchen kritischen Beitrag zur Weiterentwicklung der
Gesellschaft er zu leisten gedenkt, sondern ob sich das, was er zu sagen hat,
auch im für die jeweilige Plattenfirma notwendigen Rahmen der Profiterwar-
tung - d.h. massenhaft - verkauft. Und die Geschichte der Improvisatoren
hat gezeigt, dass die Musik, die von Brötzmann und anderen gemacht wurde,
unter diesen Umständen kaum ›konkurrenzfähig‹ ist. Insofern waren die
betreffenden Musiker von Anfang an jenem Überlebenskampf ausgesetzt,
der jedoch - wie Brötzmann schon zu Anfang der Gespräche betont hatte -
wiederum bedeutsam wurde für die formalen und inhaltlichen Aspekte
dessen, was in der Musik ausgedrückt wurde. Die Musik der Improvisatoren
kam auf diese Weise in eine ganz besondere, durch Dialektik geprägte Situation: Ständig darauf bedacht, den Kampf um's Überleben zu bestehen und
ebensosehr darauf aus, gesellschaftliche Anerkennung zu erlangen, war und
ist dieser Kampf doch Grundlage des Ausdrucks der Kunst - ohne diesen
Kampf verlöre diese Musik einen wichtigen Teil ihrer Basis: Es sind die
gesellschaftlichen Widersprüche, in denen die Musiker selbst befangen sind,
die sie treiben, diesen Widersprüchen zu entkommen. Während der über-
wiegende Teil der kulturellen Produktion entweder auf die Warenform und
damit auf das große Publikum ausgerichtet ist oder der Erbauung der Eliten
dient, die beim Kunstgenuss keinesfalls mit diesen gesellschaftlichen Widersprüchen konfrontiert werden wollen, ist die Musik der Improvisatoren
somit eine der wenigen Kunstformen, in denen der Kampf um's Überleben
*und* die Auseinandersetzung mit den gesellschaftlichen Verhältnissen the-
matisch wird. Diese Tatsache ist wohl Ursache dafür, dass die Äußerungen
Brötzmanns mit Blick auf die Situation der Musiker in dieser Gesellschaft

ebenfalls von einer gewissen Widersprüchlichkeit getragen sind: zwar wird einerseits immer wieder beklagt, dass der Staat als diejenige Instanz, die für die oben angesprochene Erbauungskultur der Eliten zuständig ist, wenig zu tun bereit ist, die Improvisatoren zu unterstützen, andererseits lehnt Brötzmann aber eine umfassende Alimentierung der Musiker durch den Staat ab, da er befürchtet, dass auf diese Weise dem Stachel, der die Musiker antreibt, die Spitze genommen würde, die Kunst zu Kunstgewerbe verkommt, wie er es in den ›real-sozialistischen‹ Staaten beobachtet zu haben glaubt. Möglicherweise spielt hier aber auch eine Rolle, dass das Streben nach Sicherheit aus der Sicht der Vertreter derjenigen Generation, der Brötzmann angehört, grundsätzlich für ein spezifisch bürgerliches Streben gehalten wurde, wie auch Joachim Ernst Berendt festgestellt haben will.[4]

Jedoch ist neben der kämpferischen Auseinandersetzung mit der herrschenden Gesellschaftsformation und dem ›Kampf um's Überleben‹ für Brötzmann noch eine dritte Form von ›Kampf‹ von entscheidender Bedeutung, nämlich derjenige ›Kampf‹, den die Einzelnen mit einer gewissen Notwendigkeit unabhängig von der jeweiligen Gesellschaftsformation und zufälligen geschichtlichen Situation untereinander auszufechten haben. Und wie den Kampf um's Überleben bewertet Brötzmann auch diesen Kampf durchaus nicht negativ, sondern betrachtet ihn als notwendig für jede persönliche und künstlerische Weiterentwicklung. Für ihn ist die kämpferische Auseinandersetzung mit dem anderen Menschen Grundbedingung für die Herausbildung sowohl von Persönlichkeit als auch für die Entstehung ›guter‹ Kunst. Dieser Befund scheint auf den ersten Blick der Betonung der Anerkennung der gleichberechtigten Individuen im Prozess des Musizierens zu widersprechen. So ist es aber gerade nicht, denn die wechselseitige Anerkennung der am künstlerischen Prozess Beteiligten ist notwendige Voraussetzung für das Gegeneinander der Persönlichkeiten im Ringen um den künstlerischen Ausdruck, der immer auch gemeinsamer Ausdruck ist. Die von Brötzmann immer wieder betonte soziale Seite der improvisierten Musik,

---

4  Siehe *Andrew Wright Hurley: The Return of Jazz.* A.a.O., S. 109: »Adopting a critical tone, he [J. E. Berendt] urged that Free Jazz was a medium against bourgeois society' single minded interest in security, and married this attitude with his own longstanding, almost apocalyptic convictions about a crisis in the modern consciousness: ›A bourgeois world which is no more unified than in its constant scream for security stands in great need for a consciousness of the chaos which encircles it - unless it wants completely cease to exist. One of the possible ways of mediating this consciousness - in so far as it orders the chaos and gives it artistic form - is free jazz.«« Wright Hurley zitiert hier Berendts Aufsatz *Free Jazz - der neue Jazz der sechziger Jahre* (erschienen in: *Melos* 34 (1967), S. 352).

wie sie sich in einer Gruppe wie dem *Chicago-Tentet* manifestiere, bezieht sich
demnach also nur einerseits auf die ›Freiheit‹ und ›Gleichheit‹, die ›Solidarität‹ und die ›Verantwortung‹ der am künstlerischen Prozess teilnehmenden
Musiker – sie bezieht sich in gleichem Maße auch auf das *Gegeneinander* der
am künstlerischen Prozess Beteiligten, auf das Bedürfnis der Einzelnen, sich
in diesem Prozess auch zu artikulieren, d.h., sich gegenüber den anderen
zu behaupten. Beide Seiten sind dialektisch aufeinander zu beziehen – die
Auflösung dieses dialektischen Verhältnisses zu der einen oder anderen Seite
würde den künstlerischen Prozess unmöglich machen.

Abstrahiert man von den besonderen Bedingungen, die in einem Orchester von Improvisatoren herrschen, so lässt sich ganz allgemein festhalten,
dass es demzufolge auf gesellschaftlicher Ebene nicht ausreicht, den Einzelnen ganz allgemein als Freien und Gleichen anzuerkennen, was ja als
Ergebnis der bürgerlichen Revolutionen in vielen Verfassungen der sogenannten westlichen Welt festgeschrieben wurde. Vielmehr kommt es darauf an,
dass das individuelle Streben, sich sowohl gegenüber den allgemein etablier-
ten Strukturen wie auch gegenüber den anderen Individuen zu artikulieren,
ebenfalls anerkannt wird. Vermutlich bezieht sich Brötzmann auf dieses
menschliche Verlangen nach dem individuellen Ausdruck, wenn er verschie-
dentlich vom *human factor* spricht, den der ›real-existierende-Sozialismus‹
nicht in ausreichendem Maße beachtet habe. Allzu kleinlich hatte man hier
etwa auf die künstlerische Artikulation reagiert, statt den Kampf um den
individuellen Ausdruck in seiner Notwendigkeit und Unüberwindbarkeit zu
akzeptieren. Hier war man im Westen in gewisser Weise insofern ›klüger‹, als
man den Menschen zwar offiziell zugestand, ihre individuellen Zwecke zu
verfolgen, dann aber auf den Markt als das absolute Selektionsinstrument
verwies, das gleichsam ›demokratisch‹ – weil nivellierend – dafür sorgt, dass
›schrille‹ oder ›unverständliche‹ Stimmen schnell zum Schweigen gebracht
werden. Ein Großteil der potentiell negativen Energie der Individuen wurde
und wird auf diese Weise absorbiert, ohne dass die Anwendung von repres-
siver Gewalt notwendig wäre. Hier beinhaltet das dialektische Modell der
Gemeinschaft der Improvisatoren in dem soeben skizzierten Sinne tatsächlich ein Angebot, die Extreme einer Durchsetzung der allgemeinen Struktur
gegenüber den Einzelnen auf der einen Seite und des zynischen Verweises
auf den Wettbewerb auf der anderen Seite dialektisch aufzuheben.

Wenn Brötzmann in diesem Zusammenhang die Kategorie des ›Respekts‹
bemüht, um zum Ausdruck zu bringen, wie seiner Ansicht nach mit dem Aus-
druckswillen Einzelner umzugehen ist, so erscheint ›Respekt‹ hier wiederum

zunächst als konservativer, als abstrakter ›Wert‹. Jedoch ist für Brötzmann auch ›Respekt‹ gerade kein Wert an sich. ›Respekt‹ muss jeweils als Resultat wie als Grundlage von Auseinandersetzungen zwischen den Individuen im soeben beschriebenen Sinne verstanden werden. ›Respekt‹ gehört aus dieser Sicht nicht zu den bürgerlichen Formen der Anerkennung, sondern muss von den Einzelnen – sofern diese den Anspruch erheben, einen individuellen Beitrag gegenüber dem Allgemeinen zu leisten – immer wieder neu erkämpft werden. Wenn Brötzmann vom »System« spricht, »das man erstmal verstanden haben muss«[5], so bezieht sich das auf jenes dialektische Verhältnis von (1.) vorausgesetzter abstrakter Anerkennung der am musikalischen Prozess Beteiligten als Freie und Gleiche und damit zusammenhängend (2.) der Forderung nach allseitiger Einsicht in die Notwendigkeit, den am musikalischen Prozess Beteiligten die Möglichkeit zuzugestehen, ihrer Individualität Ausdruck zu verleihen – womit gegebenenfalls auch der Verzicht auf den eigenen Ausdruck verbunden ist; (3.) der Forderung nach Einsicht in die Notwendigkeit bei den am musikalischen Prozess Beteiligten, ihrer Individualität in der Auseinandersetzung mit den anderen Beteiligten aber auch Ausdruck verleihen zu *müssen*, d.h. der gemeinsamen *Verantwortung* für das präsentierte musikalische Resultat. Bestandteil dieses dialektischen Verhältnisses ist aber (4.) auch die Einsicht, dass der künstlerische Prozess als ein ›Kampf‹, als ein gemeinsames Ringen um das musikalische Resultat verstanden muss, demgegenüber eine auf Harmonie ausgerichtete Grundhaltung das Ende dieses Prozesses anstreben würde, was aber den Tod des künstlerischen Ausdrucks zur Folge hätte. Die bloße Anerkennung der Menschen im bürgerlichen Sinne ist also zwar notwendige Voraussetzung, reicht aus der Sicht Brötzmanns aber nicht aus, die Gesellschaft in ihrer Entwicklung voranzubringen – wichtig dafür ist ebenso der ›Kampf‹, die Kraft der individuell begründeten Negativität. Dass es sich bei ›Gesellschaft‹ um ein dialektisches Verhältnis in diesem Sinne handelt, kann man allerdings von den Experimenten der Improvisatoren lernen – viel zu oft neigen Menschen in ihren politischen Forderungen angesichts der als unhaltbar erkannten Verhältnisse dazu, sich die Stillstellung der Widersprüche zu wünschen – dass das nur das Ende jeder Entwicklung bedeuten kann, wird dabei in der Regel vergessen.

›Dialektik‹ ist – wie sich diesen Ausführungen unschwer entnehmen lässt – ein Begriff, der für das Brötzmannsche Denken von grundlegender Bedeu-

5  S.o., S. 43.

tung ist, insofern fand dieser Begriff während der Gespräche auch nicht zufällig immer wieder Verwendung. So wie die hier aus dem Fundus der Geschichte der Philosophie stammenden Begriffe ›Freiheit‹ und ›Gleichheit‹ oder ›Solidarität‹ in sich dialektisch verfasst sind, nicht auf feststehende Definitionen zurückgeführt werden können, sondern sich erst in den wirklichen gesellschaftlichen Kämpfen inhaltlich entfalten, so sind auch die Formen der Kunst der Bewegung der Geschichte ausgesetzt, deren Dynamik sie nicht entkommen können. Die Musikrichtung, deren Vertreter Peter Brötzmann ist, konnte wohl nur vor dem Hintergrund der europäischen Situation nach dem zweiten Weltkrieg, angesichts der unfassbaren Verbrechen und angesichts des Versuchs konservativer Kräfte entstehen, diese Verbrechen zu ignorieren und die gesellschaftlichen Verhältnisse, die Grundlage dieser Verbrechen waren, zu restaurieren, wie der Jazz nur aus der Situation der Versklavung der Schwarzen in den USA während des 19. Jahrhunderts entstehen konnte. – Und aus dieser Zeitgebundenheit lässt sich folgern, dass sich der formelle und inhaltliche Charakter auch dieser Art von Musik mit den historischen Bedingungen verändern wird. Zwei Aspekte lassen jedoch erwarten, dass sich die gegenwärtige improvisierte Musik noch lange nicht am Ende ihrer künstlerischen Ausdrucksmöglichkeiten befindet. 1. ist parallel zur ökonomisch-politischen Globalisierung eine Tendenz zur Globalisierung und Erweiterung des musikalischen Spielraumes der Improvisatoren zu konstatieren, der der dem Kapitalismus immanenten Tendenz zur Nivellierung, wie er in der Pop-Musik zu beobachten ist, entgegengesetzt ist. Denn die improvisierte Musik ist darauf ausgerichtet, die *individuellen* Einflüsse der mannigfachen Traditionen und Kulturen in ihre musikalische Praxis aufzunehmen, ohne sie einem vorgegebenen allgemeinen Schema unterzuordnen. 2. ist der Kampf um die inhaltliche Ausgestaltung der Begriffe ›Freiheit‹, ›Gleichheit‹, ›Solidarität‹ und ›Verantwortung‹, die – wie hier gezeigt werden sollte – in der Musik der Improvisatoren im Unterschied zu anderen Kunstgattungen eine ausgezeichnete Rolle spielen, wohl noch lange nicht beendet: Der Kampf um die Formen und Inhalte dieser Kunstrichtung ist so gesehen auch nichts anderes als Ausdruck der immanenten Bewegung dieser Begriffe selbst. Dass es auf dieser Ebene aber zu einem Stillstand der Widersprüche kommen könnte, geschweige denn auf dem Gebiet des individuellen Kampfes um die Formen des Ausdrucks, halte ich für wenig wahrscheinlich – insofern sage ich dieser Musikrichtung auch ein langes Leben voraus. Peter Brötzmann ist zu wünschen, dass ihm noch eine lange Zeit vergönnt ist, an den hier beschriebenen Kämpfen teilzuhaben.

# Namensregister